2011 敦煌學國際聯絡委員會通訊

2011 Newsletter of International Liaison Committee for Dunhuang Studies

高田時雄　柴劍虹
策　劃

郝春文
主　編

陳大爲
副主編

敦煌學國際聯絡委員會
中國敦煌吐魯番學會
上海師範大學敦煌吐魯番學研究所
主　辦

上海古籍出版社
2011.8.上海

敦煌學國際聯絡委員會幹事名單:

中　　國:樊錦詩　郝春文　柴劍虹　鄭阿財(臺灣)
日　　本:高田時雄
法　　國:戴　仁
英　　國:吳芳思
俄羅斯:波波娃
美　　國:梅維恒　太史文
德　　國:茨　木
哈薩克斯坦:克拉拉·哈菲佐娃

敦煌學國際聯絡委員會網頁:
http://www.zinbun.kyoto-u.ac.jp/ ~ takata/ILCDS/proceedings.html
敦煌學國際聯絡委員會秘書處地址:
日本國　京都市　左京區北白川東小倉町 47
　　　　京都大學人文科學研究所
　　　　高田時雄教授　Tel:075－753－6993
INSTITUTE FOR RESEARCH IN HUMANITIES
KYOTO UNIVERSITY KYOTO 606－8265,JAPAN

2011
敦煌學國際聯絡委員會通訊

目録

1995 年敦煌學研究綜述

宋雪春(首都師範大學)

1995 年度中國大陸地區共出版敦煌學專著 50 餘部,公開發表各類相關論文近 300 篇。現將本年度敦煌學研究的一些主要成果分爲概説、歷史地理、社會、宗教、語言文字、文學、藝術、考古與文物保護、少數民族歷史語言、古籍、科技、學術動態與紀念文、書評與書序等十三個專題,擇要介紹如下。

一、概　　説

本年度敦煌學研究概括性論著主要涉及敦煌文獻的研究、敦煌文獻的影印和整理、文書流散与收藏、敦煌學的現狀以及敦煌學人的介紹與表彰等方面。

敦煌文獻的研究,周丕顯《敦煌文獻研究》(甘肅文化出版社)簡要介紹了敦煌文獻的内容,包括 13 篇敦煌文獻研究方面的論文和 5 篇有關兩漢、元代以及清代歷史的論述文章。鄭炳林主編的《敦煌吐魯番文獻研究》(蘭州大學出版社)收録論文 38 篇,是蘭州大學敦煌學研究所研究人員從事敦煌吐魯番文獻研究的優秀成果的展現。

敦煌文獻的影印和整理工作在本年度取得新的成果,上海古籍出版社出版了《北京大學藏敦煌文獻》(1—2 册)、《法國國家圖書館藏敦煌西域文獻》(4 册)和《俄藏敦煌文獻》(5 册)。四川人民出版社出版了《英藏敦煌文獻(漢文佛經以外部分)》(12、13、14)共三卷。

敦煌文書流散與收藏研究,有張國剛、榮新江的《德國巴伐利亞州立圖書館藏敦煌經卷小記》(《祝賀胡如雷教授七十壽辰中國古史論叢》),該文對德國慕尼克巴伐利亞圖書館所藏三件敦煌經卷進行了輯録和考釋。榮新江《英倫印度事務部圖書館藏敦煌西域文獻——附印度事務部圖書館藏敦煌漢文寫本目録》(《敦煌學輯刊》2 期)公佈了印度事務部圖書館藏敦煌漢文寫本目録,對該館所藏的多文種寫本進行介紹,並對該館所藏敦煌寫本的編號給予説明。此外,他撰有《俄藏敦煌西域文獻紀略》(《學術集林》卷四)、《日本天理圖書館藏敦煌文獻考察紀略》(《敦煌研究》4 期)兩文,前文對俄藏敦煌西域文獻的來源、館藏狀況、整理和研究以及出版情況進行説明;後文依照原藏者獲取原卷的時間順序,對日本天理圖書館中的敦煌文獻進行了考察。施萍婷《日本公私收藏敦煌遺書敍録(三)》(《敦煌研究》4 期)梳理了日本國會圖書館藏古寫本、大東紀念文庫藏敦煌寫經、東京大學東洋文庫研究所收藏之敦煌寫經,並附有日本三家藏經的後記。楊銘《楊增新等所藏兩件吐魯番敦煌寫經》(《西域研究》2 期)對重慶市博物館所藏的敦煌吐魯番漢文寫經進行了考訂。李際寧《味青齋敦煌秘笈佚卷存目點勘及其價值》(《敦煌學輯刊》1 期)對國家圖書館善本部所保存的《味青齋敦煌秘笈佚卷存目》的大部分寫卷進行了點勘,爲研究敦煌遺書流散史提供了一些新資料。

敦煌學的現狀研究方面,朱政惠《敦煌學發展的三大態勢——當代中國史學趨勢研究之三》(《學術月刊》9 期)指出敦煌學具有研究工作機制日臻完備、研究體系趨於完善、國內敦煌學研究融入國際敦煌學的三大發展趨勢。郝春文《八十年代以來北京地區敦煌學研究發展狀況》(《敦煌研究(特刊)》)介紹了 80 年代以來北京地區敦煌學的發展狀況。張金泉《浙江敦煌學研究》(《古文獻研究》)指出浙江學者爲開拓和發展敦煌學作出了重要貢獻。

對於敦煌學人的介紹與表彰,崔富辛、周明初《姜亮夫先生談治學("我與敦煌學")》(《古文獻研究》)述説了姜亮夫先生從事敦煌學研究的方法和治學經驗。劉詩平《不負國寶,襄進學術——榮新江教授的敦煌學與唐史研究》(《北京大學學報》5 期)高度評價了榮新江教授在敦煌學與唐史研究上取得的成就。趙和平《學貫東西,博約兼長——周一良教授的中古史與世界史研究》(《北京大學學報》5 期)讚揚了周一良先生在研究敦煌書儀、唐代俗講和佛經寫卷等方面的卓越成績。胡曉明《饒宗頤的治學態度與方法》(《華東師範大學學報》6 期)讚揚饒宗頤先生在治學上具有敬意與憂患、積微精神、踏勘精神、重視目錄學和語言學、學問與藝事相融合等五方面的優秀品質。施萍婷《敦煌遺書編目雜記二則》(《敦煌吐魯番研究》)談論到"康有爲與敦煌寫經"的淵源,考訂了"壬寅閏四月"敦煌卷子的年代應爲唐僖宗乾符四年丁酉歲(877)。

二、歷 史 地 理

敦煌歷史地理方面,李并成所著《河西走廊歷史地理》(甘肅人民出版社)一書,概述了河西走廊的地理位置和自然資源,對匈奴統治時期和兩漢河西地區的行政和軍事建置進行了調查考證。王炳華《今年新疆考古所見唐代重要史跡》(《唐研究》)對巴里坤縣大河古城、銀山道、唐拔達嶺和唐代尼壤等新疆考古所見的唐代重要史跡進行了考察。馬雅倫《關於〈苦峪城斷碑〉的年代》(《敦煌學輯刊》2 期)認爲所謂苦峪城唐碑即《新唐書·張守珪傳》所載其"刻石紀事"之碑。鄭炳林《唐五代敦煌金鞍山異名考》(《敦煌研究》2 期)認爲金鞍山即龍勒山,是今阿爾金山,它是唐五代著名的深山,也是張承奉建立西漢金山國之"金山"。陳國燦的《唐五代敦煌四出道路考》(《1990 年敦煌學國際研討會文集》,遼寧美術出版社)認爲以敦煌爲中心的四出道路在唐代雖有一些調整變化,但仍然起着中西交通的樞紐作用。鄭炳林《〈沙州伊州地志〉所反映的幾個問題》(《敦煌吐魯番文獻研究》)認爲《沙州伊州地志》是研究沙州、伊州歷史地理的中國資料,而且爲中西交通和民族遷徙提供了新的綫索。鄭炳林《唐五代敦煌新開道考》(《敦煌吐魯番文獻研究》)參照敦煌文書資料對新開道的開設背景、走向及前後朝代道路對應關係、唐五代使用情況進行考證。李正宇《〈沙州都督府圖經卷第三〉劄記(二)》(《敦煌研究》4期)對敦煌文書 P. 2005 涉及的"孟授渠"、"北府渠"、"大井澤"和"蒲昌海"的相關問題進行了探析。張令瑄《稀見河西方志校讀記》(《敦煌學輯刊》1 期)擇摘《三隴方志見知録》的河西各縣縣志進行釋讀,有助於推進絲路歷史的研究。

　　政治史方面,吳震《敦煌吐魯番寫經題記中"甘露"年號考辨》(《西域研究》1 期)認爲敦煌吐魯番寫本佛經中的"甘露"年號是指高昌地區政權的自建年號。向羣《敦煌吐魯番文書中所見唐官文書"行判"的幾個問題》(《敦煌研究》3 期)通過分析今年新出敦煌、吐魯番文書的官文書材料,來探討唐代早期地方行判制度的若干問題。雷聞《從 S. 11287 看唐代論事敕書的成立過程》(《唐研究》)對敦煌文書 S. 11287 中的相關人物進行了考訂,對論事敕書的成立過程和幾個問題進行了梳理和探討。殷光明《北涼緣禾、太緣年號及相關問題之辨析》(《敦煌研究》4 期)對史籍無載的北涼緣禾、太緣兩個年號及相關問題進行了辨析。李方《唐西州長官編年考證——西州官吏考證(一)》(《敦煌吐魯番研究》)依據郁賢皓《唐刺史考》、出土文書和相關論著討論了 26 任西州長官,並對西州長官編年進行了考證。王素《麴氏高昌"義和政變"補説》(《敦煌吐魯番研究》)對於麴氏高昌時代"義和政變"的發生原因、性質、起始時間以及政變集團的構成等問題進行了考論。樓勁《伯 2819號殘卷所載公式令對於研究唐代政制的價值》(《敦煌吐魯番文獻研究》)認爲伯 2819 號殘卷不僅提供了探索唐代尚書令內部結構的綫索,也提供了揭示尚書省演變趨勢的綫索。華林甫《〈姓氏録〉寫作年代考》(《敦煌研究》4 期)認爲敦煌文書北圖 8418 號(位字 79 號)《姓氏録》當寫成於唐天寶元年(742)之後、寶應元年(762)之前的二十年內。榮新江的《張氏歸義軍與西州回鶻的關係》(《1990 年敦煌學國際研討會文集》,遼寧美術出版社)梳理了 9 世紀後半至 10 世紀初沙州歸義軍與西州回鶻之間交往與戰爭相交錯的關係史,並對有爭議的問題提出看法。陸慶夫《五涼政權與中西交通》(《敦煌吐魯番文獻研究》)認爲五涼政權所在的西北地方是絲路交通的樞紐,是中西文化的交匯處。陸慶夫《關於王玄策史跡研究的幾點商榷》(《敦煌研究》4 期)與孫修身

《唐朝傑出外交活動家王玄策史跡研究》中的幾處不同觀點進行商榷。余太山所著《兩漢魏晉南北朝中原與西域關係史研究》（中國社會科學出版社），全面梳理了漢魏南北朝時期中原與西域關係相關的原始史料。樓勁《漢唐的外事體制與絲路古道上的基本外交模式》（《敦煌學輯刊》1 期）、《漢唐對絲路上一般對外交往的管理》（《敦煌吐魯番文獻研究》），分別探討了漢唐的外事體制及其指導思想以及漢唐絲綢之路上的基本外交模式，闡述了漢唐對絲路上一般中外交往的管理。張俊民《"縣泉置元康四年正月盡十二月丁卯雞出入簿"辨析》（《敦煌研究》2 期）反映了以縣泉置爲代表的漢代郵驛系統的日常生活情況，並探討了它同以"勞邊册"爲代表的漢塞系統的差別。馮培紅《有關敦煌文書的兩則讀書劄記》（《敦煌學輯刊》2 期）對"張議潮究竟有無收復西州"和"P. 3715 號《致大夫狀》年代考"兩個問題進行了細緻的考證。

軍事方面，楊銘、何甯生《曹（Tshar）——吐蕃統治敦煌及西域的一級基層兵制》（《西域研究》2 期）認爲吐蕃沿襲唐朝基層兵制"曹"這一建制是吐蕃受唐朝政治、軍事及經濟制度之影響的結果。鄭炳林、馮培紅《唐五代歸義軍政權對外關係中的使頭一職》（《敦煌學輯刊》1 期）根據敦煌文書中歸義軍對外通使情況的記載，對使頭一職作了設置背景、職責許可權及其作用的考析。楊銘《吐蕃時期河隴軍政機構設置考》（《中亞學刊》4 輯）結合漢藏文材料，認爲吐蕃河隴地區主要采取了軍政合一的所謂"節度使"制。孟彥弘《唐前的兵制與邊防》（《唐研究》）認爲唐代的終身化、地方化的兵制取代了漢魏以來軍隊的職業化和國家化。王進玉《敦煌壁畫中的軍事內容》（《敦煌文史資料選輯》）認爲敦煌石窟藝術是一幅中古時期連續千年的兵器圖譜。李正宇《敦煌郡的邊塞長城及烽警系統》（《敦煌研究》2 期）梳理了長城沿綫之外散在郡境的數百座烽臺遺址，通過其井然有序的排列揭示其特有的功能。

法律方面，董念清《魏律略論》（《敦煌學輯刊》2 期）認爲敦煌吐魯番出土的魏晉南北朝時期的法律文書對於研究魏晉南北朝法律制度，尤其是《魏律》的篇目和特點具有重要意義。齊陳駿《敦煌、吐魯番文書中有關法律文化資料簡介》（《敦煌吐魯番文獻研究》）介紹了敦煌、吐魯番文書中有關古絲路上的法律文化資料。

經濟方面，程喜霖《唐代過所與胡漢商人貿易》（《西域研究》1 期）認爲西州是唐代開拓西域的基地，是長安通往西域絲綢之路的要衝，形成了西疆最大的商品集散地。鄭炳林《唐代敦煌種植業研究》（《中國史研究》3 期）認爲唐代敦煌種植業主要分佈在甘泉水灌溉區域的各村莊，以私人園囿種植業爲主。王進玉《敦煌壁畫中的農業生產工具》（《敦煌文史資料選輯》）對敦煌壁畫農作圖中的農業生產工具進行介紹。他的《敦煌古代酒帳與西北少數民族渾脱酒》(《陽關》5 期)認爲敦煌遺書之《酒帳》所記載的"渾脱酒"就是西北少數民族所飲的馬乳酒。閻國權《從莫高窟壁畫看敦煌商業》(《敦煌文史資料選輯》)通過壁畫展示出敦煌在古絲綢之路上的商業重鎮地位。楊俊《敦煌清代糧倉》(《絲綢之路》5 期)介紹了敦煌城南保存的八座清代糧倉的歷史和現狀。盧向前對於唐代西州土地的管理研究包括《唐代西州土地的管理方式——唐代西州田制研究之三》(《唐研究》)、《部田及其授受額之我見——唐代西州田制研究之四》(《敦煌吐魯番研究》),前文圍繞着《授田簿》,對唐代西州官府對土地的管理方式進行了探討;後文認爲唐代西州的部田及其授受額是唐代努力實行"均田制"的縮影。榮新江《〈唐開元二十九年西州天山縣南平鄉籍〉殘卷研究》(《西域研究》1 期)對《唐開元二十九年西州天山縣南平鄉籍》進行初步整理,從文書的外形與内容、時間和地點進行探討,並對兩條可能與之相關的資料進行了討論。張尚謙、張萍《敦煌古代户籍殘卷研究》(《雲南教育學院學報》3 期)分析了西涼户籍編製的内容與形式,並和文獻記載進行了互證,有許多新的結論。劉惠琴《從敦煌文書看沙州紡織業》(《敦煌學輯刊》2 期)從敦煌文書窺探唐宋時期敦煌紡織業的狀況,分析了這一時期出現的紡織及其生產用度情況,對於研究敦煌地區的經濟狀況有所裨益。

三、社　　會

利用敦煌文書研究社會文化的論著,主要涉及書儀、民俗、社邑、學校教育、交通工具等方面。

周一良、趙和平合著的《唐五代書儀研究》(中國社會科學出版社),對唐五代書儀的類型、源流、演變進行綜合性、個案性研究。謝生保《敦煌民俗研究》(甘肅人民出版社)收錄數篇對於敦煌民俗研究的相關論述,對於敦煌民俗的研究具有重要意義。李金梅、劉傳緒、李重申《敦煌傳統文化與武術》(《敦煌研究》2 期)通過狩獵、祭禮、舞蹈、軍事、敦煌文學、戲曲以及壁畫等方面與武術的關係,剖析了敦煌傳統文化對武術的深遠和廣泛的影響。寧可、郝春文《敦煌社邑的喪葬互助》(《首都師範大學學報》6 期)指出喪葬互助不僅是敦煌社邑經濟和生活互助的最重要内容,也是敦煌社邑盛行的重要原因之一。

學校教育方面,周谷平《敦煌出土文書與唐代教育的研究》(《華東師範大學學報》3 期),依據敦煌出土文書所提供的資料,探討了唐代地方教育和蒙學教育的發展狀況。李冬梅《唐五代敦煌學校部分教學檔案簡介》(《敦煌學輯刊》2 期)通過對唐五代歸義軍時期使用的幾種教學教材、教案進行分析,從教學檔案的角度探討了敦煌藏經洞遺存的教育類文書中許多違反常規的現象和問題。周丕顯《敦煌“童蒙”、“家訓”寫本之考察》(《敦煌文獻研究》)對《李氏蒙求》、《新集文詞九經抄》、《太公家教》等“童蒙”、“家訓”寫本進行了考察。

交通工具方面,馬德《敦煌壁畫交通工具史述論》(《敦煌研究》1 期)、《敦煌壁畫交通工具史料述論(下)》(《敦煌研究》3 期)通過研究敦煌壁畫中的古代車輛、舟船資料,探討了我國古代交通工具的製造和使用的歷史。

四、宗　　教

本年度敦煌宗教研究主要涉及佛教、道教、摩尼教、祆教等方面。

敦煌佛教文獻的整理與研究方面,主要的成果有方廣錩《藏外佛教文獻》(第一輯)(宗教文化出版社)對漢文大藏經之外的佛教文獻進行分類整理和研究。王書慶《敦煌佛學·佛事編》(甘肅民族出版社)收集了敦煌遺書中七八十篇有關各種佛事活動的文體,包括唐宋時期敦煌佛教發展史中的全部內容。敦煌研究院文獻研究所主編的《敦煌佛教文獻研究》(蘭州大學出版社)收錄七篇佛教文獻研究論文。

佛經及其注疏的研究,方廣錩《敦煌文獻中的〈金剛經〉及其注疏》(分載《新疆文物》1 期、《世界宗教研究》1 期)對現藏國內外的敦煌《金剛經》及其注疏進行較爲系統的整理與介紹,並指出它們對於研究佛教寫經、敦煌歷史、雕版印刷等研究的價值和意義。他的《敦煌遺書中的〈維摩詰所説經〉及其注疏》(《宗教》1 期)介紹了敦煌遺書中的《維摩詰所説經》以及十五部關於《維摩詰經》的注疏。方廣錩、許培玲《敦煌經帙》(《敦煌學輯刊》1 期)以藏經洞出土的若干帙皮以及關於經帙的一些資料,來揭示古代僧人的藏經方式和書籍管理庋藏制度。

佛教史方面,杜斗城《北涼譯經論》(甘肅文化出版社)收錄其七篇文章,對魏晉南北朝隋唐時期敦煌的佛教和佛教史進行了深入探討。李玉昆《敦煌遺書〈泉州千佛新著諸祖師頌〉研究》(《敦煌學輯刊》1 期)指出《泉州千佛新著諸祖師頌》是研究禪宗史和泉州佛教史的重要參考資料。王書慶《從敦煌文獻看敦煌佛教文化與中原佛教文化的交流》(社科縱橫編輯部編印《敦煌佛教文化研究》)認爲敦煌佛教文化在長期的中轉過程中形成了一種以中原佛教文化和西域佛教文化兼而有之的文明類型。王惠民《獨煞神與獨煞神堂考》(《敦煌研究》1 期)認爲“獨煞神”即千手千眼觀音,“獨煞”即觀音之于闐語、藏語的音譯,探討了于闐與西藏佛教對敦煌佛教的影響。楊森《金山國與各教的疏密關係》認爲金山國在短暫的國運中,其成功與失敗與僧人有着密切的聯繫。陳國光《釋“和尚”——兼談中印文化交流初期西域佛教的作用》

（《西域研究》2 期）認爲古代“西域”在初期中印文化交流中具有重要的橋樑作用，而且當時西域佛教也是漢傳佛教的重要來源之一。王惠民《古代印度賓頭盧信仰的産生及其東傳》（《敦煌學輯刊》1 期）以敦煌遺書中的《請賓頭盧疏》爲例説明請賓頭盧事儀有一定的規範，賓頭盧信仰有一定的規模。

莫高窟與佛教寺院的研究，馬德《莫高窟與敦煌佛教教團》（《敦煌吐魯番研究》）認爲莫高窟是敦煌佛教教團的禪修之地，敦煌佛教教團在莫高窟所從事的各種佛教活動是僧俗共建的、圓融各宗各派的、社會化和世俗化的“入世佛教”。同氏《敦煌的世族與莫高窟》（《敦煌學輯刊》2 期）認爲以敦煌世家大族爲主體所譜寫的莫高窟歷史就是一部佛教中國化、社會化的歷史，是一部對佛教進行改造和利用的歷史。李德龍《敦煌遺書所反映的寺院僧尼財産世俗化》（《山西大學學報》2 期）論證了寺院的實際經濟生活在很大程度上脱離了佛教的清規戒律，寺院經濟與世俗封建經濟趨於同步，世俗化程度進一步加强。

道教研究方面，主要有朱越利所著的《道經總論》（遼寧教育出版社），論述了道經的起源、産生與發展，介紹了道經的分類、目録及敦煌道經、藏外道經等内容。萬毅《敦煌本〈昇玄内教經〉試探》（《唐研究》）認爲通過探析《昇玄内教經》造作流行的年代和過程，可以窺測隨着南北朝時期國家統一趨勢的加强而出現的道教各派的融合趨勢。

對佛道關係的探討方面，顏廷亮《關於〈白雀歌〉見在寫卷兼及敦煌佛道關係》（《蘭州教育學院學報》2 期）認爲在吐蕃統治時期，佛道兩教並非勢不兩立，而是和平共處。王惠民《敦煌“雙履傳説”與“隻屐圖”本源考》（《社科縱横》4 期）認爲中國佛教故事中還雜糅附益有中國道教故事。

對於祆教與摩尼教的研究，本年度所出的成果並不多。有代表性的爲榮新江的《祆教初傳中國年代考》（《國學研究》），該文從粟特文古信劄看祆教傳入中國的年代最晚在西晉末葉。虞萬里《敦煌摩尼教〈下部讚〉寫本年代新探》（《敦煌吐魯番研究》）認爲敦煌 S.2659 寫本是《下部讚》在代宗、德宗年間的傳抄本。

五、語 言 文 字

俗字研究方面，張涌泉有一本著作和兩篇文章：《漢語俗字研究》（嶽麓書社）是第一部俗文字學的概論性著作，有力地推動了漢語俗字學和漢字學的發展；《敦煌文書類化字研究》（《敦煌研究》4 期）考察了敦煌文書中的字形類化現象，並提出了類化字研究的校勘學意義；《俗字探源録——〈漢語大字典〉一、二卷校讀劄記》（《古文獻研究》）輯録了《漢語大字典》一、二卷與俗字辨析有關的條目。王平《敦煌歌辭"得"字研究》(《山東師大學報》1 期)對敦煌歌辭運用頻率較高的"得"字的應用進行探討。施謝捷《敦煌變文語詞校釋劄記》(《敦煌吐魯番研究》)對《敦煌變文集》和《敦煌變文集補編》中的部分俗字、別字和語詞進行了校釋。

語法方面,吳福祥《敦煌變文語法研究》(中國社會科學院博士畢業論文,1995 年 6 月)以《敦煌變文集》爲基本材料,分析變文的語法事實,探討唐五代主要語法現象的共時差異和歷時變化。另外他的《敦煌變文遠指代詞初探》(《敦煌吐魯番研究》)指出上古漢語產生的遠指代詞在頻率和用法上優於中古及近代漢語產生的遠指代詞;晚唐五代漢語遠指代詞有很大變化和發展,不同地域方言間的遠指代詞具有差異性。劉堅、蔣紹愚《近代漢語語法資料彙編——唐五代卷》(北京商務印書館)收錄以口語爲基礎,而摻雜文言成分的作品,如唐人傳奇、唐五代禪宗語錄、變文,以及與變文性質相近的俗文學等。黃征《敦煌俗語法研究之一——句法篇》(《敦煌吐魯番研究》)對敦煌俗語法之糊塗句、緊縮句、倒裝句、鬆散句、插入語和襯字進行了舉例分析,考察了敦煌俗語法的運用。

六、文　　學

文學綜論方面,本年度出版有一本專著,即吳庚舜、董乃斌主編的《唐代文學史》(下)(人民文學出版社),論述了中唐、晚唐與五代文學的發展狀況,並系統地概述了敦煌莫高窟所出唐代俗文學作品。

願文和變文的研究。黃征、吳偉《敦煌願文集》(嶽麓書社)指出敦煌願文具有重要的宗教、文學、史學、民俗學、語言學、文體學以及石窟建築、壁畫藝術等七個方面的價值。鄭炳林《敦煌本〈張淮深變文〉研究》(《敦煌吐魯番文獻研究》)認爲《張淮深變文》記載了張淮深征伐西桐等處回鶻的事件。

敦煌曲子詞的研究。劉尊明《千載不傳之秘籍:〈雲謠集〉》(《古典文學知識》1 期)介紹和評述了《雲謠集》的校勘工作。劉尊明《敦煌歌辭、敦煌詞、民間詞與文人詞之考辨》(《湖北大學學報》2 期)對敦煌寫卷歌辭從名稱、概念、內涵到作者及作品重新進行了一番梳理、界定和考辨。周延良《敦煌情愛曲詞》(河北大學博士論文,1995 年 6 月)分為"敦煌情愛曲詞校釋"和"論詞的起源"兩編,对敦煌遺書中的情愛曲詞進行校勘和注釋。周丕顯《敦煌俗曲分時聯章歌體再議》(《敦煌文獻研究》)敍述了敦煌俗曲中的分時聯章歌辭的產生、發展以及流變。劉尊明《唐五代敦煌民間詞的文化蘊含》(《湖北大學學報》5 期)從內容題材方面發掘和探尋了敦煌民間詞中所包蘊的豐富的文化內涵,又從藝術表現方面考察分析了敦煌詞中所反映的民間文化特徵。邵文實《敦煌邊塞文學之"征婦怨"作品述論》(《敦煌學輯刊》2 期)認爲在敦煌文書中,除了詩歌外,敦煌曲詞小調、敦煌民間講唱文學作品中都有征婦怨歌,說明"征婦怨"是當時的一種普遍情緒。

敦煌賦的研究。伏俊璉《論敦煌賦的表現特色》(趙逵夫主編《詩賦論集》,甘肅人民出版社)指出敦煌賦具有兩個顯著特徵:文學表現上的極端主義和調侃詼諧性。江藍生《〈燕子賦〉(乙)校釋拾零》(《敦煌吐魯番研究》)對敦煌寫本《燕子賦》(乙種本)擇十數條進行了校釋。

詩歌方面,項楚《王梵志詩中的他人作品》(《敦煌吐魯番研究》)指出"王梵志詩"以集合許多白話詩人作品的詩集形式出現,在時代背景的作用下,"王梵志詩"在流行的過程中不斷得到擴充和豐富。張錫厚《敦煌本〈高適詩集〉考述》(《文獻》4 期)認爲敦煌本《高適詩集》的整理研究,顯示了敦煌本高適集具有無可估量的文學文獻價值。徐俊《敦煌寫本唐人詩歌存佚互見綜考》(《敦煌吐魯番研究》)對敦煌寫本詩歌與《全唐詩》、《全唐詩補編》的重出互見詩人 80 家、詩作 329 首進行了甄辨,包括重出詩的查證和互見詩作者的考證。張先堂《〈敦煌唐人詩集殘卷(P.2555)〉新校》(《敦煌研究》3 期)對敦煌文書 P.2555 的唐人詩文作品抄卷進行校錄,認爲此卷是極其珍貴的唐代文學特別是唐詩的原始資料。高國藩《敦煌本高適佚詩〈因書即事〉析論》(《南京大學學報》1 期)對敦煌石室遺書中發現的唐代詩人高適的佚詩《因書即事》進行研究和剖析,認爲其詩表現了盛唐蓬勃向上的精神面貌。柴劍虹《俄藏敦煌詩詞寫卷經眼錄(一)》(《敦煌吐魯番研究》)對作者經眼的俄藏敦煌文獻中的十個詩詞寫卷進行了作者、年代考訂和内容探析。鄭炳林《敦煌文書斯 373 號李存勖唐玄奘詩證誤》(《敦煌吐魯番文獻研究》)認爲敦煌文書 S.373 號所抄詩並非唐玄奘所作,對其寫作年代及其相互關係等進行了證誤。周丕顯《敦煌佚詩雜考》(《敦煌文獻研究》)對一些敦煌佚詩進行考釋。王宗祥《〈景教創世頌〉(擬題)非宋人詩》(《敦煌研究》3 期)認爲《景教創世頌》(擬題)並非宋人詩,所擬題也不合詩文内容,此詩實際抄自唐羅隱詩《京中正月七日立春》。

對於敦煌文學中的文體探討,有三篇文章。李明偉《敦煌文學中"敦煌文"的研究和分類評價》(《敦煌研究》4 期)對於敦煌文學中"敦煌文"的概念、分類範疇、分類研究以及幾種敦煌文學作品進行了研究。顏廷亮《敦煌西漢金山國文學的評價問題》(《甘肅社會科學》3 期)通過對敦煌西漢金山國時期具有代表性的三篇文章進行考析,闡釋金山國的文學評價問題。馬雅倫《關於南山文體的討論》(《敦煌學輯刊》2 期)通過五位學者對於"南山"研究結果的梳理,認爲南山的統治中心在石城一帶,是多民族聚居的區域。

佛教文學作品在敦煌文獻中多有體現。張弓《唐代的釋門散文》(《唐研究》)認爲釋門散文在散盛行駢衰的總體趨勢下,貫穿了整個唐朝。徐湘霖《論敦煌佛曲》(《青海民族學院學報》2 期)認爲敦煌佛曲由文人文學變異至通俗文學的趨勢體現了外來民族文化通俗化的過程。張涌泉《以父母十恩德爲主題的佛教文學藝術作品探源——介紹一部珍貴的〈父母恩重經〉寫本》(《原學》)指出敦煌本《父母恩重經》的發現與整理使得民間流傳的《佛説父母恩重難報經》的來源得到澄清。張先堂《S.4654〈薩訶上人寄錫雁閣留題並序呈獻〉新校與初探》(《敦煌佛教文獻研究》)認爲 S.4654《薩訶上人寄錫雁閣留題並序呈獻》是五代後周時一位佚名僧人西行求法途經敦煌逗留時所寫的一首七言律詩,透露出五代曹氏歸義軍時期敦煌佛教社會的信息。徐俊《敦煌寫本〈山僧歌〉綴合與斯 5692 蝴蝶裝册的還原》(《中國典籍與文化論叢》)認爲斯 5692 蝴蝶裝册的還原,不但使《山僧歌》等釋氏歌偈得以綴合完整,而且爲早期書籍裝幀形式提供了一個實證。鄭炳林《關於〈諸山聖跡志〉的撰寫年代》(《敦煌吐魯番文獻研究》)認爲《諸山聖跡志》是後唐末年的一位西去印度取經的僧人留下的詩篇。

七、藝　術

大型圖册包括:敦煌研究院編《敦煌石窟藝術叢書》(江蘇美術出版社)展示了敦煌石窟的藝術風範。其中,趙聲良《敦煌石窟藝術——莫高窟第六一窟(五代)》認爲莫高窟第六一窟爲敦煌晚期藝術的碩果。李月伯《敦煌石窟藝術——莫高窟第一五六窟附第一六一窟(晚唐)》介紹了莫高窟第一五六窟、第一六一窟的内容及其藝術價值。段文傑《敦煌石窟藝術——莫高窟第二八五窟(西魏)》認爲莫高窟第二八五窟爲中西藝術的交匯點。楊雄《敦煌石窟藝術——莫高窟第二四九窟附第四三一窟(北魏、西魏)》認爲莫高窟第二四九窟、第四三一窟爲“中西同圖,疏密兼施”的代表。張元林《敦煌石窟藝術——莫高窟第二五四窟附第二六〇窟(北魏)》認爲莫高窟第二五四窟、第二六〇窟的藝術成就爲“融合中印藝術,獨具風情特色”。

段文傑主編的《敦煌石窟鑒賞叢書》(第三輯)(甘肅人民美術出版社)描繪了敦煌莫高窟卓越的藝術成就。其中,王惠民《運思精妙,神韻滿壁——莫高窟第四三一窟藝術鑒賞》(第一分册)指出莫高窟第四三一窟是北魏洞窟;趙聲良《融貫東西,異彩紛呈——莫高窟第二八五窟的藝術》(第二分册)指出莫高窟第二八五窟是西魏時期的洞窟;張艷梅《細密精緻而臻麗——莫高窟第四二〇窟藝術》(第四分册)指出莫高窟第四二〇窟是隋朝時期洞窟;羅華慶《神異感應顯,史跡傳人間——莫高窟初唐第三二二窟》(第六分册)指出莫高窟第三二二窟是初唐洞窟;謝生保《丹青艷麗,可見唐風——莫高窟第九窟藝術特色》(第九分册)指出莫高窟第九窟是晚唐洞窟。以上分册皆對各窟的内容進行了文字和圖版的説明。

音樂方面,姜伯勤《敦煌"令舞"曲拍譜的再發現——兼論王朝"法度禮樂"與"歌酒樂舞曲"的消長》(《學術集林》卷五)通過對新整理出來的北圖殘卷820號敦煌譜本的考釋,推證此種譜本的功能,並通過此例論證五代前後王朝的法度禮樂和歌酒樂舞曲。邱星《敦煌石窟音樂簡説》(《音樂世界》12期)簡要介紹了敦煌石窟發現的敦煌卷子譜。應有勤《論敦煌琵琶譜"掣"爲急反撥》(《音樂藝術》3期)通過唐代琵琶的撥法證明敦煌琵琶譜中的"、"既是掣號,同時也是一種具有時值意義的反撥號。台建羣《敦煌壁畫阮的研究》(《敦煌研究》1期)通過敦煌壁畫中阮的形態、演奏形式以及在壁畫中的位置來考察阮的發展演變。鄭汝中《榆林第3窟千手觀音經變樂器圖》認爲千手觀音經變樂器圖是民間樸素的音樂史料,是以現實爲依據的形象寫照。

書法方面,沃興華《敦煌書法》(上海書店出版社)通過不同時期的書法圖録,分析了敦煌書法的點畫、結體和章法,認爲通過敦煌遺書材料能夠完整地描寫書法發展與演變的過程。馬建華、趙吴成《敦煌漢簡書法精選》(安徽美術出版社)對敦煌地區出土的漢簡的書法進行了正隷書體和章草書體的分類研究。鄭汝中、趙聲良《敦煌寫卷書法精選》(安徽美術出版社)對東晉十六國南北朝隋唐時代的數十個有代表性寫卷的書法進行了研究探討。段文傑主編的《敦煌書法庫》(第二、三輯)(甘肅人民美術出版社),解析了隋唐以及高昌時期敦煌寫本書法的時代分期和類型。趙聲良《隋代敦煌寫本的書法藝術》(《敦煌研究》4期)認爲隋代對於寫經書法是個承上啓下的過渡時期,南北方的書法在這個時期廣泛地相互融合、相互影響。王元軍《從敦煌佛經寫本看有關唐代寫經生及其書法藝術的幾個問題》(《敦煌研究》1期)探討了寫經卷子的抄經者及其抄經情況,揭示了佛教書法藝術的特質。楊森《敦研0010(1號)〈佛説祝毒經〉書法風格——從北朝經生體書法談起》(《敦煌研究》1期)認爲《佛説祝毒經》寫本時間在漢晉之際,屬於帶篆書結構的綜勢隷筆的經生體早期作品。李新《我國古代最早的硬筆書法——敦煌莫高窟硬筆寫本》(《敦煌文史資料選輯》)簡要介紹了敦煌莫高窟硬筆寫本的特點和書體。牛汝極、楊富學《敦煌回鶻文書法藝術》(《甘肅民族研究》1期)對敦煌回鶻文的書法形體和書法特點進行了論述。

塑像方面,穆紀光《敦煌菩薩塑像的文化意藴》(《甘肅社會科學》4期)揭示了不同時期人們塑造的敦煌菩薩像具有不同的文化意藴。賀世哲《莫高窟北朝五佛造像試釋》(《敦煌研究》3期)認爲莫高窟第251、254、257、260、435、

437 等窟的五佛造像是如來五分法身像。孫修身、孫曉崗《從觀音造型談佛教中國化》(《敦煌研究》1 期)從觀音形象的考辨和觀世音造型女性化時間的考定,來説明女性觀音的定型是佛教世俗化和中國化的一個標誌。

壁畫方面,《1990 年敦煌學國際研討會論文集(石窟考古編)》(遼寧美術出版社)收録了學術界有關石窟壁畫的優秀研究成果。其中,段文傑《玄奘取經圖研究》認爲玄奘取經圖以《詩話》爲藍本創作而成,表現了取經途中的艱險歷程和玄奘艱苦卓越的精神;趙聲良《莫高窟北周壁畫風格》認爲莫高窟北壁風格是北周時期敦煌獨特環境的産物;寧强《曹議金夫婦出行禮佛圖研究》認爲曹議金夫婦出行圖的主題是到莫高窟供養禮佛,是一幅以出行圖方式描繪的供養人像,具有紀念意義、政治意義和地方特色。謝生保主編的《敦煌壁畫白描精粹》(甘肅人民出版社)系列叢書,展示了敦煌壁畫白描的精粹。其中,趙吳成《敦煌樂伎》對北朝至五代宋元西夏的樂伎進行了分類概述,採用白描的手法再現敦煌樂伎的發展過程;吳榮鑒《敦煌飛天》認爲敦煌飛天是敦煌莫高窟的名片,分析了採用白描的畫法展現敦煌飛天的發展和演變過程;趙俊榮《敦煌供養人》認爲敦煌供養人畫是敦煌壁畫藝術中的主要內容之一,供養人畫像和供養人題記是不可分割的佛教藝術。

歐陽琳、史葦湘、史敦宇《敦煌圖案集》(上海書店)對自北魏至五代的圖案進行了分類剖析,認爲敦煌石窟藝術以注重裝飾爲其最大特點。范興儒《敦煌飛天》(甘肅文藝出版社)對"敦煌飛天"進行了彩繪出版。王宏、李映洲《敦煌繪畫藝術與跨世紀的中國畫形態》(《敦煌學輯刊》2 期)認爲敦煌繪畫藝術爲中國畫現代形態的確立提供了"化石"般的生成信息。段文傑《供養人畫像與石窟》(《敦煌研究》3 期)通過介紹敦煌壁畫中的供養人畫像的五種分類和三個歷史發展階段,認爲敦煌供養人畫像既是藝術也是歷史,是系統的藝術,是形象的歷史。暨遠志《中國早期佛教供養人服飾》(《敦煌研究》1期)認爲供養人服飾體現了不同階層的服飾等級,也具有深刻的時代特徵。敦煌研究院主編的《敦煌壁畫故事(第四輯)》(江蘇古籍出版社)收輯 16 則佛教神話故事,在內容和性質上包括佛傳故事、本生故事和因緣故事。樊錦詩的《簡談佛教故事畫的民族化特色》(《敦煌研究》1 期)認爲敦煌壁畫體現了佛教故事畫的民族化進程,對於佛教在中國的發展和傳播具有重要意義。史葦湘《從敦煌壁畫〈微妙比丘尼變〉看歷史上的中印文化交流》(《敦煌研究》2 期)由敦煌壁畫《微妙比丘尼變》發掘出中國和印度、西域文化交流的痕跡,認爲莫高窟蘊藏着中印古代文化藝術交流的豐富資料。姜伯勤《莫高窟説法圖中龍王與象王的圖像學研究——兼論有聯珠紋邊飾的一組説法圖中晚期犍陀羅派及粟特畫派的影響》(《敦煌吐魯番研究》)從圖像學角度追溯了隋代敦煌莫高窟 244 窟壁畫與後期犍陀羅藝術並粟特畫派的東漸。劉永增《莫高窟第 280 窟普賢菩薩來現圖考釋——兼談"乘象入胎"的圖像來源》(《敦煌研究》3 期)探討了"乘象入胎"圖像源於法華經信仰,並認爲莫高窟第 280 窟乘象菩薩圖並非"乘象入胎",應爲普賢菩薩來現圖。何佳垣《敦煌莫高窟壁畫中的維摩變》(《美苑》6 期)探討了敦煌莫高窟中的唐代前後期的《維摩變》的佈局和構圖。劉永增《敦煌莫高窟隋代涅槃變相與古代印度、中亞地區的涅槃圖像之比較研究》(《敦煌研究》1 期)通過莫高窟隋代涅槃圖像與古印度和中亞涅槃圖像的比較,認爲莫高窟隋代的涅槃圖的基本形式繼承了犍陀羅以及中亞地區的基本特徵。梅林《律寺制度視野: 9 至 10 世紀莫高窟寺經變畫佈局初探》(《敦煌研究》1 期)在律寺制度的視野下,分析了晚期莫高窟石窟寺南北壁經變畫按抽象模式分佈的成因。

八、考古與文物保護

莫高窟考古方面,《1990 年敦煌學國際研討會論文集(石窟考古編)》(遼寧美術出版社)收錄了學術界有關敦煌石窟考古的成果。其中,張寶璽《莫高窟周圍中小四窟調查與研究》對莫高窟周圍石窟分佈,北朝石窟的形制、五代宋重修壁畫、西夏石窟、元代壁畫分別進行了調查研究。施萍婷《三界寺·道真·敦煌藏經》認爲三界寺是道真立身之所,又因道真而名存史册,敦煌藏經洞所藏之佛典與道真有直接關係。鄧文寬《張淮深改造莫高窟北大像和開鑿第 94 窟年代考》認爲張淮深改造北大像是在公元 885 年,開鑿第 94 窟是公元 885 年某月至 888 年年初。王惠民《曹元德功德窟考》(《敦煌研究》4 期)認爲莫高窟第 100 窟的窟主並非曹元德,第 454 窟纔是曹元德的功德窟。

石窟的保護研究。張明泉、張虎元、曾正中、李最雄、王旭東《莫高窟地仗物質成分與微結構特徵》(《敦煌研究》3 期)通過對地仗層的物質成分、微結構特徵及地仗層在洞窟內所處的位置和顯觀病程度的綜合分析,探討了莫高窟地仗層分散解體病害的原因。李最雄、王旭東、Neville Agnew、林博明《薄頂洞窟窟頂加固實驗》(《敦煌研究》3 期)通過三次薄頂洞窟窟頂的加固實驗,尋找到對於膠結性差、鬆散脆弱的沙礫岩洞窟薄頂的一種行之有效的加固方法。李最雄、張虎元、王旭東《古代土建築遺址的加固研究》(《敦煌研究》3 期)對古代建築遺址防止風沙侵蝕和雨水沖刷破壞進行加固研究。麥克·西林、郭宏、段修業、王軍虎、李軍《敦煌莫高窟顏料色彩穩定性及其相關問題的研究》(《敦煌研究》3 期)選用六個不同時代色彩豐富的洞窟及露天壁畫作爲檢測對象,研究敦煌莫高窟壁畫顏料的色彩穩定性及其他相關問題。王進玉、羅明《敦煌研究石窟中光照及紫外綫的監測》(《文物修復與研究》4 期)通

2011 敦煌學國際聯絡委員會通訊

過檢測分析,認爲石窟區域内的日照度、紫外綫的强度等對露天壁畫的損害嚴重。王進玉《古代青金石顏料的質子激發 X 螢光分析》(《核技術》3 期)用質子激發 X 螢光方法分析敦煌莫高窟、麥積山石窟等各朝代壁畫中所使用的青金石顏料,並獲得該顏料的定性定量分析結果。張贊勳、謝本立等《北山石窟風化產物可溶鹽形成的水文地球化學機理》(《敦煌研究》3 期)通過分析北山石刻風化破壞的現狀和風化產物可溶鹽類型,來研究北山水文地球化學機理。

壁畫的保護研究。段文傑《敦煌文物的保護和臨摹》(《敦煌研究》2 期)認爲臨摹工作對於敦煌文物的保護具有重要作用,是傳播敦煌藝術、弘揚中華文化,進行國際文化交流的必要手段和方式。王進玉《敦煌莫高窟壁畫保護五十年》(《敦煌文史資料選輯》)敍述了自敦煌藝術研究所成立後的五十年中對敦煌莫高窟壁畫保護的過程。李實《敦煌壁畫中膠結構材料的定量分析》(《敦煌研究》3 期)將敦煌莫高窟每一個歷史時代的洞窟各選一個代表,對壁畫的五種主要顏色作膠結材料的定性和定量分析。郭宏、段修業《東千佛洞壁畫顏料色彩規律及壁畫病害治理的研究》(《敦煌研究》3 期)討論了東千佛洞壁畫顏料用料規律,並簡要分析了東千佛洞各洞窟的主要病害和治理方法。樊娟等《陝西耀縣藥王山一天門廟宇壁畫揭取保護方法研究及處理實施》(《敦煌研究》3 期)根據廟宇壁畫的自身特點,成功解決了揭取過程中畫面的保護問題,尤其是不耐水脆化紙質畫面的保護問題。王進玉《敦煌莫高窟起甲壁畫的修復與保護研究》(《文物修復與研究》4 期)總結了對敦煌壁畫殘損病害的起甲現象進行修復和保護的研究工作。

西北地區其他石窟考古方面,新疆文物考古研究所編《新疆文物考古新收穫》(1979—1989)(新疆人民出版社)彙集了 1979 至 1989 年十年間新疆田野考古調查發掘的重要成果,是深入研究新疆地區古代歷史文化和探析東西方文化交流的第一手研究資料。張伯元《安西榆林窟》(四川教育出版社)詳細介紹了安西榆林窟的 43 窟内容和 41 個供養人題記,體現了"新"、"全"、"準"的寫作特色。張寶璽《馬蹄寺名稱的來歷》(《敦煌研究》1 期)認爲張掖馬蹄寺石窟所處的馬蹄山源自吐蕃一支,馬蹄山的名稱形成於宋代以前。姚桂蘭、格桑美卓《張掖馬蹄寺石窟内容總録》(《敦煌學輯刊》2 期)對馬蹄寺石窟羣的馬蹄南、北二寺,上中下觀音洞、金塔寺、千佛洞七個部分的内容進行了輯録和介紹。

九、少數民族歷史語言

少數民族歷史方面,榮新江《龍家考》(《中亞學刊》4 輯)對龍家的淵源、形成和興亡進行梳理,認爲龍家是由來自焉耆的人組成的部落。楊富學、牛汝極合著的《沙州回鶻及其文獻》(甘肅文化出版社)對沙州回鶻國的興亡、政權組織和社會性質等作了介紹,並對現存回鶻文獻進行了校釋。陸慶夫《甘州回鶻可汗世次辨析》(《敦煌學輯刊》2 期)從敦煌遺書中保存的豐富的有關甘州回鶻的原始資料,理順了甘州回鶻可汗的世次,並提出有價值的看法。他的《敦煌民族文獻與河西古代民族》(《敦煌吐魯番文獻研究》)認爲敦煌民族文獻是河西古代民族雜聚共處、繁衍生息的真實記錄。劉波《敦煌所出粟特語古信劄與兩晉之際敦煌姑臧的粟特人》(《敦煌研究》3 期)通過敦煌出土粟特語古信劄探討了 4 世紀前後粟特商人在中國絲路上的貿易情況,並歸納出 4 世紀前後敦煌等地粟特商人的經商特點。楊富學《佉盧文所見鄯善國之貨幣(兼論與回鶻貨幣之關係)》(《敦煌學輯刊》2 期)認爲佉盧文書中與貨幣經濟相關的資料填補了漢文史籍的空白,並認爲鄯善貨幣與回鶻貨幣存在一定的關係。

少數民族語言文獻方面,季羨林先生在吐火羅語的研究方面取得新成果,他的《吐火羅文 A(焉耆文)〈彌勒會見記劇本〉新博本 76YQ1·1(兩頁一張)譯釋》(《中亞學刊》4 輯)對《彌勒會見記劇本》新博本 76YQ1·1(兩頁一張)進行拉丁字母的轉寫,並給予譯文與注釋。此外他的《吐火羅文 A(焉耆文)〈彌勒會見記劇本〉新博本 76YQ1.30 一張兩頁譯釋》(《敦煌吐魯番研究》)對《彌勒會見記劇本》新博本 76YQ1.30 殘卷的第一張進行拉丁字母的轉寫,並給予譯文與注釋。

李經緯對於回鶻文的文書研究在本年度取得顯著的成績:《敦煌 Or. 8212(170)號回鶻文文書的譯文質疑》(《新疆大學學報》3 期)對同刊發表的敦煌 Or. 8212(170)號回鶻文文書的譯文提出不同的看法,並附有譯文;《回鶻文社會經濟文書選注(五)》(喀什師範學院學報》2 期)對回鶻文的"酒帳"、"羊帳"和"等帳記錄"等進行轉寫和注釋;《九件回鶻社會經濟文書譯釋》(《喀什師範學院學報》1 期)對九件回鶻文社會經濟文書進行譯釋;《回鶻文借貸文書七種》(《喀什師範學院學報》3 期)譯釋了回鶻文的"借官布契"、"借棉布契"等七種借貸文書;《吐魯番回鶻文買賣文書四種》(《西域研究》2 期)對回鶻文的"賣地契"、"土地契"、"房子契"等四種經濟文書進行轉寫和注釋;《回鶻文借貸文書六種》(《新疆文物》2 期)譯釋了回鶻文的六種借貸文書;《回鶻文買賣契約文書研究》(《比較法研究》1 期)對回鶻文買賣契約文書的文書資料、基本格式以及文書格式的意項分析、文書示例等進行研究和探討;《回鶻買賣契約的意項分析及其與現代經濟文書的比較》(《喀什師範學院學報》4 期)比較分析了回鶻文買賣契約和現代經濟文書的異同;《回鶻文文獻語言的後置詞(續)》(《語言與翻譯》2 期)分析了回鶻文文獻語言兼用後置詞的現象。

鄧浩依據《突厥語詞典》對於回鶻經濟的探討頗有新意,他撰有《〈突厥語詞典〉與回鶻的農業經濟》(《敦煌研究》4 期)、《從〈突厥語大詞典〉看回鶻的畜牧文化》(《敦煌研究》1 期)、《從〈突厥語詞典〉看回鶻的醫藥學》(《甘肅民族研究》1 期)三篇文章,他認爲回鶻西遷後轉向定居的農業,對於回鶻人民的生活影響是深刻的,開創了回鶻社會經濟文化發展的全新時代;通過深入發掘《突厥語大詞典》中蘊藏的回鶻畜牧文化因素,揭示了 11 世紀左右回鶻的經濟文化狀態。

此外,楊富學《西域、敦煌文獻所見回鶻之佛經翻譯》(《敦煌研究》4 期)認爲大藏經中的經、論兩部分的主要著作都被譯成回鶻語,説明了回鶻佛經翻譯的盛況。

十、古　　籍

李方《伯希和 3271 號寫本〈論語集解〉的性質和意義》(《敦煌研究》4 期)認爲伯希和 3271 號寫本的作者率先在何晏《集解》中合並皇疏他注,開創了合並注疏的先聲,此爲《論語集解》寫本的意義和價值所在。唐長孺的《跋吐魯番所出〈千字文〉》(《唐研究》)認爲貞觀十四年平定高昌建立西州後,《千字文》普遍用作學童們的識字課本和習字規範。周丕顯《敦煌本〈千字文〉考》(《敦煌文獻研究》)對敦煌古鈔《千字文》的鈔本概況、歷代著録、文獻記載及論證進行分述。李丹禾《敦煌殘卷〈新集文詞九經抄〉初探(之一)》(《古文獻研究》)認爲《新集文詞九經抄》是當時流行的蒙學讀物,用以引導少年兒童遵守道德規範,培養高尚情操,具有一定的教育意義。黃維忠、鄭炳林《敦煌本〈修文殿御覽殘卷〉考釋》(《敦煌學輯刊》1 期)確定了敦煌本《修文殿御覽殘卷》書於唐高宗朝乾封年後,此卷有助於校勘正史及後類書之誤,並利於輯佚之人引用其中的材料。許建平《唐寫本〈禮記音〉著作時代考》(《中國典籍與文化論叢》)認爲斯 2053 號《禮記音》殘卷應是比《釋文》、《切韻》早一個時期的作品,應爲南北朝時期的作品。他的《〈春秋後語釋文〉校證》(《敦煌研究》4 期)對於 S. 1439 號敦煌文書《春秋後語釋義》進行了校證。李際寧《〈春秋後語〉拾遺》(《敦煌吐魯番研究》)對北京圖書館藏新 865 號寫卷進行了考證校録,指出其爲《春秋後語》的一部分。鄭炳林《敦煌本夢書研究》(甘肅文化出版社)是關於敦煌本夢書殘卷整理研究的專著。楊自福、顧大勇《敦煌本〈周公解夢書〉殘卷初探》(《敦煌學輯刊》2 期)認爲敦煌本《周公解夢書》出自敦煌文士之手,是抄録原《周公解夢書》的有關條目後進行必要的改造加工而成的。周丕顯《敦煌古鈔〈兔園策府〉考析》(《敦煌文獻研究》)認爲《兔園策府》非一般性質的蒙書,正文、注文都蘊含着豐富的文化史、文明史内容。饒宗頤《敦煌所出北魏寫本〈國語‧周語〉舊注殘頁跋》(《敦煌吐魯番研究》)認爲北魏寫本《國語》注非賈逵之注,此殘頁可能是唐固之《國語》注。寧可《敦煌遺書散録二則》(《敦煌吐魯番研究》)對英藏 S.10 號《毛詩鄭箋》卷背字音、英藏 S.8466 和 S.8467 號“孟姜女詩”進行了補録和校釋。

十一、科　　技

敦煌科技綜論性的文章有周丕顯《敦煌科技書卷叢談》(《敦煌文獻研究》),作者對敦煌遺書中的相關科技卷子如古本草、古曆日和印刷術進行論述。

敦煌醫學研究方面,張儂的論著具有代表性:《敦煌石窟秘方與灸經圖》(甘肅文化出版社)對敦煌石室秘方和敦煌《灸經圖》等進行分類整理,認爲這些醫學資料具有很高的使用價值;《敦煌〈灸經圖〉殘圖及古穴的研究》(《敦煌研究》2 期)認爲敦煌本《灸經圖》是一部罕見的針灸學古文獻,其殘存的古代穴點的文字圖示,融合唐代早期灸法和敦煌地方醫學針灸學術特色;《敦煌遺書中的耳穴與耳孔灸法》(《中國醫史雜誌》3 期)介紹了敦煌遺書中的耳穴與耳孔灸法的相關記載。除此之外,王淑民、龐莎莎《敦煌吐魯番出土古本五臟論的考察》(《中國醫史雜誌》1 期)對三種古本《五臟論》作了詳細考察。

曆法方面,殷光明《從敦煌漢簡曆譜看太初曆的科學性與進步性》(《敦煌學輯刊》2 期)認爲敦煌漢簡中的太初曆對本始四年(前 70)到天鳳四年(17)施行的曆書格式提供了完整的實物資料,爲了解太初曆的發展提供了珍貴資料,這對於整個古代曆法的研究具有重要意義。

十二、學術動態與紀念文

學術動態方面,楊秀清《八十年代以來金國史研究綜述》(《敦煌研究》4 期)綜述了 80 年代以來金山國史的研究成果,並對金山國史研究的主要方面及主要研究成果進行了較全面的報導。鄭炳林《敦煌寫本解夢書概述》(《敦煌學輯刊》2 期)分別從學術界對敦煌寫本解夢書整理研究中存在的問題及敦煌寫本解夢書的内容、分類定名、年代判定等方面作了論述。

紀念文方面,白化文《周祖謨先生與敦煌學 附 周祖謨先生論著目録(周士琦)》(《敦煌吐魯番研究》)介紹了周祖謨先生的生平事跡、敦煌學研究的成果以及對敦煌學發展的貢獻,並附有周祖謨先生的主要論文和著作目録。黃征《蔣禮鴻先生傳略 附 蔣禮鴻先生論著編年目録》(《敦煌吐魯番研究》)

介紹了蔣禮鴻先生的生平事跡和在敦煌學研究領域的優秀成果與貢獻,並附有蔣禮鴻先生的論著目録。武漢大學中國三至九世紀研究所《唐長孺先生傳略》(《唐研究》)簡單介紹了唐長孺先生的主要生平事跡和史學貢獻,並附有唐長孺先生發表的主要論文目録。

十三、書評與書序

書評方面,榮新江所著《英國圖書館藏敦煌漢文非佛教殘卷目録(S.6981—S.13624)》(臺北新文豐出版公司,1994 年 7 月)受到學界的廣泛關注,書評有兩篇:白化文《〈英國圖書館藏敦煌漢文非佛教文獻殘卷目録(S.6981—S.13624)〉評介》(《敦煌學輯刊》1 期)認爲榮新江對英藏 S.6981—S.13624 所作的詳細的注記目録,對於推動國內敦煌學的發展起了重要的推動作用;郝春文評《英國圖書館藏敦煌漢文非佛教殘卷目録(S.6981—S.13624)》(《敦煌吐魯番研究》)充分肯定了"榮目"的重大成就,認爲這是一部對於敦煌學界和歷史學界都具有重要價值的目録著作,並指出一些值得商榷和補充之處。

饒宗頤著《法藏敦煌書苑精華》(廣東人民出版社,1993 年 11 月)受到學界的關注與好評,趙聲良、榮新江《饒宗頤〈法藏敦煌書苑精華〉評介》(《敦煌研究》1 期)認爲饒宗頤的《法藏敦煌書苑精華》填補了中國書法研究史的空白,作者對於每件寫本的解說都不亞於一篇考釋研究論文,而且也融合作者的研究心得,具有重大的學術意義和參考價值;劉濤《法藏敦煌書苑精華》(《敦煌吐魯番研究》)認爲饒氏刊本兼顧到書藝和書法史料兩大方面,這部大型的圖録本書法叢刊可做一部書法史料。

伏俊璉的專著《敦煌賦校注》(甘肅人民出版社,1994 年 5 月)自出版後,有關書評有兩篇:張錫厚評《敦煌賦校注》(《敦煌吐魯番研究》)認爲伏俊璉所著的《敦煌賦校注》是集校集注,並有自己的主見和判斷,是屬於包含着某些個人創見的集校集注;劉瑞明《〈敦煌賦校注〉評介》(《敦煌研究》4 期)認爲伏書中由校句而歸體例,又以體例統校句的雙兼周密吻合,並且觸類旁通。

榮新江對於新出敦煌文獻的書評有兩篇:《〈俄藏敦煌文獻〉第 1—5 册》(《敦煌吐魯番研究》)對《俄藏敦煌文獻》(上海古籍出版社,1995 年)的內容、體例進行評述,認爲《俄藏》的目録可以分階段地出版;《上海博物館藏敦煌吐魯番文獻》(《敦煌吐魯番研究》)認爲《上海博物館藏敦煌吐魯番文獻》(上海古籍出版社,1993 年)雖存在一定的不足,但圖版清晰,敍録詳盡,是爲敦煌吐魯番文獻整理出版的典範。

鄧文寬評《敦煌新本六祖壇經》(《敦煌吐魯番研究》)對楊曾文校寫的

《敦煌新本六祖壇經》(上海古籍出版社,1993 年)進行了評述,提出一些匡補意見,認爲其對禪宗史的研究具有重要意義。王邦煒評《慧超往五天竺國傳研究》(《敦煌吐魯番研究》)對桑山正進編《慧超往五天竺國傳研究》(京都大學人文科學研究所,1992 年)和張毅箋釋的《往五天竺國傳箋釋》(北京:中華書局出版,1994 年)兩部研究《慧超往五天竺國傳》的書分別進行了評述,指出兩書的相對優劣之處。張涌泉評《敦煌邈真讚校錄並研究》(《敦煌吐魯番研究》)對饒宗頤主編,姜伯勤、項楚、榮新江合著《敦煌邈真讚校錄並研究》(臺北新文豐出版公司,1994 年)的錄文、校勘、斷句三個方面舉例進行了評述,認爲此書雖存在一些未盡美善之處,但所取得的成果是顯著的。余太山評《〈榎一雄著作集〉第 1—3 卷〈中亞史〉》(《敦煌吐魯番研究》)對《榎一雄著作集》(東京汲古書院,1992—1993 年)依次介紹了榎氏有關中亞史的 60 篇文章,並將榎氏視爲白鳥庫吉在中亞史研究領域的接班人。蘇北海《〈沙州回鶻及其文獻〉評介》(《敦煌研究》3 期)認爲楊富學、牛汝極著的《沙州回鶻及其文獻》(甘肅文化出版社,1995 年 6 月)充分利用了沙州回鶻文獻和漢文史籍,是敦煌學研究的一大成果,更是回鶻研究的里程碑。段小强《讀〈瓜沙史事概述〉劄記》(《敦煌學輯刊》2 期)認爲蘇瑩輝先生的《瓜沙史事概述》對敦煌地區的歷史沿革勾勒了一個非常清晰的脈絡,對於研究整個歸義軍歷史具有十分重要的意義,但也某些方面有待於進一步完善。

書序方面,蔣禮鴻《〈敦煌願文集〉序》(《杭州大學學報》4 期)認爲黃征和吳偉對敦煌願文的合作研究,填補了敦煌俗文學研究的空白。周紹良《敦煌本〈六祖壇經〉是慧能的原本——〈敦博本禪籍校錄〉序》(《敦煌吐魯番研究》)通過敦煌本《壇經》與其他佛教史料的比較分析,構架出敦煌本《六祖壇經》是慧能的原本的結論。

2010 年敦煌學研究綜述

董大學（首都師範大學）

2010 年,敦煌學研究已逾百年。據不完全統計,大陸地區共出版敦煌學專著 70 餘部,公開發表論文 700 餘篇,兹擇要分概說、歷史地理、社會、宗教、語言文字、文學、藝術、考古與文物保護、少數民族歷史語言、古籍、科技、學術動態與紀念文等十二個專題將主要成果介紹如下。

一、概　説

本年度對敦煌學的回顧與展望、敦煌文獻圖録的影印出版、敦煌文獻的流散與收藏、學術史研究、文獻數字化等方面的研究成果較多。

關於敦煌學的綜合性論著有：寧可、郝春文《敦煌的歷史和文化》（中國國際廣播出版社）從敦煌的地理、漢武帝以前的敦煌、漢代對敦煌的經營與開發、魏晉南北朝時期的敦煌、隋與唐前期的敦煌、唐後期五代北宋時期的敦煌等諸方面,對敦煌的歷史與文化作了全面的介紹。寧可《寧可談敦煌》（湖南少年兒童出版社）從敦煌的歷史和文化、斯坦因怎樣騙盜了敦煌文物、敦煌學與中國歷史研究等方面,系統地論述了敦煌和敦煌學。郝春文主編《敦煌學概論》（高等教育出版社）分緒論、敦煌的歷史、敦煌石窟藝術、敦煌遺書四個部分對敦煌學及其主要内容作了概要介紹。柴劍虹、劉進寶著,梁曉鵬英文翻譯的《敦煌史話》（中國大百科全書出版社）主要介紹了敦煌的歷史,内容包括“敦煌”名稱的由來、敦煌從開發到繁榮的三部曲、莫高窟的開鑿及其形制與功能、敦煌彩塑藝術、敦煌壁畫藝術、藏經洞——20 世紀初現世的文化寶庫等。樊錦詩主編《解讀敦煌》系列叢書（華東師範大學出版社）,包括《法華經故事》、《敦煌裝飾圖案》、《敦煌彩塑》、《報恩父母經典故事》、《飛翔的精靈》、《神秘的密教》、《禪宗經典故事》、《中世紀建築畫》、《神秘的密教》、《中世紀服飾》、《佛陀的本生因緣故事》、《發現藏經洞》、《佛國尊像》、《彌勒佛與藥師佛》等,介紹了敦煌莫高窟的各個方面的内容。樊錦詩主編《敦煌與隋唐城市文明》（上海教育出版社）對敦煌輝煌燦爛的石窟藝術、文獻和出土文物等進行挖掘、整理,從城市文明、城市居民、商業經濟、衣食住行、學校教育、文學語言、宗教生活、娛樂生活、婚喪嫁娶、友好往來等各個側面再現了隋唐城市生活的細節。胡同慶、羅華慶《解密敦煌》（甘肅人民美術出版社）,内容包括：縱觀歷史長河、巡禮藝術殿堂、欽覽藏經洞文物、遊訪遺跡遺物,共分四章介紹了敦煌的發展歷史。中視傳媒股份有限公司、敦煌研究院編著《敦煌》(中國傳媒大學出版社)據央視同名紀錄片精心製作而成,全書不但用文字記錄了敦煌千餘年風雲變幻的磅礴歷史,還用大量珍貴圖片向人們直觀展示了敦煌藝術的風雨滄桑和璀璨絢麗。高用華編著《敦煌莫高窟》(吉林文史出版社)内容包括:莫高窟的藝術特色、敦煌莫高窟的故事與傳說、慘痛的掠奪史、保護人類共同的遺產。郝春文、趙貞編著《英藏敦煌社會歷史文獻釋錄》第七卷(社會科學文獻出版社)對《英藏敦煌文獻》S. 1467—S. 1772 號中的漢文非佛經文獻進行了釋錄。賈娟《〈英藏敦煌社會歷史文獻釋錄〉(第一卷)補校續》(《寧夏大學學報》6 期)對郝春文主編《英藏敦煌社會歷史文獻釋錄》第一卷中部分内容作了補校。張國剛《絲綢之路與中西文化交流》(《西域研究》1 期)對包括敦煌在内的絲路城市,在中西文化交流史上的作用作了一番概述。

關於敦煌學的回顧與展望,丹·沃、吳炯炯《敦煌百年》(《敦煌學輯刊》1 期)介紹了 2007 年在倫敦召開的紀念斯坦因的兩次國際學術會議,主要突出了某些報告及從中傳遞的有價值的信息。馬季《從三四十年代的敦煌熱看向傳統的復歸》(《時代文學》1 期)一文通過 30、40 年代的敦煌熱的探討,表明在這樣一個延續與變異的大背景下,人們面對着來自内部和外部的挑戰,國人在對文化的自我保持和自我更新上有了更新的認識,並轉向傳統的復歸。

敦煌文獻圖録的影印出版方面,主要是中國國家圖書館編、任繼愈主編《國家圖書館藏敦煌遺書》(北京圖書館出版社),出版了第 124—136 册,涵蓋了國圖所藏敦煌遺書北敦 14212 號至北敦 15000 號。

敦煌文獻的流散與收藏。潘德利、王文風《敦煌文獻流散與回歸的艱辛歷程》(《圖書館情報工作》7 期)針對敦煌文獻的發現及流失原因進行論述,重點揭示敦煌文獻在海外各國的分佈以及敦煌文獻的再生性回歸情況,記錄了敦煌文獻的發現、流失與回歸的艱辛歷程。姜洪源《敦煌卷子入藏記》(《發展》12 期)着重對敦煌文獻在甘肅地區的一些流藏情況作了説明,爲敦煌學界提供了更多的研究素材。陳濤《日本杏雨書屋藏〈敦煌秘笈〉目録與〈李(木齋)氏鑒藏敦煌寫本目録〉之比較》(《史學史研究》2 期)通過比較《敦煌秘笈》目録與《李(木齋)氏鑒藏敦煌寫本目録》,揭示了各種目録題名、排列順序、著録文書件數的差異,考察了各種目録的來源和底本。陳濤《日本杏雨書屋藏〈敦煌秘笈〉中李盛鐸藏書印管見》(《北京師範大學學報》4 期)討論了李氏舊藏敦煌寫本中所鈐藏書印的名稱、形制和鈐印時間,發現並非所有藏卷都有印鑒,有印鑒的僅佔約 24.1% ,認爲《李木齋氏鑒藏敦煌寫本目録》之外無李氏印鑒的敦煌寫本屬李氏舊藏的可能仍不能排除,另外在全部寫卷中,未見一件鈐有"德化李氏凡將閣珍藏",因而對於大量鈐有該印的"李氏舊藏敦煌寫本"仍需審慎。

學術史研究方面,朱玉麒《清代西域流人與早期敦煌研究——以徐松與〈西域水道記〉爲中心》(《敦煌研究》5 期)認爲早期的敦煌研究肇始於清代乾隆年間對西域的開發,文章以嘉慶年間的流放文人徐松爲個案,以其著作《西域水道記》爲中心探討了徐松對敦煌的研究;作者還提出了"敦煌學前史"這一概念,值得關注。王雪梅、黃征《敦煌學界"預流""預流果"評價術語質疑》(《藝術百家》5 期)針對目前學術界誤解、誤用甚至濫用"預流"、"預流果"術語評價學者及其學術成就的現象,對這兩個術語作了佛典意義、訓詁意義、借用引申意義和學術界使用情況等方面的考證性研究。孫玉蓉《關於"敦煌經籍輯存會"的兩則日記》(《文獻》1 期)通過對俞澤箴的兩則日記進行研究,糾正了史學界半個多世紀以來關於"敦煌經籍輯存會"成立時間的誤傳,認爲其正式成立的時間爲 1925 年 9 月 1 日。劉波、林世田《國立北平圖書館拍攝及影印出版敦煌遺書史事鈎沉》(《敦煌研究》2 期)鈎稽排比國家圖書館舊檔中有關拍照影印敦煌遺書的檔案,輔以其他資料,論證了國立北平圖書館 20 世紀 30 年代拍照並計劃影印敦煌遺書的史實,認爲此舉不僅有力地推動了流失海外敦煌文獻的回歸,促進了中國早期敦煌學的發展,而且對今天流失海外的古籍文獻的回歸也具有借鑒意義。王冀青《胡適與翟理斯關於〈敦煌錄〉的討論》(《敦煌學輯刊》2 期)對胡適與翟理斯關於《敦煌錄》討論的詳細經過,進行了一番梳理,弄清了來龍去脈;還提示了胡適《論萊昂納爾·翟理斯博士關於〈敦煌錄〉的文章》一文,應得到胡適研究者的注意,文後附有該文的中譯本全文。王冀青《關於敦煌莫高窟"藏經洞壁畫問題"》(《敦煌學輯刊》4 期)對 1907—1941 年間有關藏經洞壁畫的各種相關記載進行了初步的梳理,推測現存近事女像和比丘尼像等或爲張大千的仿古新繪。李萬健、羅瑛輯《敦煌書目題跋輯刊》(國家圖書館出版社)收錄了《莫高窟石室秘錄》、《敦煌唐寫本提要》、《敦煌劫餘錄》等十餘種民國時期有關敦煌學的目錄題跋,爲當今敦煌學研究提供極大方便,從中也可考見民國時期敦煌學研究成果之大觀、敦煌文獻流失之大略及敦煌學人之愛國情懷。

敦煌學的數字化。方廣錩、朱雷《談敦煌遺書數據庫》(《敦煌研究》5 期)針對敦煌遺書數量巨大,形態複雜,蘊藏的研究信息十分豐富,爲編目工作帶來極大的困難,介紹了爲解決這一困難所建設的敦煌遺書數據庫,相信這一數據庫的最終完成並上網公佈,將爲敦煌研究者提供實用、高效的研究平臺。李茹《網絡環境下敦煌學外文文獻資源建設與信息服務——以敦煌研究院信息資料中心爲例》(《絲綢之路》20 期)闡述了敦煌研究院信息資料中心外文文獻資料的收藏、利用及服務現狀,分析了敦煌研究院信息資料中心在外文文獻利用過程中開展的一些具有特色的信息服務模式,並對以後的外文文獻諮詢工作提出了改進措施和建議。

關於敦煌文獻的寫本特徵、標點符號、寫本斷代、寫本綴合等問題,也有集中探討。張涌泉《敦煌文獻的寫本特徵》(《敦煌學輯刊》1 期)從敦煌文獻分卷不定、符號不定、内容不定、用字不定、文多疏誤等五個方面,論述了敦煌文獻的寫本特徵。黄威《敦煌文獻首、尾題初探》(《文獻》4 期)從首、尾題的位置與結構,首、尾題的關係及特點和首、尾題的意義與影響三個方面,對敦煌文獻首、尾題規律進行總結,揭示出卷軸裝書籍題名形式的特徵,認爲這一題名形式對目録學的發展、古籍書名的形式等有深刻影響。李正宇《敦煌古代的標點符號》(《尋根》3 期)一文介紹了敦煌遺書中的標點符號 21 種、100 餘形,認爲我國古代不僅早已使用標點符號,並且積累了豐富的經驗和成果,而近世的標點符號,不過是在自身傳統的基礎上吸收了西方標點符號的優點,使固有標點符號系統進一步完善化、規模化、標準化和科學化。張涌泉《敦煌寫本重文號研究》(《文史》第 1 辑)以敦煌寫本爲主,並結合甲骨文、金文、簡牘以及傳世文獻,從形狀與用法、源流流變、傳刻訛舛三方面,對敦煌寫本重文號的淵源、種類以及傳録校刻價值給予了詳細的論述。張涌泉《説"卜煞"》(《文獻》4 期)一文以敦煌寫本爲中心,就古代删字符號的類型、解讀及其淵源流變試作探討。張涌泉《敦煌寫本斷代研究》(《中國典籍與文化》4 期)認爲敦煌寫本的斷代可從内容、書法、字形、紙質和形制四個大的方面着手, 進行綜合考察,文中條分縷析, 並結合具體實例進行了分析討論。趙鑫曄《俄藏敦煌殘卷綴合八則》(《藝術百家》6 期)舉出十六個殘卷的俄藏敦煌殘卷,分别進行綴合,並加以定名和録文,有助於俄藏敦煌文獻的整理。

二、歷 史 地 理

敦煌史地研究,主要集中在政治史、經濟史、軍事史以及歷史地理等方面。

有關敦煌歷史的考察,主要有:王子雲《敦煌和敦煌莫高窟歷史考證》(《文博》5 期)對敦煌自春秋至唐代的歷史進行了簡略考證,並對石窟的開鑿和發達原因給予了分析,還談到敦煌石室的發現、價值和保護等方面内容。陸離《敦煌寫本 S.1438 背〈書儀〉殘卷與吐蕃佔領沙州的幾個問題》(《中國史研究》1 期)對殘卷的作者,吐蕃在敦煌地區的設官等問題進行了討論。張延清《吐蕃和平佔領沙州城的宗教因素》(《西南民族大學學報》4 期)通過對吐蕃統治敦煌時期的佛教政策的研究,認爲沙州當時的宗教地位和吐蕃的興佛政策挽救了沙州,使其免遭生靈塗炭之災,成了一個善鄉佛國。張偉《從敦煌漢簡看漢代河西地區的職官體系》(《安康學院學報》6 期)根據出土的敦煌漢簡,對河西地區的職官體系進行了梳理,認爲其可分爲行政系統與軍事系統,行政系統爲郡縣制度,軍事系統爲都尉—候官—候長—隧長的體系。李岩雲《敦煌漢簡相關問題補遺》(《敦煌研究》3 期)公佈了 1998 年在敦煌小方盤城出土的 5 枚木簡,對其内容進行了考述,並對漢簡涉及的“出入關刺”、“關守侯”、“匈奴譯”等問題作了考證和補遺。

政治史研究方面,楊寶玉、吳麗娛《梁唐之際敦煌地方政權與中央關係研究——以歸義軍入貢活動爲中心》(《敦煌學輯刊》2 期)主要根據 P. 3518v、P. 2945、P. 3931 等敦煌文書,結合五代後梁、後唐時期的中原形勢,認爲:張承奉曾派遣使者朝貢後梁,但了解後梁政權局促乏力卻促成了敦煌西漢金山國於 909 年秋季成立;曹氏歸義軍始終未能成功朝梁,而後唐招誘使臣親至沙州和靈武節度使的“保薦”終於促成了曹氏歸義軍的成功入貢。吳麗娛《從敦煌吐魯番文書看唐代地方機構行用的狀》(《中華文史論叢》2 期)認爲敦煌吐魯番文書中的申狀有多種類型,寫法也發生着變化,乃至與禮儀書狀有分有合,對其進行了系統的探討,有助於我們對唐代地方機構政務運轉情況的理解。邰朋飛《唐代城主相關問題考——以敦煌吐魯番出土文獻爲中心》(《敦煌研究》2 期)從城主的淵源、級別、屬性和銓擬、執掌等,以新的角度去分析和總結唐代城主的實際内涵和具體職責,認爲其既有自身的地域特色,又從屬於整個唐代法律和社會體系之中。王使臻《一份敦煌文獻反映的五代時期甘州、沙州和靈州間的政治關係》(《河西學院》6 期)對 P. 3016v 中一件抄寫的《某乙致令公狀》進行了考辨,認爲它是五代後唐同光三年(925)沙州歸義軍節度使曹議金寫給靈州節度使韓洙的書狀草稿的抄寫件,此文獻反映了因劫掠事件引起了甘州回鶻、靈州節度使與沙州歸義軍之間一度緊張的政治關係。張秀清《敦煌藏文寫卷 P. t. 1081 年代與史實考》(《重慶科技學院學報》23 期)認爲 P. t. 1081 中的“子年”不應爲 856 年,而可能爲 880 年;卷中的歸義軍尚書不是張議潮,而是張淮深;河西道觀察使印與河西都防禦使印大約使用於同一時期,都不屬於歸義軍節度,而屬於晚唐政府的建置,與歸義軍無關。李鑫《敦煌歸義軍時期的内宅司初探》(《文教資料》32 期)對敦煌歸義軍時期内宅司的設置和職能進行了探析,認爲其是一個比較龐雜的機構,其長官一般由節度押衙或都頭兼任,下設宅官、判官,職能類似於總務機構,負責歸義軍節度使府内的日常事務管理。

經濟史研究方面,徐曉卉《唐五代宋初敦煌地區麻研究——種植規模和畝產量》(《中國經濟史研究》1 期)根據現有的敦煌遺書資料和考古資料,研究了這一時期麻的種植規模和畝產量的相關問題。侯宗輝《從敦煌漢簡所記物價的變動看河西地區經濟的起伏》(《甘肅社會科學》4 期)通過對敦煌漢簡中物價資料的研究,並與居延等地的資料類比,發現敦煌物價的波動明顯,與河西獨特的軍事地理位置、社會發展興衰、自然災害和人爲因素有密切聯繫,反映出河西地區社會經濟發展具有起伏性的特點。馬德《敦煌的農民工匠及其"兼業"》,(《敦煌研究》5 期)研究了敦煌地區出現的農民"兼業"現象,認爲因敦煌的地理環境、生存條件及政府管理不嚴等因素,導致敦煌古代農民在務農的同時,也受雇而從事一些手工業勞動,表明敦煌唐代就出現農民工匠兼業,突破了一般認爲農民"兼業"在宋代纔出現的傳統認識。徐秀玲《晚唐五代宋初敦煌雇傭契約樣文研究》(《中國農史》4 期)以 S.1897《龍德四年(924)雇工契》、S.6341《壬辰年(932?)雇牛契》等契約樣文爲例,分析了不同種類的敦煌雇傭契約樣文的基本格式、主要內容,總結了它們同步性的特點;並以此爲例,從唐代雇傭經濟形勢的影響、敦煌地區雇傭經濟的推動和雇傭契約自身發展的歷史趨勢三個方面分析其在敦煌出現的原因。

　　法律史方面,李功國、韓雪梅《敦煌法律文獻略論》(《法學雜誌》5 期)對敦煌法律文獻中的國家制定法、契約文書、婚姻家庭制度、經濟商貿制度、訴訟法律制度作了一次試探性的整合和解讀,揭示了敦煌法律文獻對我國法律文化傳承的貢獻。韓偉《唐宋時期買賣契約中的瑕疵擔保——以敦煌契約文書爲中心的考察》(《蘭州學刊》2 期)以瑕疵擔保爲中心,對唐宋時期完善的契約制度作了探討,並與羅馬法對比,分析了中國古代契約的獨特性。韓偉《命案其可恕乎——對一則敦煌文獻中的唐代案例的再評議》(榆林學院學報》3 期)針對敦煌法制文書之《文明判集殘卷》中的唐代一起致人死亡的案例,依據《唐律疏議》,及現代刑法理論給予再評議,認爲該案例中的郭泰應該是具有過錯,需要承擔刑事責任,而不能簡單地認定爲意外事件。譚淑娟《法制與文學的完美融合——敦煌〈文明判集殘卷〉分析》(《前沿》10 期)認爲敦煌《文明判集殘卷》是非常獨特的一組判文,其不僅有深刻的法律意識,還具有鮮明的文學特徵和極高的文學價值,顯示了唐代法律與文學的完美結合。譚淑娟《從敦煌判文殘卷看唐代判文體的發展》(《鄭州大學學報》2 期)從敦煌文獻中三部比較完整的唐人案判殘卷製作的時期、製作者的地位身份等方面的考察,反映出唐代判文的發展和文體功能從多重到單一的演變。

　　軍事和歷史地理方面,張重艷《唐代伊吾軍雜識——以敦煌吐魯番出土文書爲中心》(《河北青年管理幹部學院學報》1 期)重點對伊吾軍的馬匹數量和伊吾軍所屬的烽堠問題進行了考證,並對馬匹數量的變化和唐代烽堠人員非邊軍編制問題作出了解釋。張偉《從敦煌漢簡看漢代戍卒的武器裝備》(《和田師範專科學校學報》4 期)從敦煌漢簡中大量關於武器的記載,將漢代敦煌郡戍卒的武器裝備情況,分爲長兵器、短兵器、遠射兵器和防禦器具四大類;認爲從這些檔案中也可以了解兵器的製造和管理情况。李正宇《雙塔堡決非唐玉門關》(《敦煌研究》4 期)通過考證,指明了唐代玉門關的位置在今瓜州縣(原安西縣)鎖陽城(唐瓜州城)西北,處於瓜州城往返常樂城的大道上,並否定了唐玉門關在唐瓜州城東北之雙塔堡一説。李正宇《"莫賀延磧道"考》(《敦煌研究》2 期)對唐瓜州常樂縣至伊州的官道——莫賀延磧道所置十驛進行了考證,確定了八個驛名,並推測出二個失名驛的今所在地。李正宇《玄奘瓜州、伊吾經行再考》(《敦煌學輯刊》3 期)精細地分析了玄奘從瓜州至伊吾的十四日行走路綫和具體過程。鄭炳林、曹紅《唐玄奘西行路綫與瓜州伊吾道有關問題考察》(《敦煌學輯刊》3 期)主要探討了唐玄奘經過瓜州西行時間、路綫等問題,並考證出唐玉門關的位置應當在今瓜州縣雙塔附近疏勒河上,還考證出玄奘經過之第一烽、第四烽和野馬泉的具體位置。李之檀《敦煌寫經永興郡佛印考》(《敦煌研究》3 期)根據國圖藏《雜阿毗曇心論卷十》所印朱文"永興郡印"對敦煌地區歷史地理沿革進行考察。

三、社　　會

對敦煌社會的研究,主要集中於敦煌社會的信仰、禮儀、社會風俗、文化等方面。

敦煌社會的信仰方面,顔廷亮《關於敦煌地區早期宗教問題》(《敦煌研究》1 期)認爲敦煌地區早期文化和宗教格局中,道教居於較爲重要的地位;如果僅從宗教流行格局方面而言,當時的敦煌地區是以道教爲主的地區和社會。馬德、王祥偉《中古敦煌佛教社會化論略》(中國社會科學出版社)一書通過對歷史上的敦煌佛教的研究,重點探討敦煌佛教和敦煌社會的關係,認識歷史上的敦煌佛教的社會化問題;作者還提出和論證了"佛教社會化"或"社會化佛教"的概念,此在佛教研究的理論方面有一定的創新,值得關注。余欣《符瑞與地方政權的合法性構建:歸義軍時期敦煌瑞應考》(《中華文史論叢》4 期)對歸義軍史上的符瑞進行了考辨,揭示了原屬漢文化政治話語系統的符瑞如何被改造,佛教思想與符瑞觀念如何融合,符瑞的製造策略、儀節和傳播如何操作,主帥、官僚、文士、教團、民衆如何達成共謀與合作,文武、僧俗、胡漢集團如何結成穩定的統治機制等諸多問題。蕭巍《略談敦煌出土的漢代至唐代鎮墓神物》(《絲綢之路》6 期)對敦煌博物館發掘出土的一批鎮墓神物的類型、作用、所反映的文化内涵作了研究。

關於占卜方面,王莉《敦煌卜法文獻托名孔子考》(《絲綢之路》22 期)對敦煌文獻中幾類占卜文獻托名孔子的現象進行討論,認爲此類文獻中孔子擁有的權威性和神聖性,應該是民間百姓,包括少數民族地區對孔子片面、盲目崇拜的結果。張福慧、陳于柱《敦煌古藏文、漢文本〈十二錢卜法〉比較研究》(《天水師範學院》3 期)認爲敦煌藏文本《十二錢卜法》是在繼承漢文本占卜模式的基礎上,結合吐蕃自身情況,對漢文本進行了改編;敦煌藏文本《十二錢卜法》兼具漢族術數文化與吐蕃宗教習俗的多元特質, 從一個側面上映現了吐蕃時期敦煌社會不同族羣、宗教間對立與融匯交錯互動的歷史圖景。

禮儀方面,陶冶《從敦煌書儀看中國中古社會》(《絲綢之路》2 期)認爲敦煌遺書中的書儀寫本,從形式和内容上體現出古代禮制的各項規範和要求,是一個時代社會風貌之反映,從而爲我們了解中古社會的面貌提供了寶貴的參考資料。黃亮文《法、俄藏敦煌書儀相關寫卷敍錄》(《敦煌學輯刊》2 期)在前人校錄書儀的基礎上,增加了書儀相關的寫卷,將有助於加深對中國禮制和文化的認識。金傳道、王寧《"書儀"内容辨正》(《内蒙古大學學報》5 期)檢討了敦煌寫卷中保存的十餘種書儀,認爲就"書儀"原有意義看,書儀是寫信的程式和範本,而典禮儀注部分中唐以後纔被附加到少數書儀中;以此作者統一了學界對書儀兩種不同的看法。

社會風俗方面,惠媛《從敦煌文書看唐人婚嫁問題》(《滄桑》4 月)對敦煌文書中反映的基層人民婚嫁的具體信息給予了發掘,特別探討了有關唐人的婚嫁年齡、婚嫁形式等,從而全面地認識了唐人的婚嫁生活。趙小明《敦煌"婚禮圖"中的少數民族因素》(《新疆藝術學院學報》3 期)以敦煌壁畫中的 46 幅婚禮圖爲中心,論述了敦煌婚禮圖表現出來的族際婚、男跪女揖、青廬三個具有少數民族因素的敦煌婚俗特色,進而揭示出敦煌婚姻文化的多民族特色。李麗娟《敦煌寫本臨壙文研究》(《首都師範大學學報》S1 期)對敦煌喪葬儀式中所使用的臨壙文進行分析研究,對其歸屬、淵源、内容作了考察,並分析了臨壙文反映的敦煌民衆的思想及信仰。李曉明《敦煌歌辭孝道觀析論》(《社會科學戰綫》11 期)認爲敦煌歌辭孝道觀的顯著特點是具有通俗性、世俗性、地域性,並帶有三教融合的内容,在中國倫理教化史上居重要地位。鍾書林《一件奇特的盟書——敦煌寫本 S.2199〈尼靈惠唯書〉之探析》(《唐都學刊》6 期)以 S.2199《尼靈惠唯書》爲考察對象,對古代民間盟誓之書——"唯書"進行了研究,認爲此份唯書的製立者尼靈惠,並非一名尼姑,而是一位姓尼的普通世俗女子。姬慧《〈敦煌碑銘讚輯釋〉補校舉隅》(《重慶科技學院學報》7 期)對《敦煌碑銘讚輯釋》中的錯誤進行補正,指出了其中的疏誤與不當之處,並予以補校。于李麗《〈敦煌社邑文書輯校〉拾遺》(《語文知識》1 期)對《敦煌社邑文書輯校》中的 17 處疏漏之處進行了考辨。蕭巍《淺説敦煌地區出土的灶》(《絲綢之路》8 期)從敦煌地區出土陶灶談起,探討了祭灶習俗的起源、目的,灶王爺在不同時期的稱謂以及祭灶民俗反映出的古人實用性功利民俗心理。

文化教育方面,李吉和《吐蕃統治時期敦煌吐蕃、漢族文化互動探討》(《西南民族大學學報》3 期)對吐蕃統治敦煌時期,吐蕃和漢族在語言、服飾和宗教信仰等方面的文化互動進行了討論。黃金東《唐五代敦煌地區童蒙教育體制芻議》(《吉林師範大學學報》5 期)對唐五代時期敦煌地區童蒙教育的普及和繁榮的原因進行了探討,尤其對寺學的重要性給予了高度評價。劉全波《敦煌文書 P.2622v 白畫動物釋讀》(《藝術百家》2 期)對 P.2622v 的白畫動物圖像進行考證,認爲其作者應是赤心鄉學郎李文義,其目的是爲其弟進行啓蒙識圖教育。

體育文化方面的研究較多,劉克儉、李重申《敦煌的賽社與希臘的賽會之比較研究》(《敦煌研究》4 期)梳理了敦煌賽社和希臘賽會發生發展的文化生態,重點對敦煌賽社中的角抵、百戲、樂舞等表演與希臘賽會中的競技比賽及奧林匹克運動之因緣進行了詮釋。李金梅、叢振《敦煌橦技小考》(《敦煌研究》4 期)結合文獻史料,對敦煌壁畫中所反映橦技的内容和形態特徵進行考證分析,認爲橦技不僅是人體文化的表現,而且也是身體、技巧、力量、心理、動律以及審美等的顯示,並與現代競技體操有着密切的血緣關係,從而進一步論證了現代體操的雛形源於中國。李重申、李金梅《論敦煌古代的遊戲、競技與娛樂》(《南方文物》3 期)對敦煌民俗中的遊戲、競技與娛樂活動,進行了系統地探討,並分析了其重要的文化意義。

另外,高國藩《敦煌瓜文化考述》(《寧夏師範學院學報》2 期)以敦煌瓜文化爲對象,分析了瓜文化的道教文化的歷史背景,敦煌民俗歌謠歌詠的瓜文化風俗,敦煌唐人瓜農擁有瓜園的習俗及其佛教文化背景等等内容。

四、宗　　教

佛教歷史方面,黃穎《唐五代時期敦煌地區民衆的佛教信仰》(《中國宗教》11 期)對唐五代時期敦煌地區民衆佛教信仰的觀念、組織、儀式等方面進行考察,發現其信仰不斷世俗化和中土化。張先堂《古代佛教法供養與敦煌莫高窟藏經》(《敦煌研究》5 期)利用佛教史籍考察了南北朝隋唐五代時期佛經崇拜現象的演變及其特點,在此基礎上論證了自己的觀點:敦煌莫高窟藏經洞藏經的來源、結構及其封閉都與佛教法供養活動密切相關,是法供養的産物。伏俊璉《唐代敦煌高僧悟真入長安事考略》,(《敦煌研究》3 期)對敦煌遺書中記載悟真入朝的相關寫卷進行了敍錄,並對涉及的佛寺、僧人及有關詩文進行了考證。

佛教文獻方面,張延清《淺議西藏卓卡寺藏經與敦煌〈大般若經〉的關係》

（《西藏研究》1 期）關注到與敦煌藏經洞文獻屬同一時代的大量吐蕃古藏文文獻，並就西藏卓卡寺藏《大般若經》與藏經洞出土佛經的關係作了初步探討。張秀清《敦煌寫〈妙法蓮華經〉斷代》（《科技信息》30 期）詳細分析了敦煌本《妙法蓮華經》在時間上的分佈規律，並運用這些規律爲同類敦煌寫經進行定位。胡垚《敦煌本〈法華義記〉考辨》（《敦煌學輯刊》1 期）對敦煌遺書中目前定名爲《法華義記》的幾號寫卷進行研究，認爲它們皆非法雲《法華義記》的抄本；並指出《大正藏》第 85 册所收《法華義記》所依據的寫卷編號有誤。王菡薇《敦煌陳寫本〈佛說生經〉殘卷新探》（《古籍整理研究學刊》4 期）重點研究了 P.2965《佛說生經》的書寫風格、時代特徵等方面。錢蓉、周蓓《唐代宮廷佛經出版考略——以敦煌寫卷〈妙法蓮華經〉爲例》（《江漢論壇》5 期）以武周時期抄寫《妙法蓮華經》爲例，考略唐代寫本出版的概貌。劉顯《〈大正藏〉本〈大智度論〉校勘劄記（一）——以敦煌寫本爲對校本》（《寧夏大學學報》3 期）以敦煌藏經洞出土《大智度論》寫本爲對校本，以南宋《資福藏》本、元代《普寧藏》本、明代《永樂北藏》本、日本石山寺本和日本正倉院聖語藏本五種爲參校本，與《大正藏》本相對勘，訂正了《大正藏》本的訛誤之處，凸顯了敦煌寫本的校勘學價值。陳一梅《敦煌草書寫卷〈大乘起信論略述〉研究》（《新美術》4 期）對敦煌本草書寫卷《大乘起信論略述》的作者和書法風格作了探討，認爲此寫卷的作者當爲曇曠。余欣《〈大唐西域記〉古寫本述略稿》（《文獻》4 期）提出應重視對寫本時代《西域記》諸古本的綜合研究，尤其是日本所藏奈良、平安、鎌倉時期抄本與敦煌、吐魯番所出殘卷的綜合比較研究，並對各古寫本進行了論述，爲《西域記》的研究指引了新的方向。楊學勇《〈三階佛法〉所屬系統淺議》（《文獻》1 期）對敦煌本《三階佛法》和本邦本《三階佛法》的内容和所屬系統進行了研究，明確指出本邦本屬於《人集錄》系列，而敦煌本屬於《開元錄》所載四卷本系統，兩者不是同一文獻。李小榮《〈佛說續命經〉研究》（《敦煌研究》5 期）對敦煌疑僞經《續命經》的存本進行了系統調查，重點探討了其思想來源，並附帶談論了《金剛經》得稱《續命經》的緣由。

　　關於敦煌寫經的方面，毛秋瑾《從敦煌吐魯番寫本看僧尼與佛教寫經及書法》（《民族藝術》1 期）對南北朝至隋唐時期，從敦煌寫經書法風格的變化，探討僧尼與佛教寫經的關係。張延清《吐蕃敦煌抄經制度中的懲治舉措》（《敦煌研究》3 期）論述吐蕃敦煌抄經事業的懲治舉措，反映出在吐蕃官方政令的強力支持下，吐蕃在敦煌的抄經制度上昇到了法律的高度。張秀清《敦煌寫經抄寫年代考察》（《科技信息》20 期）、《敦煌寫經斷代》（《西安社會科學》5 期）、《敦煌寫經紀年研究》（《新西部》8 期）等集中以敦煌寫經的抄寫年代爲中心，來探討寫經的時間分佈規律，爲全面分析敦煌寫經的斷年方面提供參照。呂麗軍《敦煌寫經研究之西涼題記考釋》(《書法賞評》5 期)重點研究了與西涼有關的幾件寫經題記,對加深了解西涼的歷史社會以及佛教文化作出了貢獻。

敦煌寺院方面,陳大爲《敦煌僧寺與尼寺之間的往來關係》(《敦煌研究》3 期)從僧寺藏尼經、女尼潛居僧寺、女尼布施僧寺、相互納贈與助葬、僧團的集體活動等幾個方面探討了敦煌僧寺與尼寺之間的往來關係。王祥偉《吐蕃歸義軍時期敦煌尼衆與僧衆經濟收入差距辨析》(《中國社會經濟史研究》4 期)重點分析了由於尼衆與僧衆在教團内部和世俗社會上地位的不平等,從而導致了尼衆與僧衆之間無論是在宗教收入方面,還是在世俗收入方面,均存在較大差距。王祥偉《試論吐蕃政權對敦煌寺院經濟的管制——敦煌世俗政權對佛教教團經濟管理研究之一》(《敦煌學輯刊》3 期)對吐蕃統治敦煌時期,極力對敦煌寺院經濟進行管制的政策及後果給予了探討,認爲吐蕃統治者,不僅設置大量的管理寺院經濟的官員加强對寺院經濟的核算管理,同時還對寺户徵稅課役,從而在一定程度上制約了敦煌寺院經濟的快速發展。王祥偉《歸義軍時期敦煌淨土寺的財産管理——敦煌寺院財産管理的個案研究》(《中國社會經濟史研究》1 期)對敦煌淨土寺西倉和東庫的具體運作的個案研究,對歸義軍時期敦煌寺院財産的管理模式作了有益的探討。明成滿《從敦煌文書看唐五代時期寺院的財産管理方式》(《寧夏社會科學》6 期)對敦煌寺院財産管理的兩種重要方式:算會和點檢,進行了論述,進而推論算會和點檢在唐五代時期全國通行的普遍性。劉龍《論唐五代敦煌寺院的農業發展環境》(《首都師範大學學報》S1 期)論述了唐五代時期敦煌寺院農業發展的自然環境和地理環境,並着重分析了敦煌寺院地産的結構、規模、來源,從而闡述了敦煌寺院地産的經營方式。楊發鵬《敦煌寺學與敦煌佛教入門讀物之關係探析》(《宗教學研究》1 期)從敦煌寺學的佛學教學與佛教入門讀物的各自特點出發,進而探究了它們之間的關係。

關於佛教僧服方面,蔡偉堂、盧秀文《敦煌供養僧服考論(一)——僧裝的類型變化》(《敦煌研究》5 期)以圖像爲依據,結合史料,對石窟和出土文物中的供養僧人服裝類型及其變化進行探討,認爲敦煌供養僧服在各時代不斷變化,其形式多樣,與印度原始僧服制度差別較大,顯示了中土佛教僧服的複雜性與時代性。劉再聰、趙玉平《唐宋敦煌染料與紫服制度的被突破——以 P. 3644 爲中心》(《南京師範大學學報》5 期)判定 P. 3644 中所列"白礬皂礬,紫草蘇芳"當屬染料類,爲晚唐時期敦煌地區徹底突破隋唐以來逐漸形成的紫服制度的反映。

道教、祆教、摩尼教等研究,劉永明《日本杏雨書屋藏敦煌道教及其相關文獻研讀劄記》(《敦煌學輯刊》3 期)對日本武田科學振興財團杏雨書屋新刊佈的《敦煌秘笈》李盛鐸舊藏敦煌文獻中的道教及相關文獻進行了初步考查，涉及《十戒經》、《道教發願文》、《發病書》、《百怪圖》等八份寫卷的定名、綴合、定年、内容特徵及學術價值等多方面問題，此對敦煌道教、民間信仰及相關文獻的研究具有一定的參考價值。邵明傑、趙玉平《莫高窟第 23 窟"雨中耕作圖"新探——兼論唐宋之際祆教文化形態的蜕變》(《西域研究》2 期)用圖像學的方法分析了莫高窟第 23 窟"雨中耕作圖"中胡服、胡舞、胡樂、胡塔及"銜綬鳥"圖案所蘊含的粟特(祆教)文化信息，並在對古籍及敦煌文書中"雩雨"與"賽祆"材料進行引徵的基礎上，剖析了祆教逐漸由實體宗教蜕變爲文化形態的過程。利夫希茨、楊富學、趙天英《亞洲博物館藏摩尼教文獻》(《敦煌學輯刊》3 期)對俄羅斯亞洲博物館所藏來自新疆和敦煌的一些摩尼教文獻給予了介紹和研究。王媛媛《唐後景教滅絶説質疑》(《文史》第 1 輯)認爲景教遺痕除存於敦煌、洛陽，在其他地區亦有遺跡可尋，從而質疑了唐後景教滅絶之説；文章對景教的分析，取用精神文明和物質文明的概念論述，頗有創新之處。

五、語 言 文 字

語言文字研究專著有：曾良《敦煌文獻叢劄》(浙江古籍出版社)一書涉及敦煌文獻校勘、詞語、俗字、殘卷題名考證、抄寫特點等方面的内容，立論嚴謹，重視實證，尤在變文方面，發現和考定了俄藏卷子中新的變文殘卷，對變文中的疑難字詞作了精深的考釋，對變文的研究有重要參考價值。曾良《敦煌佛經字詞與校勘研究》(廈門大學出版社)内容包括：敦煌佛經的利用價值、敦煌佛經題名考證、俗字與敦煌佛經釋讀、敦煌佛經俗字考釋、敦煌佛經詞語考釋等諸多方面。黑維强《敦煌吐魯番社會經濟文獻詞彙研究》(民族出版社)内容包括：敦煌、吐魯番社會經濟文獻中的新詞、新義；敦煌、吐魯番社會經濟文獻中的方言詞、外來詞；敦煌、吐魯番社會經濟文獻詞彙與辭書編纂；敦煌、吐魯番社會經濟文獻疑難詞語考釋等方面。

敦煌語言學的研究，黄征《敦煌俗語言學論綱》(《藝術百家》2 期)一文利用敦煌出土文獻的大批真跡資料，試圖建立一門"敦煌俗語言學"，專門研究敦煌文獻中所見的俗字、俗音、俗語詞等方面的特殊内容，爲傳統語言學的研究添加一個新的分支，有利於漢語史研究領域的拓展和敦煌文獻的閲讀理解。于淑健《敦煌佛教疑僞經語言研究的價值》(《藝術百家》5 期)對敦煌佛經寫本中保存的 70 餘種疑僞經，從語料、俗字、語詞、校勘等方面分析了敦煌語言研究的價值。高軍青《敦煌變文"被"字句主語的語用分析》(《武陵學刊》6 期)對敦煌變文中"被"字句的主語的語用功能給予了具體分析。王永祥《漢語使動結構的演變——從移位和語跡理論視角看敦煌俗語語法中"V＋C_＋N＋C_2"結構》(《藝術百家》6 期)對敦煌俗語中不規範的語法結構進行分析,依據移位和語跡理論探討了漢語使動結構演變的過程。

對敦煌文獻詞語的考釋成果較爲豐富。郜同麟《敦煌文獻釋詞與詞彙溯源》(《敦煌研究》2 期)對近年來,學界在考釋敦煌文獻詞語時,因各種原因出現的錯誤給予了批評;文章就此分類各舉了若干例證予以説明,期望學術界加强對詞彙溯源的重視。曾昭聰《敦煌文獻詞彙研究法四題》(《合肥師範學院學報》2 期)對敦煌文獻詞彙研究方法上提出了幾個注意點,特别强調對敦煌文獻中的訛字、俗字、通假字要作深入考證,並注重漢語詞彙史角度的觀察。劉傳啓《試析敦煌歌辭中的一類特殊同義詞對用》(《現代語文》(語言研究版)3 期)對敦煌歌辭中在同一句話中雙音節詞語和單音節詞語同義對用的語言現象進行研究,對其形成的原因進行了初步分析。趙家棟《敦煌本〈文選注〉字詞考辨》(《寧夏大學學報》3 期)對敦煌本《文選注》中幾則疑難疑義詞作了考辨。李索、韓秋波《敦煌寫卷〈春秋經傳集解〉異文對《漢語大字典》例證的補充與訂正》(《大連大學學報》3 期)認爲敦煌寫卷《春秋經傳集解》異文中有異體字三百餘個,絶大部分是隸書楷化和草書楷化時産生的新字,許多可成爲當今字典辭書的源頭性例證;文章擷取 28 例對《漢語大字典》例證的缺誤進行了彌補和訂正。

關於社會經濟類文獻詞語的研究,黑維强《敦煌社會經濟文獻詞語選釋》(《敦煌學輯刊》2 期)擷取了敦煌社會經濟文獻中五個代表性詞語進行考釋,可填補辭書的缺漏。于正安《論敦煌曆書的辭書學價值》(《寧夏大學學報》5 期)對社會經濟類文獻曆書中的代表性詞語進行了考釋,反映了敦煌曆書口語性强,方俗語詞夾雜其中等特點,説明其重要的語料價值。同作者《敦煌曆書詞語輯釋》(《許昌學院學報》6 期)、《敦煌曆書詞語考釋》(《江漢大學學報》2 期)、《敦煌曆書詞語考釋五則》(《求索》1 期)等文擷取了諸多具體的詞語進行了細緻的考釋。李占平、黑維强《敦煌、吐魯番文獻詞語考釋》(《古籍整理研究學刊》2 期)選擇了"除毁、毁除"、"從索"、"父、馱"等詞語進行考釋,以便於文獻的閱讀和研究,同時爲大型辭書的編纂、修訂提供了參考。敏春芳《敦煌吐魯番出土文書飲食量詞訓釋》(《藝術百家》4 期)、王亞麗《敦煌古醫籍中的名量詞》(《南京中醫藥大學學報》2 期)分别對於敦煌社邑文書和古醫籍中的量詞進行研究,有助於我們了解敦煌乃至西北地區漢語量詞的發展狀況。曹芳宇《敦煌文獻中疑似量詞"件"辨析》(《南開語言學刊》1 期)主要考察了敦煌文獻中疑似量詞"件"的使用情況。

關於變文詞語的研究也是一個熱點。洪藝芳《敦煌變文中的"阿"前綴的親屬稱謂詞——以旁系血親與姻親稱謂詞爲中心》(《敦煌學輯刊》2 期)在前賢研究的基礎上,從變文中"阿"前綴旁系血親和姻親稱謂詞入手,從構詞、語義、語用、文化等方面進行分析比較,借此呈現敦煌變文中"阿"前綴稱謂詞的面貌、特性和演變軌跡。楊小平《敦煌變文疑難俗語考釋》(《宗教學研究》1 期)運用排比歸納、文獻與方言互證等方法,考釋了敦煌變文中"度意"、"度行壇"、"度我他人"、"傍行檀"、"旁箕"等五個疑難俗語詞。同作者《敦煌變文疑難詞語考釋》(《西華師範大學》2 期)考釋了敦煌變文中"上座"、"生杖"、"氏"、"萬一"、"蕭率"、"與"等六個疑難詞語。趙靜蓮《〈敦煌變文校注〉商榷一則》(《漢字文化》3 期)、汪維輝《〈敦煌變文校注〉商補二則》(《合肥師範學院學報》4 期)、武曉玲《〈敦煌變文校注〉獻疑》(《現代語文》2 期)、羅亮《〈敦煌變文校注〉商補十則》(《臨滄師範高等專科學校學報》3 期)等皆是對《敦煌變文校注》一書的商榷校補之作。邱震強《敦煌變文"不具來生業報恩"校議》(《長沙理工大學學報》5 期)對《大目乾連冥間救母變文》中的"不具來生業報恩"進行研究,並更正了原有的誤讀。

關於音韻研究方面,平山久雄《敦煌〈毛詩音〉反切中的"開合一致原則"及其在韻母擬音上的應用》(《中國語文》3 期)介紹了敦煌《毛詩音》殘卷反切結構中的"開合一致原則"的統計基礎,並説明應用這條結構原則對闡釋一些韻母如魚韻、東韻、覃韻、江韻等擬音問題的功用。曹祝兵《〈字書誤讀〉所反映的語音特點》(《敦煌學輯刊》3 期)通過研究此書的字音,得出此書的語音特點,從而可以窺探漢語語音的發展情況,爲漢語語音史的研究提供材料。

文字研究方面,王亞麗《論敦煌碑銘簡化字的使用》(《西南交通大學學報》6 期)對敦煌碑銘中使用的簡體文字進行研究,對漢字的簡化歷史給予了考索,更好地展現了漢字的發展演變軌跡。吳士田《敦煌〈壇經〉寫本的代用字》(《高等函授學報》2 期)對寫本中的代用字進行了整理和歸類,並對其産生的原因進行解釋。肖瑜、何紅梅、倪永明《敦煌吐魯番出土〈三國志〉古寫本通假字例釋》(《廣西大學學報》4 期)對敦煌吐魯番出土的六種《三國志》古寫本中的通假字進行例釋,挖掘了其作爲魏晉南北朝至隋唐時期文字材料的研究價值。

俗字研究方面,陳聰穎《唐代敦煌寫本的俗字類型》(《資治文摘》(管理版)6 期)對唐代寫本中俗字的輯錄標準給予了探討。王曉平《日本漢籍古寫本俗字研究與敦煌俗字研究的一致性——以日本國寶〈毛詩鄭箋殘卷〉爲中心》(《藝術百家》1 期)以敦煌俗字研究的成果,分析日本國寶大念佛寺本《毛詩鄭箋殘卷》中的俗字,證明日本古寫本與六朝初唐俗字的一致性;作者提倡將敦煌寫本研究延伸到東亞漢籍寫本研究,推動敦煌學的縱深發展。徐時儀《敦煌寫卷佛經音義俗字考探》(《藝術百家》6 期)根據敦煌寫卷佛經音義所載一些俗字,考探近代漢字上承甲金文古文字而由小篆隸變楷化的演變脈絡,考察了漢字演變的規律,爲字典編纂提供了依據。姚美玲《敦煌索姓相關卷子校記》(《華東師範大學學報》4 期)以俗字爲重點,對與索姓人物相關的敦煌寫卷進行了校讀,對前賢的成果有所補正。

六、文　　學

敦煌文學研究方面,伏俊璉《文學與儀式的關係——以先秦文學和敦煌文學爲中心》(《中國文化研究》4 期)通過對先秦文學和敦煌文學的研究和比較,認爲文學起源於各種社會儀式,而儀式是人類社會生活高度集中的體現形式;這一認識對敦煌文學的研究提供了新的理論視角和思路。

變文的研究較爲豐富。關於變文研究的專著有:[日]荒見泰史《敦煌講唱文學寫本研究》(中華書局)和《敦煌變文寫本的研究》(中華書局),對敦煌變文從文體本身、變文與佛教儀式的關係、變文與講唱文學等諸多方面,既有宏觀的總論探討,又有精細的個案研究,對敦煌變文的研究水平有較大的推動作用。侯沖《俗講新考》(《敦煌研究》4 期)針對學界對俗講的界定泛化,俗講話本的認識窄化這一誤區,認爲俗講包括講經和受齋戒,俗講儀式與之相對應;佛經、講經文、變文、因緣文和受八關齋戒文等都可以是俗講的話本,但它們並非祇是俗講的話本。王志鵬、朱瑜章《敦煌變文的名稱及其文體來源的再認識》(《敦煌研究》5 期)分析了前人關於變文名稱的爭議,強調用"變文"這一歷史概念來統稱此類通俗文學作品是可取且必要的;在此基礎上,還對變文文體的來源進行了深入辨析,認爲變文是中外文化交流發展的產物。伏俊璉、王偉琴《敦煌本〈張淮深變文〉當爲〈張議潮變文〉考》(《新疆師範大學學報》4 期)對 P.3451 號寫卷進行考證,認爲此篇應擬題爲《張議潮變文》。王偉琴《敦煌〈伍子胥變文〉寫卷敍録及其作時作者考述》(《中國產業》8 期)集中介紹了四個《伍子胥變文》寫卷的情況,並對變文的創作時代和作者進行了大致的推測。高國藩《敦煌本〈漢將王陵變〉人物論析》(《藝術百家》1 期)對變文中的劉邦、王陵、王陵母、項羽四個人物進行了論析,並深入剖析了楚滅漢興的歷史結局。彭雪華《宗教及心理因素對敦煌變文中女性形象塑造的影響》(《語文學刊》19 期)通過對敦煌變文中的女性進行研究,認爲獨特的女性形象的塑造,體現了特定的宗教目的和宗教文化特徵,同時也表現了特殊的審美及審醜心理。彭雪華《唐代佛教文化對目連變文的影響》(《前沿》18期)考察了唐代佛教文化對目連變文的程式化應用及其傳播所產生的重大影響。張新朋《〈孟姜女變文〉、〈破魔變〉殘片考辨二題》,(《文獻》4 期)對《俄藏敦煌文獻》中的《孟姜女變文》和《破魔變》殘片進行了綴合和釋讀,爲變文的研究提供了新的材料。

敦煌歌辭曲子詞方面的研究,吳肅森《敦煌歌辭通論》(黃山書社)對目前發現的敦煌歌辭進行全面系統地研究,對敦煌學研究具有重大貢獻。劉傳啓《敦煌歌辭中的對話藝術》(《大衆文藝》1 期)論述了敦煌歌辭兼容並收、廣采博覽、俚俗不避的特點,進而對其中的對話藝術進行了討論。趙文明《關於敦煌曲子戲傳承與保護的研究思考》(《資治文摘》3 期)通過各羣體的保護行爲、保護方式等對敦煌曲子戲傳承與保護進行了研究。陳可妍《敦煌曲子詞集〈雲謠集〉文人詞性質探析》(《語文學刊》2010 年 10 期)通過對《雲謠集》與敦煌其他曲子詞以及後蜀《花間集》進行文本辨析,認爲《雲謠集》應替代《花間集》成爲我國首部文人詞集。

關於敦煌詩賦、話本等方面研究,項楚《王梵志詩校注》(增訂本)(上海古籍出版社)作爲對白話詩人王梵志及其詩的最新研究成果,對王梵志詩的研究進一步推進。張涌泉、竇懷永《敦煌小說合集》(浙江文藝出版社)對敦煌小說文獻進行了全面的分類釋録,爲敦煌小說的研究提供了基本資料。劉明《敦煌唐寫本〈玉臺新詠〉考論》(《文學遺產》5 期)對《玉臺新詠》的傳播境遇進行了比較全面的揭示,並解釋了敦煌緣何僅存此孤帙的獨特現象。鍾書林《敦煌寫本 S.6171 與唐代宮詞發展》(《社會科學輯刊》5 期)認爲 S.6171 中的宮詞,大體出於敦煌詩人在民間爲德宗降誕日獻壽而作,創作時間應該在德宗統治的晚期,進而反映出了唐代宮詞發展的階段性特徵。張鴻勛《探尋俗賦的流變遺蹤——簡論敦煌俗賦與後世文學》(《南京師大學報》2 期)通過考察唐五代之後的俗賦對變文說唱、話本小說、雜劇戲曲、通俗類書等方面的流變影響,探尋和揭示了俗賦與後世文學的關係。嚴宇樂《〈秦將賦〉慘象描寫的歷史文化背景》(《敦煌研究》1 期)分析了《秦將賦》對殺降的慘象描寫與中晚唐歷史、文化環境的關係,指出其應與中晚唐的政局和思想文化相關。莫艷、周遠軍、劉吉寧《敦煌本〈搜神記〉補校》(《赤峯學院學報》2 期)對敦煌本《搜神記》的校勘失誤進行補校。高國藩、高原樂《論敦煌話本〈唐太宗入冥記〉與南通童子十三部半民間說唱》(《文化遺產》3 期)以敦煌話本《唐太宗入冥記》爲軸心,以道教南通童子十三部半民間說唱爲藍本,研究了此話本在後世的巫術傳承。

願文研究方面,王曉平《敦煌願文域外姊妹篇〈東大寺諷誦文稿〉斠議》(《敦煌研究》1 期)認爲《東大寺諷誦文稿》内容和寫法襲用中國願文,且用字也反映敦煌寫本的特點,應以敦煌寫本研究的成果,準確解讀日本相關文獻。

王曉平《日藏漢籍與敦煌文獻互讀的實踐——〈鏡中釋靈實集研究〉瑣論》(《藝術百家》4 期)對《鏡中釋靈實集》的願文部分與敦煌願文進行對比研究,認爲敦煌文獻的研究推動了這些日藏漢籍研究的深化。

七、藝　術

關於敦煌藝術的綜合性研究,胡同慶《論敦煌藝術的繼承與創新》(上)(《敦煌研究》3 期)、《論敦煌藝術的繼承與創新》(下)(《敦煌研究》4 期)從臨摹、建築裝飾、工藝品設計、舞蹈、音樂藝術等方面,討論了敦煌藝術繼承與創新的關係。張亞偉《敦煌藝術對美術創作與理論研究的影響》(《藝術評論》7 期)通過對敦煌藝術表現的分析,認爲敦煌藝術爲美術工作者的創作與理論體系提供了充足的養分。黃曉娜《淺談敦煌藝術與文學》(《大衆文藝》22 期)對敦煌藝術與文學中一些具有代表性的藝術文化和文學背景進行了探討,有助於敦煌藝術與文學的研究。肖建軍《敦煌與龜茲壁畫臨摹及其文化價值考論》(《藝術百家》1 期)梳理和探討了敦煌和龜茲壁畫臨摹史上具有代表性的幾位人物和他們的成就,對他們臨摹壁畫的文化價值進行了探討和評價。韓偉《敦煌藝術及其再生研究》(《文藝研究》4 期)應用現代化的藝術創新理論,探討了敦煌藝術的再生問題。趙潔《以敦煌莫高窟觀不同時代的藝術風格與精神》(《魅力中國》7 期)着重對敦煌早期和後期不同時代的作品作了比較研究。封振國、邊中宇《鑒得與融合——敦煌藝術的多元化文化建構和色彩裝飾性特徵》(《藝術百家》S1 期)以敦煌壁畫和色彩裝飾爲中心,探討了敦煌藝術文化的多元性和本土化定位。

石窟造像研究方面,胡召、黃春華《敦煌彩塑美學研究》(《大衆文藝》21 期)分析了敦煌彩塑的形式美和意境美,進而探究敦煌彩塑的審美價值和文化內涵。梁紅、沙武田《關於羅寄梅拍攝敦煌石窟圖像資料》(《文物世界》6 期)對民國時期羅寄梅先生在敦煌拍攝敦煌石窟圖像的史實進行了梳理,重點介紹了其拍攝圖像的內容和價值,認爲對推動敦煌石窟的研究有巨大意義。揚之水《"曾有西風半點香"——對波紋源流考》(《敦煌研究》4 期)考證了"對波紋"的源流問題,認爲其源於印度,東傳之後即逐步中土化。姜莉《淺析敦煌新樣文殊造像產生的淵源》(《美與時代》1 期)對晚唐五代時期出現的新樣文殊的判斷標準和產生淵源進行分析,認爲新樣文殊的粉本應始於敦煌本地,其產生的淵源仍是敦煌舊文殊形象的轉化。汪娣《敦煌造像本土化探析》(《才智》8 期)對佛教造像的漢化過程給予探討,認爲造像在敦煌與周邊文化的互動中,不斷被改造而逐漸本土化。吳開東《淺析金塔寺石窟藝術》(《絲綢之路》4 期)、李娜、汪旻《淺談金塔寺石窟藝術》(《絲綢之路》22 期)、雷興福《張掖金塔寺石窟藝術研究》(《雕塑》5 期)、王文元《金塔寺：被遺忘在祁連山深處的雕塑世界》(《東方收藏》4 期)對極具北涼特色的金塔寺石窟藝術給予了集中的討論。

壁畫研究方面,楊森《敦煌壁畫家俱圖像研究》(民族出版社)從家俱史的角度,系統分析了敦煌壁畫中的家俱圖像,並從中找出敦煌家俱與中原傳統家俱的聯繫及差異。沈淑萍《試論敦煌早期壁畫的綫描藝術》(《敦煌研究》2 期)論述了敦煌早期壁畫綫描技法的不同表現形式、基本特徵、作用和演變發展。王瑞芹《品讀敦煌壁畫：來自世俗的人文表達》(《上饒師範學院學報》5 期)認爲隋唐時期敦煌壁畫藝術,明顯傾向於對世俗文化的表現。方爭利《淺析敦煌壁畫色彩的藝術特色》(《絲綢之路》2 期)從敦煌壁畫色彩的和諧、主觀意向性以及裝飾性等方面分析了敦煌色彩的藝術特色。占躍海《敦煌 254 窟壁畫敍事的向心結構——以〈薩埵太子捨身飼虎〉爲重點》(《南京藝術學院學報》5 期)以向心性的繪畫敍事結構爲角度,探討了敦煌第 254 窟的藝術特色。周菁葆《敦煌壁畫中的人體藝術研究》(《藝術百家》2 期)對敦煌壁畫中的人體藝術以及人體繪畫特色進行了研究,提出我國古代早已有許多人體藝術的繪畫。趙曉星《吐蕃統治時期傳入敦煌的中土圖像——以五臺山圖爲例》(《文藝研究》5 期)結合吐蕃時期相關洞窟,綜合研究了敦煌石窟現存的中唐五臺山圖,考察了敦煌五臺山圖的粉本來源與傳入路綫,以及五臺山信仰中的密教性質。占躍海《敦煌 257 窟九色鹿本生故事畫的圖像與敍事》(《藝術百家》3 期)對九色鹿本生故事畫的敍事結構特色進行了討論。阮立《絢麗之美——隋代敦煌壁畫中女性造型初探》(《中國書畫》6 期)以菩薩、飛天、樂舞伎、女供養人四種造型爲中心,對隋代敦煌壁畫中女性造型藝術的獨特性給予了討論。黃慶安《繪畫的演進：從印度阿旃陀白衣佛到敦煌白衣佛》(《藝術評論》10 期)以白衣佛獨特的藝術形式爲中心,討論佛教藝術的傳播。王潔、陳世釗《敦煌莫高窟隋朝建築圖像解讀》(《敦煌研究》4 期)從單體建築、建築羣和院落三個層面,全面解讀了隋朝莫高窟的建築圖像。王菡薇《莫高窟壁畫與敦煌文獻研究之融合——以北魏 254 窟壁畫〈捨身飼虎〉與寫本〈金光明經卷第二〉爲例》(《新美術》5 期)對壁畫和寫本兩者之間的密切關係進行了論述,爲敦煌藝術的研究提供了新的角度。謝繼勝、趙媛《莫高窟吐蕃樣式壁畫與絹畫的初步分析》(《西北民族大學學報》4 期)對敦煌中晚唐石窟中具有吐蕃或吐蕃與印度波羅樣式的壁畫及藏經洞所出具有同樣風格的絹畫,進行了多方面的分析,揭示出唐蕃美術的交融情況。公維章《敦煌莫高窟第 61 窟〈五臺山圖〉的創作年代》(《敦煌學輯刊》1 期)考證出五臺山圖的創作年代應爲 943 年至 947 年之間的農曆四、五月份。

飛天研究,王亦惠《淺談敦煌飛天的時代特色》(《絲綢之路》12 期)對敦煌飛天的藝術形象的演變作了一番梳理。潘璠《從敦煌飛天看中國文化的意境美在服裝中的體現》(《作家》2 期)結合敦煌不同時期的飛天圖案,介紹了中國傳統文化中的意境美表現,以及意境美在中國古代藝術中的主導地位,從而爲現代服裝設計創作提供依據和參照。王曉傑《敦煌壁畫——唐代 320 窟飛天》(《安徽文學》3 期)對淨土變中的四飛天特殊形象作了介紹。張怡然《敦煌飛天的藝術美》(《文學教育》4 期)從藝術美的角度,對飛天進行了論述。黃夢夢《唐宋時期敦煌莫高窟與泉州開元寺飛天造型的異同》(《美術教育研究》2 期)對唐宋時期敦煌飛天壁畫和泉州開元寺飛天斗拱進行了全面的比較,探討了中原文化、西域文化、佛教文化在藝術上的融合發展與表現。

經變研究,王惠民《敦煌莫高窟若干經變畫辨識》(《敦煌研究》2 期)確定了第 158、150、143 窟等 10 餘鋪經變畫名稱;本文首次公佈第 321 窟十輪經變的榜題,表明此經變是根據北涼譯《十輪經》繪製的。張麗香《從印度到克孜爾與敦煌——佛傳中降魔的圖像細節研究》(《西域研究》1 期)概述了降魔細節的文獻記述,並分析了從印度、犍陀羅,到克孜爾和敦煌,降魔細節——魔子阻攔其父的發展軌跡。張善慶《中晚唐五代時期敦煌降魔變地神圖像研究》(《西域研究》1 期)以地神圖像爲綫索,從佛教經典、圖像以及區域文化進行考量降魔變的發展變化,指出于闐粉本的重要影響,並由此揭示出這一變化背後的歷史信息。李曉青、沙武田《勞度叉鬥聖變未出現於敦煌吐蕃時期洞窟原因試析》(《西藏研究》2 期)認爲勞度叉鬥聖變在中唐吐蕃期中斷,主要是受該類經變畫表現形式的限制,其思想仍在闡釋主尊造像的性格,並非是用來表現反吐蕃的洞窟繪畫歷史題材。張景峯《莫高窟第 431 窟初唐觀無量壽經變與善導之法門在敦煌的流傳》(《敦煌研究》4 期)對該窟進行了全面考察,認爲此鋪觀無量壽經變體現了唐代淨土大師善導的"凡夫論"思想,進而指出第 431 窟的重修,建立了敦煌莫高窟最早的一個西方淨土法事活動的道場。郭俊葉《敦煌莫高窟第 454 窟天請問經變及相關問題》(《敦煌研究》3 期)通過對經變榜題進行考查,認爲此鋪經變是依據文軌《天請問經疏》所畫。趙曉星《莫高窟第 401 窟初唐菩薩立像與〈大通方廣經〉》(《敦煌研究》5 期)認爲此窟的菩薩羣立像,可能是根據《大通方廣經》繪製的,主要表達了懺悔的意涵。張景峯《敦煌莫高窟第 294 窟須達拏太子本生故事畫研究及其相關問題》(《敦煌研究》2 期)確定了第 294 窟中的須達拏太子本生畫,並對第 423、427 窟的内容進行考釋。于向東《敦煌維摩詰經變以窟門爲中心的設計意匠——以莫高窟第 103 窟爲例》(《敦煌學輯刊》3 期)對維摩詰經變中以窟門爲中心的設計進行了研究,認爲此設計始創於雲岡石窟,敦煌莫高窟的經變發展完善了這一設計,具有承上啓下的意義。

音樂和舞蹈研究方面,李浪《唐代樂藝美學思想考論》(《敦煌學輯刊》3期)對唐代音樂美學思想的多元化特徵進行了討論。王清雷《圖説敦煌石窟壁畫中的鼓類樂器》(《廣播歌選》1 期)對敦煌壁畫中的鼓類樂器給予了討論。史敦宇等繪,金長明撰《敦煌舞樂集》(甘肅文化出版社)將多位先生精心臨摹的關於樂舞的壁畫作品集合出版,爲舞蹈研究提供了豐富的材料。黎國韜《敦煌遺書若干戲劇樂舞問題考》(《敦煌研究》5 期)對敦煌遺書中的"花勾"、"隊武舞"、"作語"、"戲劇與戲嚛"等問題作了考析。石應寬《敦煌石窟壁畫中的古代樂舞藝術》(《烏蒙論壇》5 期)認爲石窟中的音樂和舞蹈形象反映了古代中原與西域的文化聯繫和交流。符號《敦煌壁畫舞蹈形象摭談》(《吉林藝術學院學報》1 期)將敦煌舞蹈藝術總結爲"雜樹生花"的敦煌舞蹈、"身姿柔媚"的 S 形曲綫、"佛境現界"的"美妙肉身"等幾個方面。劉婷婷《也談敦煌舞蹈的形成及舞蹈意藴》(《大衆文藝》23 期)從對敦煌舞蹈的文化背景研究出發,闡述了敦煌舞蹈的形成以及舞蹈表演意藴。李倩《淺談敦煌舞蹈的藝術特色與地域特色》(《青年文學家》15 期)闡述敦煌舞表演形式的藝術和地域特色,促進對多元化古典舞蹈的研究。解梅、陳紅《唐代的胡旋舞略談》(《蘭臺世界》7 期)對胡旋舞的盛行、來源、舞具、舞服、伴奏、舞技、舞姿等方面作了一番梳理。

書法研究方面,馬國俊、馬爭朝《重釋:敦煌書法在書法創作中的現代意義》(《甘肅聯合大學學報》3 期)重點論述了敦煌書法在書法創作中所起到的重要作用。吳懷信《敦煌書法藝術的審美本質》(《文藝研究》11 期)從美學和藝術學的角度,對敦煌書法進行了研究。

八、考古與文物保護

考古方面,董廣强、魏文斌《甘肅合水安定寺石窟調查簡報》(《敦煌研究》4 期)對石窟進行了詳細介紹,並對年代、造像題材、與其他石窟的關係等相關問題進行了討論。楊俊《敦煌一棵樹漢代烽燧遺址出土的簡牘》(《敦煌研究》4 期)據新發現的 16 枚漢簡,進一步探討絲綢之路在敦煌的具體路綫,以及大煎都侯官作爲通往西域重要交通樞紐的戰略地位。李永平《敦煌懸泉置遺址 F13 出土部分簡牘文書性質及反映的東漢早期歷史》(《敦煌研究》5 期)認爲簡牘中出現"小浮屠"當爲漢代里的名稱,對簡牘文書中的人物、官職及東漢官方史學的編纂等方面也進行了研究。

石窟保護方面,車雯婧《淺析清代敦煌莫高窟的修繕特點》(《赤峯學院學報》11 期)對清代對莫高窟的修繕活動進行了探討,認爲清代的修繕實爲一種帶有破壞性質的修復,在一定程度上給莫高窟造成了難以挽回的損失。王旭東、郭青林、李最雄、小泉圭吾、舛屋直《敦煌莫高窟圍岩滲透特性研究》(《岩土力學》10 期)通過石窟圍岩的滲透性研究,解釋水汽運移的規律,研究壁畫病害形成的機制。馬旭、汪萬福、馬燕天、毛琳、武發思、馬曉軍、安黎哲、馮虎元《敦煌莫高窟第 16 窟空氣微生物動態變化研究》(《敦煌研究》5 期)研究了第 16 窟一年內空氣微生物羣落組成、時間和空間分佈動態,爲保護洞窟提供科學的建議。林婧怡、李廣龍、趙齊、張雨辰、張昕《敦煌莫高窟 237 窟光環境研究》(《照明工程學報》3 期)通過對第 237 窟光環境的現場測試研究,論證內外窟形制與空間亮度分佈的對應關係,證明年平均照度分佈能夠印證光綫對於壁畫的破壞程度。張欽凱、唐銘《石窟類景觀旅遊環境容量測算與調控的探討——以敦煌莫高窟爲例》(《蘭州大學學報》(自然科學版)S1 期)以敦煌莫高窟爲例,對石窟類景觀的旅遊環境容量的測算方法和調控措施進行探討。趙月寧《電腦三維再現藝術對敦煌莫高窟彩塑的保護與弘揚》(《藝術與設計》(理論)12 期)論述了電腦三維再現藝術技術,爲敦煌藝術的保護和弘揚提供了新的思路和方法。

壁畫修復方面,黃偉、王書文、楊筱平、賈建芳《基於圖像分解的敦煌壁畫畫像修復方法》(《山東大學學報》(工學版)2 期)提出一種基於圖像分解的修復算法,以對敦煌壁畫的數字圖像進行修復;並以實驗證明,該算法能很好地解決壁畫中的劃痕和脫落等現象的破損。楊筱平、王書文、賈建芳、黃偉《基於 GrabCut 分割和自動采樣的敦煌壁畫色彩修復》(《蘭州理工大學學報》3 期)將 GrabCut 分割算法和自動采樣色彩傳遞技術相結合,認爲這一方法適合於色變敦煌壁畫的修復。楊筱平、王書文《基於馬爾科夫采樣的敦煌壁畫修復》(《計算機應用》7 期)利用馬爾科夫采樣技術來完成敦煌壁畫的修復模擬。賀兆、盧選民、王君本《基於 SURF 的敦煌壁畫數字圖像智能拼接系統研究》(《現代電子技術》16 期)以 SURF 的圖像配準算法,快速完成敦煌壁畫數字圖像的拼接任務。

九、少數民族歷史語言

少數民族歷史方面,沙武田《敦煌莫高窟第 158 窟與粟特人關係試考》(上、下)(《藝術設計研究》1、2 期)通過對第 158 窟內諸多現象進行分析,論證該洞窟作爲敦煌粟特九姓胡人功德窟的可能性。沙武田《莫高窟吐蕃期第 359 窟供養人畫像研究——兼談粟特九姓胡人對吐蕃統治敦煌的態度》(《敦煌研究》5 期)通過對該窟供養人題記的釋讀,表明此窟爲吐蕃統治時期九姓胡人石姓家族營建的功德窟,並回答了此窟供養人畫像大量集中出現的原因。董曉榮《敦煌壁畫中蒙古族供養人半臂研究》(《敦煌研究》3 期)通過對元代文獻資料進行分析,並結合元代傳世畫像、墓室壁畫和出土實物資料等,探討了敦煌壁畫中所繪蒙古族供養人所着半臂的形制。陸離《吐蕃統治敦煌的監軍、監使》(《中國藏學》2 期)對吐蕃統治敦煌時期所設大監軍使、漢人部落監軍、漢人監軍等官名進行了考證。尹雁《唐五代敦煌地區的吐谷渾人和慕容家族》(《蘭州學刊》6 期)考察了晚唐五代時期敦煌地區吐谷渾人及其王族慕容氏的歷史活動。韓鋒《吐蕃佛教文化中的儒家文化——以敦煌文獻爲中心》(《中國藏學》1 期)考察了中原的儒家文化傳入吐蕃後,在政治、經濟、文化和社會習俗等幾個方面給以佛教文化爲主的吐蕃文化帶來的深遠的影響。梅林《天壽年號·佛現皇帝·宕泉造窟——俄藏敦煌文獻 Dx. 6069 + Dx. 1400 + Dx. 2148 號文書再研究》(《美術學報》4 期)運用文獻與圖像互證的方法,否認了其中的國王爲于闐王李圣天的傳統看法。謝明軒《中古回鶻民族在敦煌地區的活動及壁畫藝術淺析》(《中國新技術新産品》17 期)以敦煌石窟中所存回鶻民族的圖像資料爲中心,探討了這一民族在敦煌及周邊地區的活動狀況。侯世新《西域粟特胡人的社會生活與文化風尚》(《西域研究》2 期)探討了粟特人在西域的社會活動、文化風尚、宗教信仰等問題,論證了粟特胡人這一特殊羣體在西域社會文化發展中的作用。崔世平《“刻氈爲形”試論——兼論突厥的祆神祭祀》(《敦煌學輯刊》3 期)對“刻氈爲形”這一習俗進行討論,重點探討了突厥人的祆神祭祀活動源流。

少數民族語言文獻研究,藏文方面,黃維忠《國內藏敦煌藏文文獻的整理與研究回顧》(《敦煌學輯刊》3 期)除了對國內有關敦煌藏文文獻的研究文章進行了梳理和評述,還指出西藏發現的前弘期藏文文獻有不少可以歸入敦煌藏文文獻中,值得研究者注意。尼瑪《敦煌藏文文獻〈十善法廣論〉譯注》(《伊犁師範學院學報》4 期)通過對 P. t. 4v《十善法廣論》的譯注和内容分析,結合藏文文獻探討了吐蕃時期佛教倫理道德法對吐蕃法律的影響及作用。才讓《敦煌藏文本〈金光明祈願文〉研究》(《敦煌學輯刊》1 期)認爲敦煌藏文本《金光明祈願文》與現存藏譯本《金光明經》的《夢見金鼓懺悔品》之間的差異較大,應自成體系,但應屬於《金光明經·夢見金鼓懺悔品》的異本。陸離《關於敦煌文書中的“Lho bal”(蠻貊)與“南波”、“南山”》(《敦煌學輯刊》3 期)對敦煌藏文文書中的“Lho bal”進行考釋,直譯爲“邊鄙蠻貊”,具體指吐蕃統治下河西地區落蕃唐人及其後裔爲主的民族,主要有漢、回鶻、突厥等。王志敬《敦煌藏文與標記 vi 相關的句法轉換》(《語言研究》2 期)對藏文的語法進行了研究。回鶻文研究方面,薩仁高娃、楊富學《敦煌本回鶻文〈阿毗達磨俱舍論實義疏〉研究》(《敦煌研究》1 期)從文書形態概説、發現過程、回鶻文題記和蒙文題記等方面,對此件文書進行了論述。阿里木·玉蘇甫、帕提古力·麥麥提《敦煌回鶻寫本〈説心性經〉中的夾寫漢字現象》(《西北民族大學學報》2 期)對敦煌出土的回鶻寫本《説心性經》中出現的各種夾寫漢字現象進行了探討。

十、古　　籍

李更《也談敦煌遺書中的"宮廷寫書"〈春秋穀梁傳集解〉——從"書吏"、"亭長"説起》(《中國典籍與文化》4 期)從"書吏"、"亭長"在唐代的實際情况、秘書省的人員構成及其分工、現存唐宋官寫本總體特徵幾個方面加以考察,提出此組寫本雖可能與宮廷寫本存在某種關聯,但推定其出自宮廷或秘書省則證據不足。肖瑜《百年來敦煌吐魯番出土〈三國志〉古寫本研究編年》(《藝術百家》3 期)彙集了百年來關於敦煌吐魯番出土《三國志》古寫本研究的資料,按年代匯成編年,以方便研究者。李樹亮《敦煌寫卷古籍序初探》(《求索》7 期)以序文爲切入點,從序的分佈、形式、位置、特點及價值等方面,對敦煌古籍作了一些新的探索。郭殿忱《敦煌殘卷〈王文憲集序〉校考》(《敦煌研究》2 期)從版本學、文字學角度,對此序重新進行校勘。張新朋《敦煌寫本〈太公家教〉殘片拾遺》(《社會科學戰綫》4 期)認定了 8 件前人未曾著録的《太公家教》和 2 件《武王家教》,並對這些新發現的殘片作了詳細的介紹。蔡淵迪《敦煌本〈筆勢論〉殘卷研究》(《敦煌研究》3 期)判定新發現的 P.4936 爲傳世《筆勢論》早期的一個本子,與刊本所載有差異,具有重要的校勘和研究價值。陳濤《日本杏雨書屋藏唐代敦煌本〈雜律疏〉殘卷略説——原李盛鐸舊藏敦煌寫本》(《敦煌學輯刊》3 期)對杏雨書屋所藏《雜律疏》殘卷作了介紹。

類書研究方面,許建平《敦煌本〈修文殿御覽〉録校補正》(《敦煌研究》1 期)對《修文殿御覽》重新校録,對前賢成果予以補正。沙梅真《敦煌本〈類林〉的作者及成書年代》(《敦煌研究》2 期)主要通過對《類林》的作者于立政的父親和兩個兒子的碑銘,來探討于立政的生卒年代和一生任職情况,填補史書關於于立政記載的疏漏,並更進一步探討了《類林》的寫作時間問題。沙梅真《敦煌本〈類林〉的分類特徵和意義》(《敦煌學輯刊》2 期)通過對現存敦煌本、西夏本以及王三慶、史金波等先生研究恢復的版本之間的相互比較,討論《類林》的分類特徵和意義。魏迎春、劉全波《敦煌寫本類書 S.7004〈樓觀宫關篇〉校注考釋》(《敦煌學輯刊》1 期)通過對文書進行校注和考釋,考證其成書上限爲大業四年,而抄在高宗時或稍後。

十一、科　技

医學方面,有多篇關於《灸經圖》的研究,何天有、王亞軍《敦煌〈灸經圖〉重灸思想探討》(《針灸臨牀雜誌》12 期)對敦煌醫書重灸思想進行了探討,並從現代相關灸進行了闡述,認爲敦煌醫書重灸有着積極的臨牀應用價值。于靈芝《敦煌針灸文獻之〈灸經圖〉的價值》(《針灸臨牀雜誌》4 期)從定名、分卷與繪圖數量、灸方與主治病癥、特點、臨牀應用等方面介紹了《灸經圖》重要的學術價值和文獻價值。王天生、湯志剛、吕蘭萍《從敦煌〈灸經圖〉看早期膀胱經脈循行》(《中國針灸》4 期)通過古代早期膀胱經循行的演變過程,探討《灸經圖》與《内經》、《難經》、《針灸甲乙經》及北宋針灸銅人等傳統針灸的異同。

劉瑩《敦煌醫書中眼部外治方法探析》(《中國中醫眼科雜誌》6 期)從點眼藥方法治療眼科疾病、眼病的其他外治方法和用點眼方法治療其他疾病三方面論述了敦煌醫書中的眼部外治方法。金濤《敦煌醫藥文獻急救方初探》(《中國中醫急癥》5 期)對敦煌醫藥文獻中急救方劑的整理,爲豐富中醫急救學提供新的依據。張永文、沈思鈺、蔡輝《敦煌遺書〈輔行訣臟腑用藥法要〉與陶弘景關係考》(《河北中醫》3 期)介紹了《輔行訣臟腑用藥法要》的重要歷史地位,並考證其内容和道教思想與陶弘景有關。

農業和手工業技術方面,郝二旭《敦煌曲轅犁新考》(《敦煌研究》2 期)論證了敦煌曲轅犁的真實性,並探討了它曇花一現的歷史原因。王進玉《敦煌石窟壁畫"釀酒圖"新解》(《廣西民族大學學報》(自然科學版)3 期)、《再論敦煌石窟西夏壁畫"釀酒圖"》(《廣西民族大學學報》(自然科學版)4 期)對學界對西夏壁畫"釀酒圖"的種種誤解給予了訂正。

天文曆法方面,讓-馬克·博奈、弗朗索瓦絲·普熱得瑞、魏泓、黄麗平、鄧文寬《敦煌中國星空:綜合研究迄今發現最古老的星圖》(上、下)(《敦煌研究》2、3 期)主要分析斯坦因 1907 年在中國敦煌所得到的中世紀中國星圖手卷,分析了每張星圖中的星以及釋文,並推斷星圖繪製於公元 649—684 年間。傅千吉、肖鵬《敦煌吐魯番文獻中藏漢天文曆算文化關係研究》(《西藏大學學報》4 期)認爲從五行、紀日法、九宮、二十八宿、乘法口訣九九表、十二生肖等算法方面,可以看出藏漢天文曆算文化關係悠久,交流至深。

十二、學術動態與紀念文

研究綜述方面,劉全波《百年敦煌類書研究述評》(《中國史研究動態》12

期)選取最具代表性的七類寫本,對自1909年以來敦煌類書研究取得的豐碩成果作系統的梳理。于向東《敦煌變相與變文研究評述》(《藝術百家》5期)回顧了變相與變文研究的歷史,扼要評述了其中有代表性的成果,並進一步展望了這一領域的研究前景,集中論述了有待深入探討的一些問題。張涌泉、竇懷永《敦煌小說整理研究百年:回顧與思考》(《文學遺產》1期)從文獻學角度,對百年來敦煌小說整理研究的歷程作了簡要的回顧。李并成《百年來敦煌地理文獻及歷史地理的研究》(《敦煌學輯刊》2期)系統地回顧了百年來敦煌地理文獻及歷史地理的研究狀況,將主要成果概括爲九個方面,並對其今後的發展作了若許構想。郭洪丹《20世紀90年代以來敦煌俗字研究綜述》(《西南交通大學學報》2期)對20世紀90年代以來敦煌俗字研究的巨大進步進行了回顧,同時也指出在諸如俗字的分類、俗字傳播的受限因素等問題上存在較大的分歧。

研討會綜述,金少華、蔡淵迪《"百年敦煌文獻整理研究國際學術討論會"綜述》(《敦煌學輯刊》2期)對2010年4月10日至12日在杭州召開的"百年敦煌文獻整理研究國際學術討論會"的情況進行了綜述。沙武田《2010敦煌論壇:吐蕃時期敦煌石窟藝術國際研討會綜述》(《藝術設計研究》3期)對2010年7月21—24日在莫高窟舉辦的"2010敦煌論壇:吐蕃時期敦煌石窟藝術國際研討會"的會議成果進行綜述。段小強、尹偉先《2010絲綢之路與西北歷史文化學術研討會述評》(《敦煌學輯刊》3期)對2010年7月31日至8月2日在西北民族大學召開的"2010絲綢之路與西北歷史文化學術研討會"的會議情況和成果進行了述評。章巍《"慶賀饒宗頤先生95華誕敦煌學國際學術研討會"在敦煌莫高窟舉行》(《敦煌研究》4期)對2010年8月8—11日,在莫高窟舉辦的"慶賀饒宗頤先生95華誕敦煌學國際學術研討會"的情況進行了介紹。邢蕾、孫泓《"絲綢之路與龜茲中外文化交流"學術研討會綜述》(《探索與爭鳴》10期)對2010年8月19日至21日,在新疆新和縣舉行的"絲綢之路與龜茲中外文化交流"學術研討會的會議成果進行了綜述。

紀念文方面,劉淑岷《常書鴻:敦煌藝術的"守護神"》(《黨史文匯》1期)、蕭默《常書鴻守護敦煌五十年》(《傳承》22期)、潘驍《吕斯百、常書鴻與甘肅油畫藝術》(《絲綢之路》8期)從不同角度,對常書鴻先生對敦煌藝術的貢獻作出了高度評價。陳濤《平山郁夫:最愛敦煌的日本人》(《世界知識》1期)對平山郁夫先生與敦煌的關係給予了介紹。袁婷《魏禮與敦煌絹畫研究》(《敦煌學輯刊》2期)介紹了魏禮教授對敦煌絹畫研究終生的熱愛。湯子祺《張大千與敦煌》(《海內與海外》1期),姚彩玉《張大千與敦煌藝術的世界性》(《文史博覽》11 期),羅宗貴、石思茂《張大千敦煌壁畫研究的意義簡析》(《大眾文藝》17 期),李青、廖燕《張大千敦煌藝術之行的現實意義》(《藝術研究》4 期)從不同方面,介紹了張大千先生與敦煌的關係,以及其在敦煌藝術方面取得的巨大成就。

俄藏敦煌文獻研究述評

楊寶玉　陳麗萍(中國社會科學院)

本文對近百年來俄藏敦煌文獻的研究歷程作簡要回顧,受條件所限,所述成果以中國和俄羅斯學者的相關學術成就爲主,兼及日本及法國學者的研究成果。

一、正式公佈前學界對俄藏敦煌 文獻的漸次了解及相關論著

相對於英藏、法藏,及中國藏敦煌文獻而言,俄藏敦煌文獻公佈得較晚,之前很長一段時間內顯得頗爲神秘,其爲學界的認知也經歷了一個漫長的過程。

外界最先獲知俄國(前蘇聯)藏有敦煌文獻消息的是幾位日本和歐洲學者:1912 年 10 月,日本學者狩野直喜曾於赴歐途中在聖彼得堡做過短暫停留,看過少量俄藏敦煌文獻[1];1916 年 11 月,日本學者矢吹慶輝在彼得格勒(今聖彼得堡)從奧登堡手中得見一些相關照片,1930 年在列寧格勒(今聖彼得堡)亞洲博物館亦見過部分實物[2]。1930 年,日本學者狩野直喜公佈了俄藏敦煌文獻的第一批藏品[3]。另外,日本的梅原末治可能於 1927 年[4],法國的伯希和可能於 1931 年[5]也見過部分俄藏敦煌文獻。

有緣翻閱俄藏敦煌文獻的第一位中國學者是鄭振鐸。1957 年 11 月 16—19 日,正兼任中國科學院考古研究所和文學研究所所長的鄭振鐸在去東歐訪問和講學期間,曾在列寧格勒東方學研究所停留 4 天,共查閱和抄錄了數百件東方所收藏的敦煌文獻。在日記及給家人、朋友、同事的信中,鄭振鐸記錄了有關情況,這是中國人有關俄藏敦煌文獻的最早記述[6]。此後有機會接觸這批文獻的中國學者主要是梁希彥、鮑正鵠[7]。

---

[1] 神田喜一郎《敦煌學五十年》,北京大學出版社,2004 年,第 75 頁。從時間上看,此處所指應當不是奧登堡收集品。

[2] 戴密微撰,耿昇譯《敦煌學近作》,《敦煌譯叢》第 1 輯,甘肅人民出版社,1985 年,第 35 頁。

[3] 狩野直喜撰,IO. K. 舒茨基譯《科學院亞洲博物館藏〈文選〉古寫本殘卷》,《蘇聯科學院報》1930 年第 21 期;日文原作發表於《東方學報》1929 年第 5 卷第 1 期。

[4] 姜伯勤《國外敦煌學研究情況簡介》,《中國史研究動態》1979 年第 3 期。

[5] 戴密微撰,耿昇譯《列寧格勒所藏敦煌漢文寫本簡介》,前揭《敦煌譯叢》第 1 輯,第 110 頁。

[6] 劉進寶、王睿穎《鄭振鐸與俄藏敦煌文獻》,《南京師範大學學報》2009 年第 3 期。

[7] 孟列夫曾説:"中國朋友,首先是已故的鄭振鐸教授,曾給予我們大力幫助;還有梁希彥教授,特別是鮑正鵠教授,曾給予我們多方面幫助。對此,我們銘記不忘,並表示衷心感謝。"詳見孟列夫編著,袁席箴、陳華平譯《俄藏敦煌漢文寫卷敍錄·序言》,上海古籍出版社,1999 年,第 3 頁。

1960 年 8 月 9—16 日,第 25 屆國際東方學家大會在莫斯科召開,會議期間蘇聯方面終於正式宣佈了其擁有敦煌文獻的消息,並由列寧格勒分所陳列了若干文書供與會學者參觀,法國學者戴密微和日本學者吉川幸次郎還赴列寧格勒查閱了另外一批敦煌文書。會後,雖然國際敦煌學界皆希望早日一睹俄藏敦煌文獻的全貌,但由於當時蘇聯文化政策的封閉性,交流渠道極其有限。

關於俄藏敦煌文獻的編目整理,雖然早在 20 世紀三四十年代,弗魯格已編寫了兩個簡明目錄,即《蘇聯科學院東方研究所藏漢文寫本(非佛經之部)簡報》(《東方學圖書目錄》1934 年第 7 期)和《蘇聯科學院東方研究所藏古代漢文佛經古寫本簡目》(《東方學圖書目錄》1935 年第 8—9 期),但是由於二戰及弗魯格的早逝,這一工作被迫中斷。直到 20 世紀 50 年代後期,俄藏敦煌文獻的整理纔步入正軌[①],並最終出版了兩冊目錄和一本專著,而在很長一段時間內,它們都是學界了解俄藏敦煌文獻的最重要的途徑。

這兩冊目錄爲孟列夫主編《亞洲民族研究所藏敦煌漢文寫本注記目錄》(以下簡稱《敍錄》)第 1 冊(莫斯科東方文獻出版社,1963 年)、第 2 冊(莫斯科科學出版社,1967 年)[②],這是蘇聯對東方所收藏的敦煌漢文文書的首次系統介紹,共分類編排著錄了篇幅相對較大的近 3000 號文書,但沒有附圖版。

專著爲丘古耶夫斯基著《敦煌漢文文書》(莫斯科科學出版社,1983 年)[③],係對俄藏敦煌社會經濟類文書的整理研究成果,共收錄 87 號文書,拼合爲 73 件,略分籍帳、賦役和租佃文書、寺院文書、借貸文書 4 大類,每件文書均有漢字錄文和俄文譯注,並附有圖版,所收文書大部分係首次全文公佈。

上述兩冊目錄和一部專著相對集中地反映了俄藏敦煌文獻的概況,兩位學者陸續發表的相關論文以其作者所擁有的可隨時查閱俄藏敦煌文獻的得天獨厚的條件而備受學界關注。孟列夫撰寫的此類論文主要有:《敦煌漢文寫本——佛教俗文學文獻》(又名《影印敦煌讚文·附宣講》,《東方民族文獻》叢刊大輯,第 15 種,1963 年)、《維摩詰變文——亞洲民族研究所敦煌特藏未刊變文寫本》(又名《維摩詰經變文·維摩碎金·十吉祥》,《東方民族文獻》叢刊小輯,第 8 種,1963 年)、《報恩變文》(《雙恩記》,《東方文書》叢刊,

---

① Л. E. 斯卡奇科夫在《1914—1915 年俄國西域(新疆)考察團記》中說,俄藏敦煌文獻"比較系統的研究工作,衹是在 50 年代末纔開始。那時,在東方學研究所聖彼得堡分所和埃爾米塔什博物館東方部均成立了學術性團體,專門從事該項工作的研究,其目的就在於把考察團的成果公佈於世。"詳見《中華文史論叢》第 50 輯,上海古籍出版社,1992 年,第 115—116 頁。

② 又見黃永武主編《敦煌叢刊初集》第 11、12 冊,臺北新文豐出版公司,1985 年。中譯本爲袁席箴、陳華平譯《俄藏敦煌漢文寫卷敍錄》(上、下),上海古籍出版社,1999 年。

③ 中譯本爲王克孝譯《敦煌漢文文書》,上海古籍出版社,2000 年。

第 34 種,1972 年)、《中國文學古文獻〈蓮華經變文〉》(徐東琴譯,《中國敦煌吐魯番學會研究通訊》1988 年第 1 期)等。丘古耶夫斯基的相關論文主要爲《敦煌附屬於寺院的世俗聯合組織》(《中世紀中央亞細亞和東亞地區的佛教、國家和社會》,1982 年)。

在此期間,其他國家學者也在努力搜集俄藏敦煌文獻情況並向同行介紹,綜述性及與孟列夫和丘古耶夫斯基的工作成果有關的編譯性文章大量湧現,主要有:戴密微《列寧格勒的敦煌漢文寫本》(《通報》第 51 卷,1964 年)、姜伯勤《沙皇俄國對敦煌及新疆文書的劫奪》(《中山大學學報》1980 年第 3 期)、吴其昱《列寧格勒所藏敦煌寫本概況》(《漢學研究》1986 年第 4 卷第 2 期)、劉進寶《蘇聯列寧格勒藏敦煌寫本簡況——與緬什列夫(孟列夫)博士一席談》(《敦煌語言文學研究通訊》1990 年第 2、3 期)、周夢罴譯《俄羅斯科學院東方研究所聖彼得堡分所藏敦煌文獻》(《中華文史論叢》第 50 輯,1992 年)、鄧文寬譯《(蘇藏)敦煌漢文文書概要》(《敦煌研究》1991 年第 2 期)等,其中姜伯勤文對 Дx. 1585、Дx. 476(1567)、Дx. 1570、Дx. 1572、Дx. 2898、Дx. 1481 等號文書的内容與研究價值作了簡要介紹。

此間還有一些學者根據個人興趣和閱卷條件發表了不少專題研究論文,主要有:柴劍虹《列寧格勒藏敦煌〈長安詞〉寫卷分析》、《列寧格勒藏〈文酒清話〉殘本考索》(《北京師範大學學報》1983 年第 4 期、1985 年第 4 期),方廣錩《俄藏〈大乘入藏録卷上〉研究》(《北京圖書館館刊》1992 年第 1 期;《敦煌學佛教學論叢》,香港中國佛教文化出版公司,1998 年),王克孝《Дx. 2168 號寫本初探》(《敦煌學輯刊》1993 年第 2 期)等。而施萍婷《俄藏敦煌文獻經眼録》(一、二)(《敦煌研究》1996 年第 2 期;《敦煌吐魯番研究》第 2 卷,北京大學出版社,1997 年)、李正宇《俄藏中國西北文物經眼記》(《敦煌研究》1996 年第 3 期)、柴劍虹《俄藏敦煌詩詞寫卷經眼録》(一、二)(《敦煌吐魯番研究》第 1—2 卷,北京大學出版社,1996—1997 年)等文反映了各作者親閱俄藏敦煌文獻原卷的收穫,其時《俄藏》雖已開始出版,但尚未出齊,大多數中國學者更無緣查閱原卷,因而以上各文均很受學界關注。其中施萍婷文對照《敍録》,對所閱 200 餘件文書進行了物質形態描述及内容摘録,是對後者的極大補充。李正宇文則提及 Дx. 2111 爲《維摩詰經》殘片,探討了 Дx. 1338 上的"沙州營守府鍾"印,指出 Дx. 1462 爲 P. 3829 的上截,並爲 Дx. 1267 + Дx. 2360 擬名《沙州某寺布帛支破曆》,認爲 Дx. 1400、Дx. 2148、Дx. 6069 是和于闐有關的漢文文書。

在此特別值得一提的是,在俄藏敦煌文獻全面刊佈前,收録相關圖版與録文最爲集中的中國學者論著當首推唐耕耦、陸宏基《敦煌社會經濟文獻真蹟釋録》(第 1 輯,書目文獻出版社,1986 年;第 2—5 輯,北京圖書館文獻縮微複製中心,1990 年),共收入 86 號俄藏敦煌文書。至於日本學者在此期間的相關介紹或研究多散見於各自專題(如宗教、典籍、法制、經濟、社邑等)研究中,茲不贅述。

總起來講,那時能夠看到俄藏敦煌文獻原卷或圖版的學者畢竟是極少數,儘管他們已經作了很大努力,但受客觀條件所限,相關研究仍難以擺脱挖寶式的個案探究或簡單過録,而對於廣大學者而言,俄藏敦煌文獻的具體情況依然是霧裏看花。爲此,國際學界衆多有識之士不懈奔走呼籲,以期促成俄藏敦煌文獻的全面刊佈。

二、《俄藏敦煌文獻》的出版

在中俄雙方的長期共同努力下,20 世紀 90 年代初,上海古籍出版社(以下簡稱"上古")終於爭取到了寶貴機會,與俄羅斯科學院東方所聖彼得堡分所、俄羅斯科學出版社東方文學部密切合作,於 1992—2001 年出版了 17 册大型圖集《俄羅斯科學院東方研究所聖彼得堡分所藏敦煌文獻》①(學界習稱《俄藏敦煌文獻》,以下簡稱《俄藏》),爲俄藏敦煌文獻的深度整理與研究提供了最基本,同時也是最重要的條件,學界公認中俄雙方有關機構與個人做了一件影響深遠功德無量的大好事。

可以説,《俄藏》的出版引發了俄藏敦煌文獻乃至敦煌學研究的新浪潮,使近二十年來的敦煌學研究出現了一些新熱點、新方法和新内容,此處似有必要先簡單探討一下這套圖集的某些獨特之處。

從出版形式上看,與上古編印的其他敦煌文獻圖集一樣,《俄藏》也基本延續了《英藏敦煌文獻(漢文佛經以外部分)》(四川人民出版社,1990—1995 年)的 8 開本、每頁大多 2 幅圖、上圖下文等編印方式,但又有一些變化,如取消了可顯示文書大小的比例尺等,不過,最大的變化還是在於上圖下文中"文"的部分。

無論是 1980 年代影印的《敦煌寶藏》,還是 1990 年以後出版的《英藏敦煌文獻》、《法藏敦煌西域文獻》、《中國國家圖書館藏敦煌遺書》等大型圖録,都是在每件文書圖版下標注定名或擬名,以便讀者了解和使用。但俄藏敦煌文獻因公佈晚,碎片又多,大量文書未經研究,判斷文書内容性質的工作量和

① 對此一出版過程的介紹和評論,可參見:府憲展《俄藏敦煌文獻的編纂出版》(《姜亮夫、蔣禮鴻、郭在貽先生紀念文集》,上海教育出版社,2003 年,第 387—389 頁)、柴劍虹《關於俄藏敦煌文獻整理與研究的幾個問題——兼談學習潘重規先生在"新亞"演講體會》(《新世紀敦煌學論集》,巴蜀書社,2003 年,第 1—6 頁)、柴劍虹《勇敢衝破樊籬的拓荒者——讀潘重規先生〈列寧格勒十日記〉感言》(《敦煌學》第 25 輯,2004 年,第 251—259 頁)、劉進寶《〈俄藏敦煌文獻〉出版的艱難歷程——重讀潘重規先生的〈列寧格勒十日記〉》(《敦煌學》第 25 輯,第 483—492 頁)。

工作難度都非常大,這與《英藏敦煌文獻》、《法藏敦煌西域文獻》已有較厚實的研究基礎不同,加之《俄藏》的編輯工作全部由出版社進行,與《英藏敦煌文獻》等大型圖錄的文書定名工作由敦煌學專家完成又不同,所以《俄藏》在標注定名方面就采取了獨特的兩段式作法。

第一段即《俄藏》第1—10冊的編輯方式,由於這10冊所收弗魯格編號文書和Дх.00001—03599號文書的保存狀況相對較好,篇幅較大,又大多經弗魯格、孟列夫等學者編目,有一定的研究基礎,故上古采取了與其他圖集一致的做法,即在圖版下標注每件文書的定名或擬名。關於這部分文獻的擬定名問題,《俄藏》第17冊的《出版後記》稱:"Ф.001—366號文獻的定名,主要依據孟列夫主編的《俄藏敦煌漢文寫卷敍錄》,這個《敍錄》吸收了此前蘇聯專家的主要研究成果。丘古耶夫斯基《敦煌漢文文書》提供了部分文書的解說。Дх.編號文獻的定名,部分參考孟列夫《敍錄》,以及孟列夫、丘古耶夫斯基編寫的學術卡片。其他絕大部分由上海古籍出版社編輯考證比定。"

第二段爲《俄藏》第11—17冊的編輯方式,這7冊所收文書幾乎全部是首次公佈,少有前人成果借鑒,且絕大多數爲碎片,所存字數不多,而編號數卻延至一萬八千多號,爲加快出版速度,上古遂采取了靈活務實的做法:僅於圖版下標注文書編號,不作定名工作。於此,《俄藏》第11冊的《說明》稱:"《俄藏敦煌文獻》自第十一冊始,收錄Дх.03600號以後的大量殘片,爲儘早完整地公佈這批珍貴材料,滿足學術研究的迫切需要,不再擬訂標題和目錄。檢索仍以原件編號。有關這些文獻的說明,見《俄藏敦煌文獻》的最後一冊《附錄》。"該冊《出版後記》稱這些文書的定名問題將"留待於總目、《敍錄》等附錄中交待。""《俄藏敦煌文獻》的附錄部分將包括《敍錄》、《年表》、《分類目錄》和《索引》等。""附錄的編纂,特別是Дх.部分殘片的考訂研究,將是一項比較長期,需要學術界共同努力纔能完成的工作。我們將在今後一段時間内集中精力進行,同時熱忱地期望海内外學術界、宗教界的專家、朋友關心和賜教。"可惜迄今仍未見該《附錄》編印面世。

兩段式的做法雖打破了出版常規,爲權宜之計,但客觀上保證了以最快的速度將俄藏敦煌文獻出版完畢,解決了研究者無法查閱文書的難題,促進了近年敦煌學研究的繁榮,學界一致爲出版社的高效工作而讚嘆,如《俄藏》第1—5冊出版後,榮新江即已熱情撰寫書評(《〈俄藏敦煌文獻〉第1—5冊評介》,《敦煌吐魯番研究》第1卷,1996年)給予高度評價。

三、近二十年來俄藏敦煌文獻研究述評

《俄藏》的出版極大地推動了敦煌學研究的新發展,近二十年來學界已刊

發了大量論著,取得了多方面的研究成果。以下略分非敦煌出土文書的甄別、擬定名與輯校録研究、分專題與分類研究等三部分對相關成果進行簡介。需要略加説明的是,爲展示研究的關聯性,我們在着重介紹《俄藏》出版後的研究情況時,也將視具體情形,偶或提及《俄藏》出版前的相關研究成果。

（一）非敦煌出土文書的甄別

由於多種複雜的歷史原因,現在被人們籠統稱爲"俄藏敦煌文獻"的藏品中,混入了一些吐魯番、黑水城(或曰黑城)等其他地區出土的文書,《俄藏》第17册《出版後記》即稱:"按照俄羅斯科學院東方研究所聖彼得堡分所專家的解釋,以及文獻的實際情況,Дх.部分的文獻是以俄文'敦煌'的字母縮寫形式編號,雖然其中絶大部分是敦煌莫高窟出土文獻,但實際上還包含俄羅斯各次考察隊、俄羅斯駐新疆官員所獲得的部分新疆、黑水城文獻,甚至更晚時期的其他來源的文獻。"因而,對非敦煌出土文書的甄別乃是俄藏敦煌文獻研究過程中一項非常重要的工作。

1. 對混入俄藏敦煌文獻中的吐魯番文書的甄別

我們已知見的研究成果主要有:池田温《中國古代籍帳研究》(東京大學出版會,1979 年)認爲 Дх.1570 爲吐魯番出土;前揭姜伯勤《沙皇俄國對敦煌及新疆文書的劫奪》判定 Дх.2245《大方等無想大雲經》爲高昌寫經,並提到 Дх.1537、Дх.1572、Дх.2842 等也應出自新疆;府憲展《敦煌文獻辨疑録》(《敦煌研究》1996 年第 2 期)指出 Ф.320 爲吐魯番文書;前揭李正宇《俄藏中國西北文物經眼記》指出 Дх.2683《黄帝内經》及背面《配水曆》、Дх.2670《史記·李斯傳》及背面高昌文書,以及 Дх.2826、Дх.18917、Дх.18921、Дх.18925 皆爲吐魯番甚至和闐文書;陳國燦《〈俄藏敦煌文獻〉中吐魯番出土的唐代文書》(《敦煌吐魯番研究》第 8 卷,中華書局,2005 年)考證出 Дх.01253B + Дх.1253C + Дх.1253Ev、Дх.01253C、Дх.01253E + Дх.1253D、Дх.02826、Дх.02947、Дх.05935、Дх.11413v、Дх.18937 等爲吐魯番出土的社會文書;陳明《俄藏敦煌文書中的一組吐魯番醫學殘卷》(《敦煌研究》2002 年第 3 期)判定《俄藏》第 14 册所收 Дх.09170、Дх.09178、Дх.09882、Дх.09888、Дх.09935、Дх.09936、Дх.10092 等 7 件殘片,以及第 16 册所收 Дх.12495 均應出自交河,並考訂出它們與吐魯番出土《耆婆五藏論》(Ch.3725)和《諸醫方髓》(Ch.3725v)是同一組文書。

2. 對混入俄藏敦煌文獻中的黑水城文書的甄別

據白濱《黑水城文獻的考證與還原》(《河北學刊》2007 年第 4 期),最早進行混入俄藏敦煌文獻的黑水城文書甄別工作的是孟列夫。他在前揭《敍録》中已特意標示出了 9 號出自黑城的古文書,據此,再加上集中編爲

Дх. 9585—10150（共計 566 號）的非敦煌出土文書,可知那時至少已找出 575 號非敦煌出土藏品。後來孟列夫更編輯《黑城出土的漢文收集品注記目錄》（蘇聯科學出版社,1984 年,有王克孝漢譯本,寧夏人民出版社,1994 年）,著錄介紹了 357 件漢文文書。

中國學者在黑城出土文書的甄別方面也做了許多工作：柴劍虹《關於俄藏敦煌文獻整理與研究的幾個問題——兼談學習潘重規先生在“新亞”演講的體會》（《新世紀敦煌學論集》,巴蜀書社,2003 年）、榮新江《〈俄藏敦煌文獻〉中的黑水城文獻》（《黑水城人文與環境研究》,中國人民大學出版社,2007 年）、孫繼民《敦煌學視野下的黑水城文獻研究》（《南京師範大學學報》2009 年第 3 期）都提到了俄藏敦煌文獻與黑城文獻之間的關聯並列舉了一些例證,比如柴劍虹據《敍錄》,辨別出 13 號出自黑城的文書。另外,府憲展《敦煌文獻辨疑錄》（《敦煌研究》1996 年第 2 期）判定或引用他人成果,指出Ф.181、Ф.221 + Ф.228 + Ф.266R、Ф.221 + Ф.228 + Ф.266v、Ф.229 + Ф.241A、Ф.229 + Ф.241B、Ф.317A、Ф.335、Ф.360、Ф.362A、Дх.1390、Дх.1447 等號皆爲黑城出土。

針對專一或專類文書進行甄別與研究的論著主要有：

佛教文書方面,前揭方廣錩《俄藏〈大乘入藏錄卷上〉研究》判定 Ф.221 + Ф.228 + Ф.266《大乘入藏錄》出自黑城。榮新江《〈俄藏敦煌文獻〉第 1—5 册評介》（《敦煌吐魯番研究》第 1 卷,北京大學出版社,1996 年）也簡要指出Ф.214、Ф.311 當出自黑城無疑,而 Ф.123A、Ф.204A、Ф.308、Ф.360、Ф.317、Ф.335、Ф.337 等刻本佛像和佛經皆非敦煌藏經洞所出。榮新江《俄藏〈景德傳燈錄〉非敦煌寫本辨》（《段文傑敦煌研究五十年紀念文集》,世界圖書出版公司,1996 年）判定 Ф.229 + Ф.241《景德傳燈錄》出自黑城。

歷史文書方面,金瀅坤《從黑城文書看元代的養濟院制度——兼論元代的亦集乃路》（《中央民族大學學報》2003 年第 2 期）判定 Дх.19072R 爲元代養濟院的官文書;《俄藏敦煌文獻中的黑城文書考證及相關問題的討論》（《敦煌學》第 24 輯,2003 年）摘出 17 件黑城文書,即 Дх.19067、Дх.18993、Дх.19043、Дх.19070、Дх.16714、Дх.19073、Дх.19072R、Дх.19022、Дх.19042、Дх.19077、Дх.19068、Дх.18992、Дх.18995、Дх.19071、Дх.19053R、Дх.12238、Дх.19076R,分別爲官文書、籍帳、破曆、契約等,時間從遼代延續至元代。魏郭輝《俄藏敦煌文獻 Дх.16714〈提舉司牒〉校釋及相關問題考略》（《寧夏社會科學》2008 年第 4 期）判定 Дх.16714 號爲黑城所出。乜小紅《俄藏敦煌契約文書研究》（上海古籍出版社,2009 年）也過錄了 Дх.01348、Дх.02158、Дх.16714、Дх.18993、Дх.18996、Дх.19022、Дх.19076 共 7 件西夏或元代的契約文書,並判定其中 4 號出自黑城。

語言文字類文書方面,史金波《西夏漢文本〈雜字〉初探》(《中國民族史研究》第 2 輯,中央民族學院出版社,1989 年)判定 Дx. 02822 出自黑城,並爲其擬名《雜字》,指出其問世時間下限應在 1209—1217 年間。關於 Дx. 02822,經過多位學者的努力,目前學界已基本確認該文書應出自黑城,並將其收入《俄藏黑水城文獻》第 6 册,但馬德《敦煌寫本 Дx. 02822〈雜集時要用字〉芻議》(《蘭州學刊》2006 年第 1 期)仍堅持認爲它出自莫高窟北區,當擬名《敦煌新本〈雜集時用要字〉》。另外,近年學界也頗爲關注爲佛經經文注音注字的文書,張涌泉《俄敦 18974 號等字書碎片綴合研究》(《浙江大學學報》2007 年第 3 期)即指出《俄藏》第 17 册中的 Дx. 18974、Дx. 18976、Дx. 18977、Дx. 18981、Дx. 19007、Дx. 19010、Дx. 19027、Дx. 19033、Дx. 19052 等號未定名碎片出自黑城,内容係對實叉難陀譯《大方廣佛華嚴經》難字的注釋。

值得一提的是,在甄別混入敦煌特藏的黑城文書的過程中,有學者還從曾被判定爲黑城出土的文書中查檢出了敦煌文書。李正宇《俄藏〈端拱二年八月十九日往西天取菩薩戒僧智堅手記〉決疑》(《敦煌佛教文化研討會論文集》,《社科縱横》增刊,該刊編輯部,1996 年)即判定黑城特藏品 B63《宋端供(拱)二年八月十九日往西天取菩薩戒僧智堅手記》實爲敦煌文書。

(二)擬定名與輯校録研究

上文提到,《俄藏》前 10 册僅對所收文書作了簡單定名或擬名,有的定名還需商榷,後 7 册的文書則完全没有定名,因而研究者首先要面對的就是對文書内容性質的判斷。《俄藏》出版後,學者們就此展開了不少工作,發表了大量成果。由於學者們常常在同一篇論文中刊發擬定名或重擬名成果與文書録文,故我們此處將這兩項工作一並介紹。需要特别説明的是,由於敦煌文獻内容的複雜性,擬定名和輯校録工作的難度都非常大,且是與研究工作相輔相成,互爲前提的,有時我們很難將它們截然分開,下文僅是爲敍述方便而根據各論著側重點的不同略作劃分,對於某些擬定名、輯校録、深入研究並重的論著,爲避免重複,集中於本部分介紹。

目前已刊佈的擬定名或輯校録方面的工作可大略分爲 2 種情況。

1. 對《俄藏》所收特定類别文書進行的擬定名或輯校録

《俄藏》出版後,敦煌學各分支領域的專家們發揮各自的學術專長,有選擇與針對性地進行了大量挖掘梳理工作,目前在道教文獻、儒家經典、契約、社邑、占卜、醫藥等類别文書的辨别及擬定名方面,已取得了很大成績,刊發了一些集成性的成果,其他類别(如佛經、文學)文書雖因數量龐大、不易界定等原因,尚有大量工作需要展開,但已取得的進展也已相當可觀。以下就我們所了解的研究狀況略作介紹。

佛教文獻佔敦煌文獻的絕大部分,俄藏品亦不例外,因而這部分工作量非常大,目前已刊發的成果所涉及的文書還不是太多。首先值得一提的是Ф.32A 號《敦煌王曹宗壽、夫人氾氏添寫報恩寺藏經錄》,其中北宋咸平五年(1002)題記是目前所知藏經洞文書中最晚的明確紀年,其作爲藏經洞封閉的時間下限以及敦煌地區當時的佛教發展狀態等標尺意義極爲重大,該文書也因此被衆多學者廣爲利用。其他如 Дx.1438、Дx.1376、Дx.2170 號與 P.3851、P.4607 以及 S.2140、S.3607、S.4640 號等被定名爲《沙州乞經狀》(方廣錩《敦煌遺書〈沙州乞經狀〉研究》,《敦煌學佛教學論叢》,佛教文化出版有限公司,1998 年,將綴合後的文書定名爲《沙州乞經狀》),認爲這反映了五代時期的敦煌蓮臺寺僧應寶等組織的一次規模較大的乞補藏經活動。李正宇《吐蕃論董勃藏修伽藍功德記兩殘卷的發現、綴合及考證》(《敦煌吐魯番研究》第 2 卷)考出 Дx.1462 可與 P.3829 號綴合,可擬名《大蕃古沙州行人部落兼防禦兵馬及行營留後監軍使論董勃藏重修伽藍功德記》,可借此研究吐蕃佔領敦煌時期的諸多佛教問題。榮新江《盛唐長安與敦煌——從俄藏〈開元廿九年(741)授戒牒〉談起》(《浙江大學學報》2007 年第 3 期)認爲 Дx.02881 + Дx.02882 號戒牒表明,開元二十九年二月,長安大安國寺僧釋道建曾受命來沙州主持授戒儀式,爲長安佛教與敦煌佛教之間搭建起一座橋樑,給敦煌佛教文化增添了光彩。其他定名與考釋性的文章主要有:曾良、任西西《敦煌殘卷篇名考五則》(《藝術百家》2009 年第 2 期)指出 Дx.00958A 所抄爲《攝大乘論釋義疏》、Дx.01196 爲《思益梵天所問經》卷第一《序品第一》、Дx.01312 與Дx.01392v 爲《大乘二十二問本》、Дx.01361 + Дx.03151 第一片正面所抄爲安玄譯《法鏡經》,第二片背面所抄爲鳩摩羅什譯《佛藏經》卷上《諸法實相品第一》。董大學《敦煌本〈金剛經〉注疏研究述評》(《2010 年敦煌學國際聯絡委員會通訊》,上海古籍出版社,2010 年)考出 Ф.167、Ф.168、Ф.242v、Ф.323、Ф.334v、Дx.00120、Дx.00253、Дx.00253v、Дx.00296、Дx.00700、Дx.01661、Дx.01815、Дx.02520 等 13 號文書皆爲《金剛經》寫卷。景盛軒《敦煌寫本〈大般涅槃經〉著錄商補》(《浙江與敦煌學》,浙江古籍出版社,2004 年)認爲以往學界將 Дx.03470、Дx.00390、Дx.02305、Дx.00790、Дx.01630B 擬名爲《大般涅槃經》是錯誤的,還指出 Ф.083 可與 S.2689 拼接。石立善《敦煌寫本失題道經五種定名》("百年敦煌文獻整理研究國際學術討論會"論文,2010 年)考出 Дx.03669 爲《妙法蓮華經·馬明菩薩品》、Дx.18842 爲《佛說灌頂經》卷十二。梁麗玲《敦煌寫本〈雜藏經〉及其相關問題研究》(《敦煌學》第 27 輯,2008 年)認爲 Ф.142 可與 P.3710 綴合,所抄內容應屬《雜藏經》。李小榮《〈高王觀世音經〉考析》(《敦煌研究》2003 年第 1 期)利用 Дx.00531 及《大正藏》等,對 P.3920 進行了校録。董大學《俄藏 Дx.00684 號殘卷考》(《首都師範大學學報》2011 年第 2 期)認爲該號寫卷 AB 兩部分皆抄於 9—11 世紀,爲窺基所撰《妙法蓮華經玄讚》卷一的内容。另外,趙鑫曄《俄藏敦煌文獻綴合四則》(《文獻》2008 年第 3 期)綴合的俄藏敦煌文書主要是佛教願文。

早在俄藏敦煌文獻公佈之前,日本學者已着手蒐集俄藏品中的道教文獻,所刊論著中影響較大的是大淵忍爾《敦煌道經·目録編》(東京福武書店,1978 年),共收録了 35 個《俄藏》道經寫卷。

受條件所限,我國學者的相關工作主要是在《俄藏》出版後漸次展開的,取得的成果非常豐碩,其中王卡刊發的論著尤爲矚目,這就是《敦煌道教文獻研究——綜述·目録·索引》(中國社會科學出版社,2004 年),該書共收録了 100 餘件俄藏文書,不僅查考出了這些文書的名稱、各編號之間的拼合情況,還編寫了敍録與某些專有名詞索引。王卡還發表了《〈敦煌道教文獻研究·目録〉補正》(《敦煌學輯刊》2007 年第 3 期)對前書進行了增補,而其《敦煌本洞玄靈寶九天生神章經書考釋》(《敦煌學輯刊》2002 年第 2 期)又考出 Дx.00268 爲《九天生神章經義疏》殘片,《敦煌本〈昇玄内教經〉殘卷校讀記》(《敦煌吐魯番研究》第 9 卷,中華書局,2006 年)則據 P.2474、P.3722 校補了 Дx.02063 + Дx.01888 + Дx.02008 等號文書。在上列最後一文發表之前,萬毅《敦煌本道教〈昇玄内教經〉的文本順序》(《敦煌研究》2000 年第 4 期)也考出 Дx.00517、Дx.02768 + (佚文) + Дx.00901 爲《昇玄内教經》卷 4。其他學者撰寫的相關研究成果還有:葉貴良《〈俄藏敦煌文獻〉道經殘卷考述》(前揭《浙江與敦煌學》)分藏内道經、藏外道經和失題道經三類,對《俄藏》中的道教文書重新加以考述,匯總了《俄藏》"本義上"道經的數量共有 71 + 1 個殘卷。石立善《敦煌寫本失題道經五種定名》("百年敦煌文獻整理研究國際學術討論會"論文)考出 Дx.07243 爲《太上洞玄靈寶業報因緣經·化生品第二十三》。周西波《俄藏敦煌失題道經考論》("敦煌學第二個百年的研究視角與問題"國際學術會議論文,聖彼得堡,2009 年)就俄國收藏的敦煌道經文獻進行了查核比對與考察,在前人研究的基礎上,解析了這批材料在道教研究上的價值。

自敦煌學誕生起,對藏經洞所存各類典籍的查考即備受青睞,俄藏品中的相關抄本自然也不例外。以下略依文書類別介紹。

首先是對俄藏品中儒家經典的擬定名與研究,在這方面許建平做了大量工作,已刊發的成果主要有:《殘卷定名正補》(《2000 年敦煌學國際學術討論會文集·歷史文化卷(上)》,甘肅民族出版社,2003 年)爲《俄藏》第 11 册中

的 Дх. 03867、Дх. 04646、Дх. 04657 分別定名;《〈俄藏敦煌文獻〉儒家經典類寫本的定名與綴合——以第 11—17 册未定名殘片爲重點》(《姜亮夫、蔣禮鴻、郭在貽先生紀念文集》,上海教育出版社,2003 年)將其中 54 號殘片以《周易》、《尚書》、《禮記》、《左傳》、《論語》、《孝經》的順序進行了定名與綴合,尤其注意了俄藏與英、法藏的綴合拼接;《敦煌經籍敍録》(中華書局,2006 年)共收録 70 餘號俄藏文書,比前文多出 Дх. 04646、Дх. 05588、Дх. 18286 共 3 號;《敦煌經部文獻合集》(中華書局,2008 年)分"羣經類"和"小學類"兩大部分校録敦煌經籍文獻,上述俄藏文書重新按此分類收録。此外,我們知見的相關研究成果還有:韓鋒《讀俄藏敦煌文書 Дх. 02174 號劄記》(《敦煌學輯刊》2005 年第 1 期),認爲 Дх. 02174 爲《論語·子罕篇第九》節抄;黃亮文《敦煌經籍寫卷補遺——以〈俄藏敦煌文獻〉第 11 至 17 册爲範圍》(《敦煌吐魯番研究》第 11 卷,上海古籍出版社,2009 年)又檢出 8 號(Дх. 7475v、Дх. 12638、Дх. 12602、Дх. 12614R、Дх. 15312、Дх. 18631、Дх. 18633、Дх. 18634)經籍類文書。

對童蒙讀物類文書的清理也是學者關注的熱點,相關論著主要有:鄭阿財《敦煌童蒙讀物的分類與總説》(《敦煌文獻論集》,遼寧人民出版社,2001 年)以及鄭阿財、朱鳳玉《敦煌蒙書研究》(甘肅教育出版社,2002 年)大致統計出了敦煌本蒙書的種類(識字類、知識類與道德類)和卷號,其中與俄藏品相關者,如《千字文》有 Дх. 11092、Дх. 10422、Дх. 00895v、Дх. 2655v、Дх. 00269、Дх. 06028v、Дх. 2654 等號,《開蒙要訓》有 Дх. 10259、Дх. 06582、Дх. 06586、Дх. 10258、Дх. 10277、Дх. 00895、Дх. 10740、Дх. 11048、Дх. 05260、Дх. 05427、Дх. 05990、Дх. 12600、Дх. 12601、Дх. 02654、Дх. 06136、Дх. 10259、Дх. 01442 等號,Дх. 5438 爲《兔園策府》,Дх. 970、Дх. 6116 爲《類林》,Дх. 2776 爲《古賢集》,Дх. 1914 爲《九九乘法歌》,Дх. 98 爲《武王家教》等。魏迎春《讀俄藏敦煌文獻 Дх. 00098、Дх. 00513 號劄記》(《敦煌學輯刊》2001 年第 1 期)認爲這兩件文書爲《武王家教》;陸慶夫《貞觀故事有佚篇——對俄藏 Дх. 11656 號文書的研究》(《敦煌學輯刊》2008 年第 4 期)指出該文書乃學童課本,取材於唐五代流行於民間的歷史典籍《太宗實録》。張新朋《敦煌寫本〈太公家教〉殘片拾遺》(《社會科學戰綫》2010 年第 4 期)則爲這一流行課本增添了更多文書編號。

關於子部文書,屈直敏《敦煌寫本〈孔子家語〉校考》(《敦煌學》第 27 輯,2008 年)校録了 Дх. 10464,並論述了唐宋時人對《孔子家語》的删削改易。劉景雲《西涼劉昞注〈黃石公三略〉的發現》(《敦煌研究》2009 年第 2 期)認爲 Дх. 17449 比傳世的南宋刻本早 800 餘年,大致爲 5 世紀抄本。

敦煌文書中保存的類書抄本一直是學界關注的熱點,與俄藏品有關的成果主要有:王三慶《敦煌類書》(台灣麗文文化事業股份有限公司,1993年)其中對俄藏寫卷有所涉及。鄭阿財《敦煌寫卷新集文詞九經抄研究》(文史哲出版社,1989年)指出 Дх. 247、Дх. 1368、Дх. 2153、Дх. 2197、Дх. 2752、Дх. 2842、Дх. 2863、Дх. 3076、Дх. 6019、Дх. 6059 等爲《新集文詞九經抄》。屈直敏《〈敦煌類書·勵忠節抄〉校注商補(續)》(《敦煌學輯刊》2004年第1期)認爲 Дх. 10698v + Дх. 10838v + P. 3871v + P. 2980v + P. 2549v 爲某不明卷次系統的《勵忠節抄》寫卷,而 Дх. 10698v + Дх. 10838v 所抄屬《勵忠節抄》的第二十二至三十七部。中村威也《Дх. 10698〈尚書·費誓〉與 Дх. 10698v〈史書〉研究——關於 P. 3871 隸古定尚書·勵忠節鈔的同卷關係》(《西北出土文獻研究》創刊號,2004年)也研究了以上文書。曲直敏《敦煌寫本類書〈勵忠節抄〉研究》(民族出版社,2007年)將俄藏卷號與各地所藏卷號進行了綜合深入研究。

集部文書方面,學者們對 Ф. 242《文選》殘卷給予了高度重視,十餘年來刊發的相關研究成果主要有:傅剛《俄藏敦煌寫本 Ф. 242號〈文選注〉發覆》(《文學遺產》2000年第4期)、范志新《俄藏敦煌寫本 Ф. 242〈文選注〉與李善五臣陸善經諸家注的關係——兼論寫本的成書年代》(《敦煌研究》2003年第4期)、許雲和《俄藏敦煌寫本 Ф. 242號文選注殘卷考辨》(《學術研究》2007年第11期)、劉明《俄藏敦煌 Ф. 242〈文選注〉寫卷臆考》(《文學遺產》2008年第2期)、劉明《俄藏敦煌 Ф. 242〈文選注〉寫卷校釋》(《古籍整理研究學刊》2008年第6期)、徐明英與熊紅菊《俄藏 Ф. 242 敦煌寫本〈文選注〉的避諱與年代》(《敦煌學輯刊》2010年第4期),等等。

可以附此一提的是,在2009年於聖彼得堡召開的"敦煌學第二個百年的研究視角與問題"國際學術會議上,王三慶提交了《俄藏敦煌文獻應用文書的研究》,將敦煌文獻中常見的應用文書分爲三類:類書、書儀、齋會願文,探討了三類文獻的共性與特性,並從俄藏敦煌文獻入手,考察了其寫卷編目的定名問題,評估了其價值。

對俄藏契約文書的擬定名與研究主要有:沙知《敦煌契約文書輯校》(江蘇古籍出版社,1998年)在前揭《敦煌社會經濟文獻真蹟釋錄》已收錄幾號契約文書的基礎上,進行了大量增補,共校錄了 20 件(Дх. 2333(1)、Дх. 1270、Дх. 3002、Дх. 12012、Дх. 1414、Дх. 1355 + Дх. 3130、Дх. 1374、Дх. 1270、Дх. 1303 + Дх. 6708、Дх. 1377v、Дх. 2143、Дх. 1322、Дх. 1099、Дх. 1323 + Дх. 5942、Дх. 1354、Дх. 1424、Дх. 1364、Дх. 1383、Дх. 1417、Дх. 3002)俄藏契約,涉及土地房屋買賣、借貸、雇工、放良、遺書等多方面內容。王璐《〈敦煌契

約文書輯校〉補正》（南京師範大學碩士學位論文，2007 年）、李倩《〈敦煌契約文書輯校〉校讀劄記》（《敦煌研究》2009 年第 5 期）皆對沙書錄文有所補證。乜小紅《俄藏敦煌契約文書研究》（上海古籍出版社，2009 年）是目前所見首部彙錄俄藏契約文書並進行集中研究的專著，全書分研究和釋文兩部分，前者對俄藏品中的土地買賣、養子、社邑、放妻、放僮文書及相關問題作了探討，後者分買賣契、借貸和便物契、租賃和回換契、雇傭契、養子契、家產和遺書契、放書和婚約、社條和投社狀、與契約相關的經濟文書等幾類，校錄了近 100 件契約文書。于李麗《〈俄藏敦煌契約文書研究〉錄文商補》（《敦煌學研究》2008 年第 2 期，首爾出版社）對乜書的錄文進行了商榷補充。

對俄藏敦煌社邑文書的擬定名與研究主要有：陸慶夫、鄭炳林《俄藏敦煌寫本中九件轉帖初探》（《敦煌學輯刊》1996 年第 1 期）定名並過錄了 9 號（Дх. 1378、Дх. 1401、Дх. 1410、Дх. 1439、Дх. 2152、Дх. 4032、Дх. 10288、Дх. 10289、Дх. 11196）文書，並分別勘定了其所屬年代。寧可、郝春文《敦煌社邑文書輯校》（江蘇古籍出版社，1999 年）錄入了 9 件（Дх. 1439v、Дх. 3114 + Дх. 1359B、Дх. 1410、Дх. 1401、Дх. 1278、Дх. 1278v、Дх. 2149、Дх. 10269）俄藏社邑文書。《俄藏》出版後，郝春文續撰《〈敦煌社邑文書輯校〉補遺》系列論文（前三篇分載於《首都師範大學學報》1999 年第 4 期、2000 年第 2 期、2001 年第 4 期，第四篇載於《姜亮夫、蔣禮鴻、郭在貽先生紀念文集》）主要就俄藏社邑文書進行了增補，計加入 54 件（Дх. 894B + Дх. 4734、Дх. 894C + Дх. 4734、Дх. 1008、Дх. 1277v、Дх. 1286 + Дх. 3234、Дх. 1346、Дх. 1388、Дх. 1413、Дх. 1440、Дх. 2155 + Дх. 1269 + Дх. 2156、Дх. 2162、Дх. 2166、Дх. 2256、Дх. 2449 + Дх. 5176C、Дх. 2449 + Дх. 5176B、Дх. 2664、Дх. 3128、Дх. 4032、Дх. 4734、Дх. 5092、Дх. 5092 + Дх. 11088v、Дх. 5475、Дх. 5699、Дх. 6016、Дх. 6053v、Дх. 6063v、Дх. 10257v、Дх. 10266、Дх. 10275、Дх. 10281 + Дх. 11060、Дх. 11038、Дх. 11070、Дх. 11072、Дх. 11073、Дх. 11077、Дх. 11078、Дх. 11082v、Дх. 11084、Дх. 11093、Дх. 11195、Дх. 11196、Дх. 11200、Дх. 11201、Дх. 11201v、Дх. 11697、Дх. 11726、Дх. 12012、Дх. 18290）。郝春文《中古時期社邑研究》（臺北新文豐出版公司，2006 年）對以上補遺文書進行了匯總，還涉及了 Ф. 263 + Ф. 326、Ф. 224v 與 Дх. 937v 號俄藏社邑文書。

對俄藏占卜文書的擬定名與研究主要有：鄭炳林《敦煌本夢書》（甘肅文化出版社，1995 年；修訂版，民族出版社，2005 年）校錄了 Дх. 2844 + Дх. 1327 和 Дх. 10787。王繼如《敦煌文獻 Дх. 827 卷考證》（《敦煌研究》1997 年第 1 期）認爲 Дх. 827 爲《破昏怠法》（擬）殘卷，其完帙存於北 8387。此後，黃正建刊發了多項成果：《關於 17 件俄藏敦煌占卜文書的定名問題》（《敦煌研究》

2000 年第 4 期）爲《俄藏》前 10 册所收 Ф.279、Ф.362A、Дх.00476 + Дх.05937 +
Дх.06058、Дх.00506v、Дх.00946、Дх.01064、Дх.01699—Дх.01704、Дх.01236、
Дх.01274、Дх.03029、Дх.01396 + Дх.01404 + Дх.01407、Дх.02375、
Дх.02637、Дх.02800 + Дх.03183、Дх.02827、Дх.02899、Дх.02976、Дх.03515
等 17 件文書擬名；《敦煌占卜文書與唐五代占卜研究》（學苑出版社，
2001 年）增入了 Дх.02375v、Дх.01366v、Дх.01327、Дх.02844、Дх.01396v +
Дх.01404v + Дх.01407v、Дх.00506、Дх.04960、Дх.00924、Дх.00098v、
Дх.01258、Дх.01259、Дх.01289、Дх.02977、Дх.03162、Дх.03165、Дх.03929、
Дх.01295 等 17 件文書並作了定名與研究；《關於〈俄藏敦煌文獻〉第 11 至第
17 册中占卜文書的綴合與定名等問題》（《敦煌研究》2002 年第 2 期）又增補
Дх.038726、Дх.06698、Дх.05924、Дх.05924v、Дх.06130—Дх.06135、
Дх.06761 + Дх.06761v、Дх.05193、Дх.09941 + Дх.09981、Дх.10720、
Дх.11762 + Дх.11762v、Дх.11859 + Дх.11859v、Дх.11925 + Дх.11925v、
Дх.11961 + Дх.11961v、Дх.10786、Дх.10786v、Дх.10787 + Дх.10787v 等 16
件。另外，黄正建在《敦煌典籍與唐五代歷史文化》（中國社會科學出版社，
2006 年）中其主筆的《雜占章》中就敦煌占卜文書中俄藏部分的分類做了較
詳描述。此外，趙貞《敦煌占卜文書殘卷零拾》（《敦煌吐魯番研究》第 8 卷，中
華書局，2005 年）對 Дх.04253、Дх.05448、Дх.05448v、Дх.05890v、Дх.07955、
Дх.08977、Дх.09259、Дх.10697 + Дх.10720、Дх.11859v + Дх.11859 +
Дх.11799 + Дх.11925v + Дх.11762 + Дх.11961 + Дх.11961v + Дх.11762v +
Дх.11925v + Дх.11799v、Дх.12829v + Дх.12830v、Дх.14248、Дх.16553 等 12
件相關文書做了擬名和過録。關長龍《敦煌本堪輿書四種擬名商略》（"百年
敦煌文獻整理研究國際學術討論會"論文集）擬定 10 餘件俄藏敦煌堪輿文書
的名稱。除上述所列外，具有集成性質的相關研究成果還有：金身佳《敦煌
寫本宅經葬書校注》（民族出版社，2007 年）輯校了 Дх.01396 + Дх.01404 +
Дх.01470、Дх.00476 + Дх.06058 + Дх.05937、Дх.01396 + Дх.01404 +
Дх.01407v、Дх.05448v、Дх.05448、Дх.279 等 6 件；陳于柱《敦煌寫本宅經
校録研究》（民族出版社，2007 年）所收俄藏本宅經的擬名或校録與金書有
所不同。

    對俄藏文學文書的定名與研究主要有：前揭柴劍虹《俄藏敦煌詩詞寫卷
經眼録》（一、二）對 Дх.2173a、Дх.105、Дх.105v、Дх.2244、Дх.1064、Дх.788、
Дх.1380、Дх.147、Дх.2430v、Дх.2153v、Дх.1319v、Дх.2147、Дх.2545、
Дх.1699、Дх.1704、Дх.1563a 等號文書進行了擬定名和過録，爲其分别擬名爲
《如來佛名讚》《失調名詞》《禮謝詩》《法華經讚》等，認爲它們皆爲唐人作

品,分屬詩歌、曲子詞、禮佛讚文等類。徐俊《敦煌詩集殘卷輯考》(中華書局,2000 年)定名並過錄了 22 首相關詩詞與禮佛文(Ф.252、Ф.281、Дх.174、Дх.945、Дх.1064、Дх.1380、Дх.1291、Дх.1298、Дх.1321、Дх.1321v、Дх.1437、Дх.1511、Дх.2067、Дх.1700、Дх.1765、Дх.2642 + Дх.1642 + Дх.2918、Дх.2244、Дх.2430、Дх.2876、Дх.2947、Дх.3018、Дх.3927);《敦煌寫本詩歌續考》(《敦煌研究》2002 年第 5 期)亦查考出一些詩歌作品。張錫厚《全敦煌詩》(作家出版社,2006 年)則按詩歌編、曲詞編和偈讚編分類匯校敦煌詩,相關俄藏文書也多被收錄。項楚校注《王梵志詩校注(增訂本)》(上海古籍出版社,2010 年)校錄了 Дх.11197、Дх.00889 + Дх.02558、Дх.00890 + Дх.00891、Дх.04754、Дх.10736 所抄《王梵志詩》。張新朋《敦煌詩賦殘片拾遺》("百年敦煌文獻整理研究國際學術討論會"論文)查考出《秦婦吟》(Дх.04758 + Дх.10740)、《晏子賦》(Дх.00925 + Дх.05174 + Дх.10740 Ⅱ + Дх.05565)和《秦將賦》(Дх.10740 Ⅻ)。

藝術類文書方面,蔡淵迪《關於敦煌本〈十七帖〉臨本的幾個問題》,考出 Дх.11204 所存爲王羲之《十七帖》臨本之《積雪凝寒帖》與《服食帖》。

對俄藏醫藥文書的擬定名與研究主要有:馬繼興《敦煌醫藥文獻輯校》(江蘇古籍出版社,1998 年)設有"俄藏敦煌文獻醫藥部分文獻輯較"一章,收錄了幾號文書(Ф.356v、Ф.356、Дх.0163、Дх.10298 等)。李應存、李金田、史正剛《俄羅斯藏敦煌醫藥文獻釋要》(甘肅科學技術出版社,2008 年)則是全面彙集研究俄藏醫藥文書的專著。全書八章,第一章概述俄藏敦煌醫藥類文獻的來源、保存與研究狀況及學術價值。第二至八章分別從醫理、診法、醫方、針灸、蒙學字書與習字殘片中的醫藥知識、佛道儒醫及相關醫書、與疾病有關的占卜書等方面,對俄藏中的 31 種相關文書作了錄文及研究。袁仁智、沈澍農《〈俄羅斯藏敦煌醫藥文獻釋要〉校補》(《中醫文獻雜誌》2009 年第 6 期)、《〈俄羅斯藏敦煌醫藥文獻釋要〉補正》(《中華醫史雜誌》2010 年第 2 期),王亞麗、段禎《〈俄羅斯藏敦煌醫藥文獻釋要〉補釋》(《中醫文獻雜誌》2011 年第 1 期)對上書的錄文均有所補正。袁仁智《敦煌吐魯番醫藥卷子校勘及其文獻研究》(南京中醫藥大學博士學位論文,2010 年)也設有"俄藏醫藥文獻"一章,校錄了 Ф.281、Дх.00613、Дх.02683、Дх.11074、Дх.17453、Дх.01325v、Дх.02869А、Дх.08644、Дх.18165R、Дх.18165v、Дх.0356v、Дх.0356、Дх.00235、Дх.00239、Дх.03070、Дх.00263、Дх.00924、Дх.01258、Дх.04253、Дх.02822、Дх.02999、Дх.03058、Дх.04437、Дх.04537v、Дх.04679、Дх.04907、Дх.04942、Дх.04996、Дх.06057、Дх.10298、Дх.18173、Дх.02800、Дх.03183、Дх.01454、Дх.02418v、Дх.00506v、Дх.05457、Дх.01064、

Дх. 01699、Дх. 01700、Дх. 01701、Дх. 01702、Дх. 01703、Дх. 01704、Дх. 00169、Дх. 00170、Дх. 02632 等 50 餘號相關文書,並對其中一些文書進行了選擇性的研究。李應存等《俄羅斯藏敦煌醫藥文獻的學術價值初探》(《中醫藥通報》2006 年第 3 期)綜述了俄藏醫藥寫本的學術價值。同作者《俄藏敦煌文獻 Дх. 00613〈黃帝内經〉、〈難經〉摘録注本録校》(《甘肅中醫學院學報》2005 年第 3 期)及《俄藏敦煌文獻 Дх. 17453〈黃帝内經・素問〉"刺虐篇""氣厥論篇"録校》(《甘肅中醫》2005 年第 11 期)、《新發現 Дх. 01325v 爲敦煌〈張仲景五臟論〉又一寫本》(《敦煌研究》2006 年第 1 期)、《俄藏敦煌文獻 Дх. 08644〈脈經〉節選本録校》、《俄藏敦煌文獻中新發現 Дх. 01325v〈張仲景五臟論〉録校》、《俄藏敦煌文獻 Дх. 00924 録校》(《甘肅中醫》2006 年第 1 期、第 3 期、第 5 期)校録並研究了各俄藏寫本。王杏林《關於俄藏敦煌文獻 Дх. 2683、Дх. 11074 殘片的定名》(《敦煌學輯刊》2010 年第 4 期)認爲這些殘片所抄内容當爲《針灸甲乙經》卷六之《陰陽大論第七》與《正邪襲内生夢大論第八》殘文,並將其重新定名爲《針灸甲乙經(陰陽大論、正邪襲内生夢大論)》。

2. 對《俄藏》某册所收某些類别文書進行的擬定名或重擬定

如前所述,多年來,學者們一直在熱切期盼着俄藏敦煌文獻的刊佈,因而隨着《俄藏》各册的陸續出版,以卷册爲研討範圍的擬定名與重擬定工作也隨即展開。現知重擬方面的成果主要是:宗舜《俄藏敦煌寫經部分殘片内容的初步辨識——以〈俄藏敦煌文獻〉第六、七、八册爲中心》(《戒幢佛學》第 3 卷,嶽麓書社,2005 年)。而就目前已刊佈的成果來看,此類工作的重點更多集中在學界需求最迫切的、没有定名的《俄藏》後 7 册所收文書。

第 11 册:高啓安、買小英《上海古籍出版社〈俄藏敦煌文獻〉第 11 册非佛經文獻輯録》(《敦煌學輯刊》2003 年第 2 期),從第 11 册中篩選出 139 件非佛經文書,並爲其中約 60 件文書擬名,如 Дх. 04277、Дх. 06042《己卯年四月後入破曆殘卷》、Дх. 03900《戌年八月請濟孤貧牒》、Дх. 04253《推得病日法》、Дх. 04310《十二時讚》、Дх. 04406《啓請文》、Дх. 04512《春秋左氏杜注・昭公七年傳》、Дх. 04960《六十甲子曆》、Дх. 04929《某年十一月酒破曆》,等等。

第 12 册:鄭炳林、徐曉麗《讀〈俄藏敦煌文獻〉第 12 册幾件非佛經文獻劄記》(《敦煌研究》2003 年第 4 期)爲 10 來件文書作了定名:Дх. 01368、Дх. 02752、Дх. 02842、Дх. 06059、Дх. 06019 + Дх. 02153《新集文詞九經抄》、Дх. 06007《作坊使宋文暉副使安再誠煎膠請大釜狀》、Дх. 06031《沙州上都進奏院上本使狀》、Дх. 06036v《吐蕃瓜州節度使上悉歹勿夕亡五七建福文》、Дх. 06041 + Дх. 06042《武則天爲父母寫經發願文》。勝義《〈俄藏敦煌文獻〉

第十二册校讀劄記》(上)(下)(《戒幢佛學》第 2 卷、第 3 卷,嶽麓書社,2002年、2005 年)的研究對象則主要是佛教文書。

第 16 册:余欣《新刊俄藏敦煌文獻研讀劄記》(《敦煌學輯刊》2004 年第 1 期)選擇了一些非佛教文獻進行了定名、校錄和考證:Дх.06028《百行章序》、Дх.12012《封題》、《清泰二年正月一日敦煌鄉張富深養男契》、《乙未年三月慈父致男行深書》、《清泰二年三月王粉子投社狀》、《兄弟分書樣文(一)》、《叔侄分書樣文(一)(二)》、《丙申年赤心鄉百姓雇工契》、Дх.12515《捨施發願文》、Дх.12523《百行章》、Дх.12524《轉經發願文》、Дх.12760《論語集解·述而第七》、Дх.12768《社齋文》、Дх.12829 與 Дх.12830《類書序?》、Дх.12829v與 Дх.12830v《占出行擇日吉凶法》,等等。

第 17 册:邰惠莉《〈俄藏敦煌文獻〉第 17 册部分寫經殘片的定名與綴合》(《敦煌研究》2007 年第 2 期)查考出該册所收 2300 餘號佛教文書中的 800 餘號佛經的名稱,並以佛經經名為綱,收錄介紹了相關各號文書的名稱、譯經者、綴合情況、各號現狀、起訖及所對應的《大正藏》卷號等情況。

(三) 對非宗教文書的分專題與分類研究

由於我們已查閱的針對俄藏宗教類文書進行研考的論著的側重點多集中在對文書的擬定名與輯校錄研究,故我們已將相關研究情況集中於上述"(二) 擬定名與輯校錄研究"部分進行了介紹,這裏主要概述以非宗教文書(或曰社會文書)為基本史料的學術成果。相關研究可謂關涉廣泛,題材多樣,下面擬略分歷史地理、社會民俗、語言文學、醫藥與天文曆法、典籍版本等幾個方面進行簡介。需要再次説明的是,凡上述"(二) 擬定名與輯校錄研究"部分已介紹過的相關研究成果,本部分不再重複,請參閱。

1. 歷史地理

敦煌文書中保存的史籍歷來是學界關注的熱點,陸離、陸慶夫《俄藏敦煌寫本〈春秋後語〉再探——對 Дх.11638 號與 Дх.02663、Дх.02724、Дх.05341、Дх.05784 號文書的綴合研究》(《敦煌學輯刊》2004 年第 1 期)即考證出 Дх.11638所抄為《春秋後語·秦語下卷第三》片斷,其前為 S.713;Дх.02663、Дх.02724、Дх.05341、Дх.05748 的第 2—8 行與 Дх.11638 的 1—7 行可以拼接,第 9—24 行與 Дх.11638 的 8—23 行可拼接。

近年有關律令文書的研究尤堪注目,主要有:雷聞《俄藏敦煌 Дх.06521殘卷考釋》(《敦煌學輯刊》2001 年第 1 期)指出該卷為《格式律令事類》殘片。此後史睿《唐代外官考課的法律程序》(《文津學誌》第 1 輯,北京圖書館出版社,2003 年)、土肥義和《唐考課令等寫本斷片(Дх.六五二一)考——開元二十五年撰〈格式律令事類〉に関連して》(《國學院雜誌》105‐3,2004 年)亦研究了該號文書。李錦繡《俄藏 Дх. 3558 唐〈格式律令事類‧祠部〉殘卷試考》（《文史》2002 年第 3 期）、榮新江與史睿《俄藏 Дх. 03558 唐代令式殘卷再研究》（《敦煌吐魯番研究》第 9 卷,2006 年）、辻正博《〈格式律令事類〉殘卷の發現と唐代法典研究——俄藏敦煌文獻 Дх. 03558 およびДх. 06521 について》（《敦煌寫本研究年報》創刊號,2007 年）等文均研究了 Дх. 03558 號文書。史睿《新發現的敦煌吐魯番唐律、唐格殘片研究》（《出土文獻研究》第 8 輯,上海古籍出版社,2007 年）是對相關文書卷號及内容研究的綜合性論述。

考釋零星史料並探究相關問題的研究成果主要有：王素《關於俄藏"麴王入高昌城事"文書的幾個問題》（"敦煌學第二個百年的研究視角與問題"國際學術會議論文）認爲 Дх. 2670v 的性質應屬雜抄,年代應在麴氏王國時期,"姚法威"應爲沮渠氏北涼流亡政權派往南朝劉宋的使者。山本孝子《侯侍郎直諫表與書儀——Дх. 01698 簡介》（"絲綢之路文化國際學術研討會"論文,2009 年）論證了該卷所抄有《侯侍郎直諫表》、《謝酒飯狀》、《賀冬》等内容。

歸義軍史研究歷來是敦煌學研究中最活躍的部分,俄藏敦煌文獻中的相關資料自然備受關注,已發表的研究成果涉及歸義軍時期敦煌地區政治史、軍事史、社會生活史、經濟史等衆多側面,主要有：鄭炳林《張議潮處置涼州進奏表拼接與歸義軍政權對涼州地區的管理》（《敦煌吐魯番研究》第 7 卷,中華書局,2003 年）論證了 Дх. 05474v 是 S. 6342《張議潮處置涼州進表》第 6—8 行中被剪去的部分,並探討了有關問題。前揭鄭炳林、徐曉麗《讀〈俄藏敦煌文獻〉第 12 册幾件非佛經文獻劄記》指出 Дх. 06031 所抄爲《沙州上都進奏院上本使狀》。馮培紅《俄藏敦煌文獻 Дх. 1335〈歸義軍都虞候司奉判令追勘押衙康文達牒〉考釋》（"敦煌學第二個百年的研究視角與問題"國際學術會議論文）指出都虞候司是唐後期五代地方藩鎮幕府中負責司法、判理案件的機構,Дх. 1335 是都虞候司秉承歸義軍節度使的命令判理司法事務的具體案卷,Дх. 354 + Дх. 1253C 牒文也是歸義軍節度使下帖命令虞候進行追勘的司法案卷。陸離《俄、法所藏敦煌文獻中一件歸義軍時期土地糾紛案卷殘卷淺識——對 Дх. 02264 + Дх. 08786 + P. 4974 文書的綴合研究》（《敦煌學輯刊》2000 年第 2 期）認爲這 3 件文書可拼接綴合,當定名爲《天復年間沙州龍神力訴訟狀》。劉進寶《從敦煌文書看歸義軍政權的賦役徵免——以 Дх. 2149 號文書爲主的探討》（《中國經濟史研究》2007 年第 2 期）是對歸義軍賦役制度的深刻探討。

經濟史研究方面還有一些不限於歸義軍時期的科研成果,其研究對象以契約類文書爲主,刊發相關論著最多的學者是乜小紅,除前揭專著《俄藏敦煌契約文書研究》外,她還發表了數篇論文,主要有：《略論〈俄藏敦煌文獻〉中

的兩件十六國買賣券》(《中國經濟史研究》2008 年第 2 期)指出 Дx.11414《前
秦建元十三年(377)七月廿五日趙伯龍買婢券》、Дx.02947v《前秦建元十四年
(378)七月八日趙遷妻買田券》是現存最早的買賣契券,可展示北朝、高昌國
買賣券契的新形態,其書寫材料及內容的變化可反映買賣契券從早期形態向
中古演化的過程;《對俄藏敦煌放僮書的研究》(《敦煌研究》2009 年第 1 期)
過錄解說了 Дx.11038,並將敦煌放良書的結構分爲五大部分,亦分析了敦煌
放良書所處的時代背景。

地理方面,對俄藏敦煌文獻中的僧人行記的研究十分突出: 鄭炳林、徐曉
麗《俄藏義淨〈西方記〉殘卷研究》(《普門學報》第 10 期,2002 年)及鄭炳林
《俄藏敦煌寫本唐義淨和尚〈西方記〉殘卷研究》(《蘭州大學學報》2004 年第
6 期)都過錄了 Ф.209,認爲該卷所抄即義淨著《西方記》殘卷,並推斷了文書
的寫作年代。陳明《俄藏敦煌文獻〈聖地遊記述〉研究》(《北京大學中國古文
獻研究中心集刊》第 5 輯,北京大學出版社,2005 年)修訂了鄭先生錄文,並對
寫卷原著者爲義淨的觀點提出質疑。萬翔《俄藏敦煌遺書 Ф.209 號寫卷考
訂》(《敦煌吐魯番研究》第 11 卷,上海古籍出版社,2009 年)從寫卷記述的特
點出發來考訂其所記行程,指出了文中的訛誤,認爲寫卷所據文獻最可能的
年代範圍是自法顯遊歷印度、斯里蘭卡的 401—412 年到斯里蘭卡內戰開始的
433 年。鄭炳林、魏迎春《俄藏敦煌寫本王玄策〈中天竺國行記〉殘卷考釋》
(《敦煌學輯刊》2005 年第 2 期)則認爲 Дx.00234 所抄爲《聖地遊記述》。另
外,陳國燦《唐代的"神山路"與撥換城》(《龜兹學研究》3,新疆大學出版社,
2008 年)根據德藏 MIK III—7587 等文書,認爲 Дx.18917 提到的"神山路"就
是指從于闐城沿于闐河通往撥換城的道路。

2. 社會民俗

社邑研究是圍繞 Дx.11038 號文書展開的,主要有: 趙家棟與付義琴《俄
藏敦煌 Дx.11038 號〈投社狀〉校理》(《敦煌學研究》2008 年第 2 期)、乜小紅
《論唐五代敦煌的民間社邑——對俄藏敦煌 Дx.11038 號文書研究之一》(《武
漢大學學報》2008 年第 6 期)等文。

占卜等民俗研究方面,除上文"(二)擬定名與輯校錄研究"部分已介紹
的成果外,還有一些進行深入探究的論著: 鄭炳林《俄藏敦煌文獻 Дx.10787
〈解夢書〉劄記》(《敦煌學輯刊》2003 年第 2 期)指出《俄藏》所收該號文書之
圖版有錯亂,分析認爲該寫卷當抄於五代至宋初,内容與其他解夢書可互爲
補充。鄭炳林、王晶波《敦煌寫本 P.2572(B)〈相法〉(擬)殘卷研究》(《敦煌
學輯刊》2005 年第 4 期)論證了 Дx.01258 + Дx.01259 + Дx.01289 +
Дx.02977 + Дx.03162 + Дx.03165 + Дx.03829 爲《天牢鬼鏡圖並推得日法》,

並對相關問題進行了探究。趙貞《敦煌文書中的"七星人命屬法"釋證——以 P. 2675bis 爲中心》(《敦煌研究》2006 年第 2 期)研究了 Дх.08977《占卜殘片》。王愛和《敦煌占卜文書研究》(蘭州大學博士學位論文,2003 年 5 月)也以占卜文書爲主要研究對象。陳于柱《關於敦煌寫本宅經分類問題的再討論》(《敦煌學輯刊》2003 年第 2 期)則研究了 Дх.05448《宅經》。

3. 語言文學

早在《俄藏》刊佈之前,語言學研究者就在努力搜尋俄藏敦煌文獻中的相關資料,刊出了一些研究成果,主要有:潘重規(《瀛涯敦煌韻輯拾補》(《新亞學報》第 11 卷上,1976 年)、上田正《ソ連にある切韻殘卷について》(《東方學》第 21 輯,1981 年)、周祖謨《唐五代韻書集存》(臺灣學生書局,1994 年)等。《俄藏》出版後,這方面的研究進一步加強,相關論著主要有:尉遲治平《韻書殘卷 Dx. 1372 + Dx. 3707 考釋》(《李新魁教授紀念文集》,中華書局,1998 年)、徐朝東《與蔣藏本〈唐韻〉相關的敦煌韻書殘卷考釋》(《敦煌研究》2003 年第 2 期)等,各文分別對 Дх. 1269、Дх. 1372、Дх. 1466、Дх. 2391、Дх. 3703 所抄《韻書》進行了深入探討。

文學作品研究涉及了多種文學體裁,詩詞方面,劉景雲《後漢秦嘉徐淑詩文考》(《敦煌研究》2003 年第 2 期)校釋並研究了 Дх. 12213 號文書。張新朋《敦煌本〈王梵志詩〉殘片考辨五則》(《敦煌學輯刊》2009 年第 4 期)認定了 5 件前人未曾論及的《王梵志詩》殘片(Дх. 4754、Дх. 4935、Дх. 10736、Дх. 10740 第 14 片、Дх. 11197),並查找出了 Дх. 4754 + Дх. 890 + Дх. 891、Дх. 11197 與 S. 5796 的綴合關係,文末亦附有拼合圖。前揭柴劍虹《列寧格勒藏敦煌〈長安詞〉寫卷分析》(《北京師範大學學報》1983 年第 4 期)、《列寧格勒藏〈文酒清話〉殘本考索》(《北京師範大學學報》1985 年第 4 期)兩文亦是此類研究的重要成果。

賦體作品方面,徐俊《隋魏澹〈鷹賦〉校訂——敦煌文學文獻零劄之一》(《文獻》2003 年第 2 期)認爲 Дх.06176、Дх.10527 所抄爲隋魏澹《鷹賦》及唐李邕《鶻賦》二題。伏俊璉《敦煌本〈吳都賦〉校理》(《敦煌文學文獻叢稿》,中華書局,2004 年)對 Дх. 1502 進行了校理。李文潔《敦煌寫本〈晏子賦〉的同卷書寫情況》(《文獻》2006 年第 1 期)研究了 Дх. 00925。黃征《〈燕子賦〉研究》(《敦煌研究》2003 年第 1 期)輯録綴合了可能屬於《燕子賦(一)》的俄藏文書:Дх. 00796 + Дх. 01343 + Дх. 01347 + Дх. 01395 與 Дх. 05415、Дх. 10741、Дх. 04803、Дх. 02920,並指出 Дх. 01304 所抄與此內容相類。

對變文及講經文的研究主要集中在對 Ф. 365 及 Ф. 365v《妙法蓮華經講經文》的定名與校録,其研究成果的回顧見於吳建偉《敦煌本〈法華經〉注疏類

文獻研究綜述》（《2010 年敦煌學國際聯絡委員會通訊》，上海古籍出版社，
2010 年）。李文潔、林世田《〈佛説如來成道經〉與〈降魔變文〉關係之研究》
（《敦煌學輯刊》2005 年第 4 期）係以 S.1032、Дx.02510 + BD.09145 爲校本。
何劍平《〈維摩詰講經文〉的撰寫年代》（《敦煌研究》2003 年第 4 期）考證了
Ф.101、Ф.252 所抄《維摩碎金》的撰寫年代。關於説唱作品的研究還有張鴻
勳《俄藏"漢王與張良故事"殘卷懸解》（《敦煌研究》1996 年第 1 期）、《俄藏
〈漢王與張良故事〉殘卷考索——兼論"西漢演義"中楚漢相爭故事的形成》
（《周紹良先生欣開九秩慶壽文集》，中華書局，1997 年），兩文考證出
Дx.02320 所抄文字係唐五代説唱作品，取材於漢初歷史。

　　靈驗記研究有楊寶玉《敦煌文書中保存的〈懺悔滅罪金光明經冥報傳〉校
注並研究》（《西域歷史語言研究集刊》第 2 輯，科學出版社，2008 年），後來其
專著《敦煌本佛教靈驗記校注並研究》（甘肅人民出版社，2009 年）校錄並研
究了 Ф.260，Дx.2325、Дx.4363、Дx.5692B、Дx.5755、Дx.6587《懺悔滅罪金光
明經冥報傳》，以及 Дx.514《持誦金剛經靈驗功德記》，Дx.1672 + Дx.1680、
Дx.4792《黃仕強傳》等 3 種 9 件俄藏靈驗記抄本。

　　4. 醫藥與天文曆法

　　醫藥方面的研究成果相當多。陳明《"八術"與"三俱"：敦煌吐魯番文書
中的印度"生命吠陀"醫學理論》（《自然科學史研究》2003 年第 1 期）認爲
Дx.09888、Дx.18173 等直接反映了印度古典醫學主流體系的"生命吠陀"理
論在敦煌吐魯番地區的傳播情況，對進一步研究中印古代醫學理論的交流有
直接的重要意義。李應存、李金田、史正剛《俄羅斯藏敦煌文獻 Дx.18165R、
Дx.18165V 佛儒道相關醫書録釋》（《甘肅中醫》2008 年第 4 期）認爲這些文書
的内容與醫學有關，背面所抄還與儒家思想有關。李應存等《俄羅斯藏敦煌
醫藥文獻的學術價值初探》（《中醫藥通報》第 3 期）從 6 個方面分析了俄藏敦
煌醫藥類文獻的學術價值。今已知見的醫藥類論文還有張如青《俄藏敦煌古
醫方兩首考釋》（《上海中醫藥雜誌》2000 年第 11 期）、惠宏《俄藏脈法文獻
〈平脈略例〉殘卷考釋》（《時珍國醫國藥》2007 年第 10 期），等等。

　　發表天文曆法方面研究成果的主要是鄧文寬，其《敦煌三篇具注曆日佚
文校考》（《敦煌研究》2000 年第 3 期）考定 Дx.02880 爲《唐大和八年甲寅歲
(834)具注曆日》，S.681v + Дx.01454 + Дx.02418v 爲《後晉天福十年乙巳歲
(945)具注曆日》；《俄藏敦煌和黑城漢文曆日對印刷技術史研究的重要意義》
（"敦煌學第二個百年的研究視角與問題"國際學術會議論文）指出 Дx.2880
《唐大和八年甲寅歲(834)具注曆日》的存在可將雕版印刷品實物的絕對年代
提前 34 年，對研究印刷技術史具有重要的標誌性意義。此外，王愛和《英藏

S. 681v 與俄藏 Дx. 01454、Дx. 02418v 的拼接綴合與研究》(《敦煌學輯刊》
2003 年第 1 期)將 S. 681v 與 Дx. 01454、02418v 號拼接爲比較完整的《乙巳年
(945)具注曆日》,可補全鄧文寬《後晉天福十年乙巳歲(945)曆日比較表》。

　　如上所述,經過近百年來各國學者的不懈努力,俄藏敦煌文獻研究已取
得了豐碩成果,特別是《俄藏》出版後,學界對這批珍貴文獻更加關注,時有重
要研究論著發表,並在不斷提示值得探索的新課題。但是,畢竟這些文書剛
剛公佈不久,與英藏、法藏,及中日等國藏品相較,俄藏文獻乃是目前整理研
究得最不充分的部分。比如,大量俄藏敦煌文書的内容性質尚未經識別推
斷,已辨識文書中部分失名文書的擬名亦可商榷。再如,大部分俄藏敦煌文
書未被識讀校録,已刊出的較集中的相關校録成果僅四五種,所覆蓋的俄藏
敦煌文獻相當有限,可以説,全面、系統、正規、準確的校録工作尚有待展開。
又如,大量文書未經深入研究,其潛在的研究價值還遠未被充分挖掘。以上
情況的出現有其客觀原因,是完全可以理解的,但也説明俄藏敦煌文獻的深
度整理和深入研究已是擺在敦煌學者面前的迫切任務,我們期待着在前人成
就的基礎上,相關研究能夠儘快取得更大進展。

敦煌壁畫"胡旋舞"是非研究之述評

胡同慶　王義芝(敦煌研究院)

在自 1980 年至 2010 年長達三十年的期間裏,敦煌學界尤其是舞蹈界對敦煌壁畫中所謂"胡旋舞"的舞蹈畫面非常關注,學者們各抒己見,衆説紛紜,但至今尚無定論。爲此,本文盡可能搜集相關材料,按論著發表或出版時間順序,介紹各家觀點,並略作整理和分析,僅供參考。由於身邊資料所限,如有疏漏之處,敬請諒解。

一

1980 年

王克芬在《中國古代舞蹈史話》一書中,介紹莫高窟第 220 窟所繪《東方藥師淨土變》樂舞場面中的"四個女舞者,横列一排,立於小圓毯上,翩翩起舞,……其中有二舞者,正飛舞長巾,衣裙、佩飾隨風卷揚,正甩開雙臂做快節奏的連續原地旋轉動作",於是認爲"這幅畫在一定程度上反映了唐代風行一時'急轉如風'的胡旋舞的一個舞姿"(王克芬編著《中國古代舞蹈史話》,人民音樂出版社 1980 年 1 月版,第 38 頁)。但王克芬對此也有疑問,她發現其中的另外兩個舞者的服飾樣式和花紋,"有盔甲的感覺,很像是美化的軍裝。舞姿剛勁矯健,有一種用力向上伸展的感覺",於是又認爲其舞蹈形象可能"有某些劍器舞的痕跡"(王克芬編著《中國古代舞蹈史話》,人民音樂出版社 1980 年 1 月版,第 43 頁)。

董錫玖在《敦煌壁畫中的舞蹈藝術——"絲綢之路"上的樂舞之一》一文中,從第 220 窟北壁《東方藥師淨土變》畫面左面一組二舞者的舞姿聯想到"公孫大娘雄裝舞劍器的精彩場面",同時注意到右面一組二舞者的"動作是大幅度的平面旋轉,似乎風馳電掣也不及它的急速",認爲白居易和元稹有關"胡旋女"的詩句"正像在描述這兩個舞者的舞姿"(原載於《舞蹈藝術》(一)(二),1980 年;見董錫玖編《敦煌舞蹈》,中國·新疆美術攝影出版社、新西蘭·霍蘭德出版有限公司 1992 年 5 月版,第 15—16 頁)。

按:此時王克芬先生和董錫玖先生一致認爲莫高窟第 220 窟《東方藥師淨土變》樂舞場面中其中兩個舞者的舞姿可能是古代的"劍器舞",而認爲另外兩個舞者的舞姿因爲其急速旋轉的動作與古代"胡旋舞"相像,但均未作確切肯定。

1981 年

刘恩伯在《談經變中的伎樂》一文中，認爲“220 窟（初唐）北壁東方藥師變中的那組伎樂。……是唯一在一組伎樂中有四個舞伎的一鋪經變。左邊兩個舞伎爲一對，舞姿挺拔雄健；右邊兩個正振臂迴旋，姿態極爲生動，服飾也和其他舞伎略有不同。……這組伎樂和唐代樂舞十分接近。對我們了解研究唐代健舞有很大幫助。”（刘恩伯《談經變中的伎樂》，文化部文學藝術研究院舞蹈研究室編《敦煌舞姿》，上海文藝出版社 1981 年版，第 133 頁）

按：刘恩伯先生在這裏祇談及第 220 窟《東方藥師淨土變》中四個舞者的舞姿與唐代健舞可能有關係。

李才秀在《從敦煌壁畫中的舞姿看古代西域與内地的樂舞交流》一文中，認爲“在宮廷和民間還廣泛流傳從西域傳來的胡騰舞、胡旋舞、柘枝舞等。……當年敦煌的畫工們，正是依據這些廣爲流傳的樂舞形象，加工創作成爲經變畫中豐富多彩的伎樂形象的。如 220 窟、341 窟、335 窟中所畫的舞蹈形象，都給人以正在飛速旋轉的强烈感受，可以聯想到當時詩人們描述胡旋舞女表演時出現的那種‘左旋右轉不知疲’、‘四座安能分背面’的動人場景。”（李才秀《從敦煌壁畫中的舞姿看古代西域與内地的樂舞交流》，文化部文學藝術研究院舞蹈研究室編《敦煌舞姿》，上海文藝出版社 1981 年版，第 151 頁）

按：李才秀先生以“飛速旋轉”爲“胡旋舞”的特徵。

董錫玖在《敦煌壁畫和唐代舞蹈》一文中，認爲古代“健舞中有一種‘胡旋’舞”，“這種舞蹈，在敦煌壁畫中有生動的描繪”，即第 220 窟北壁“東方藥師淨土變”中右邊一對舞伎的舞姿。“220 窟北壁左邊兩舞伎與右邊的舞姿、服飾迥然不同。……左邊的舞姿真有公孫大娘舞劍器的神韻。劍器舞也屬健舞類，這個舞伎形象對於了解劍器舞是有參考價值的。”（原刊於《文物》1982 年 12 期。見董錫玖編《敦煌舞蹈》，中國·新疆美術攝影出版社、新西蘭·霍蘭德出版有限公司 1992 年 5 月版，第 54—55 頁）

按：這裏董錫玖先生較爲肯定莫高窟第 220 窟北壁右側所繪的舞姿爲“胡旋舞”，而另外左側兩個舞者的舞姿可能是古代的“劍器舞”。

1983 年

高金榮在《敦煌舞蹈的基本訓練》一文中談道：“敦煌莫高窟……220 窟中有一組樂舞動作矯健，神情奔放，展現了健舞風貌；還有跳轉的姿態。面對着這些不同形式、不同風格、不同氣質的舞姿，我没有去分辨這是綠腰舞還是霓裳羽衣舞，是胡旋舞還是胡騰舞，因爲我覺得不可能分辨清楚。首先畫工們不是舞蹈工作者，也不是專門的舞蹈形象記録者，不可能十分準確地記録每一種舞蹈形象;其次它是描繪天國中伎樂菩薩的舞姿,必然加以'神'化,有著畫工們的想象和創造。"(原載於《舞蹈論叢》1983 年 2 期。見董錫玖編《敦煌舞蹈》,中國·新疆美術攝影出版社、新西蘭·霍蘭德出版有限公司 1992 年 5 月版,第 137、138 頁)

按:高金榮先生認爲沒有必要去搞"不可能分辨清楚"的問題。

劉恩伯在《敦煌壁畫與舞蹈》一文中,認爲"220 窟(初唐)北壁東方藥師變中的那組伎樂。……左邊兩個舞伎爲一對,舞姿挺拔雄健;右邊兩個正振臂迴旋,……這組伎樂和唐代樂舞十分接近。對我們了解研究唐代健舞有很大幫助。"(劉恩伯《敦煌壁畫與舞蹈》,敦煌文物研究所編《1983 年全國敦煌學術討論會文集·石窟·藝術編》(下冊),甘肅人民出版社 1987 年版,第 224 頁)

按:這段文字與劉恩伯《談經變中的伎樂》中的文字幾乎完全相同。

許琪在《試論敦煌壁畫舞蹈的動律特點》一文中,介紹"第 220 窟中的兩幅髮辮四散的舞者,從其腳部的位置移動的情況看,似乎是兩腳交拼移動重心的快速行進旋轉"。(許琪《試論敦煌壁畫舞蹈的動律特點》,敦煌文物研究所編《1983 年全國敦煌學術討論會文集·石窟·藝術編》(下冊),甘肅人民出版社 1987 年版,第 269 頁)

按:許琪先生這裏衹是從繼承創新的角度對第 220 窟北壁中的舞姿進行客觀描述,未談及"胡旋舞"。

1986 年

彭松在《〈胡旋舞〉辨誤》一文中,首先認爲莫高窟第 220 窟北壁《東方藥師淨土變》中的兩組舞者和南壁《西方淨土變》中的一組舞者,"雖然三組舞人服飾各異,各自獨立,但在旋轉的姿態上包含著'動作'的連續性",分別爲"初轉"、"轉半"、"轉回"的舞姿。然後對段安節《樂府雜錄》和《新唐書·禮樂志》中有關"胡旋舞"的記載進行了分析,認爲文中的"毬"字是"毯"字之誤刊;因而不同意近代學者關於"骨鹿舞"和"胡旋舞"就是唐代"塌球之戲"的觀點,同時介紹了日本人石田幹之助《胡旋舞小考》中關於"胡旋舞"有兩種,"一種是在地下轉,另外一種是人站在球上轉"的觀點。彭松先生在"是在地下轉"的基礎上,認爲"胡旋舞既不是唐代的'蹋球'之技,也不是立於小圓球子上舞",而和"骨鹿舞"都是"限制在一塊約二尺直徑的小圓毯上表演",認爲"骨鹿舞可能就是在一塊小圓毯子上,縱橫騰踏地翻各種跟頭而得名"。(原載於《舞蹈論叢》1986 年 1 期。見董錫玖編《敦煌舞蹈》,中國·新疆美術攝影出版社、新西蘭·霍蘭德出版有限公司 1992 年 5 月版,第 88—93 頁)

按:彭松先生這篇文章的觀點對後來的相關研究和介紹影響很大。

1987 年

敦煌文物研究所編著《中國石窟·敦煌莫高窟》（3）中萬庚育等人撰寫的圖版説明，便明確認爲第 220 窟北壁的相關畫面是：“根據《藥師琉璃光七佛本願功德經》繪成。……畫面下部中間，畫著名的胡旋舞。它出之西北地方的康國。《新唐書·禮樂志》稱：‘胡旋舞，舞者立毬（毯）上，旋轉如風。’唐代大詩人白居易曾有詩詠：‘胡旋女，手應弦，心應鼓，弦歌一聲雙袖舉，回雪飄飄轉篷舞。左旋右轉不知疲，千匝萬周無已時。人間物類無可比，奔車輪轉旋風遲。’北壁東方藥師變下部的樂舞場面，用中間的燈樓爲界，分爲左右兩組，各有一對舞者，東側素裹白裙，西側穿錦衣石榴裙，均在小圓毯上急速旋舞，應該是典型的胡旋舞。”（敦煌文物研究所編著《中國石窟·敦煌莫高窟》（3），文物出版社、日本株式會社平凡社 1987 年 8 月版，第 224 頁）

按：該畫册圖版説明中將《新唐書·禮樂志》書中的“毬”字改爲“毯”字，並云“畫面下部中間，畫著名的胡旋舞”、“應該是典型的胡旋舞”，將有關畫面直接定名爲“胡旋舞”。因爲《中國石窟·敦煌莫高窟》是具有權威意義的資料性畫册，所以該書的圖版説明對後來的相關研究和介紹影響也很大。

1989 年

段文傑在《創新以代雄——敦煌石窟初唐壁畫概觀》一文中，認爲第 220 窟北壁《藥師經變》中的“兩對舞伎揮巾起舞，一對張臂迴旋，一對縱橫騰踏，髮綹飄揚，旋轉如風，而終不離小圓氈子。這就是出自中亞、流行於西域、唐初傳入長安的胡旋舞或胡騰舞”。（段文傑《創新以代雄——敦煌石窟初唐壁畫概觀》，段文傑主編《中國敦煌壁畫全集 5，敦煌初唐》，天津人民美術出版社 1989 年 7 月版，第 15 頁）

按：段文傑先生這裏認爲第 220 窟北壁中的兩對舞伎之舞姿都是“胡旋舞”或“胡騰舞”；另外在該畫册相關圖版的文字説明中，介紹第 220 窟南壁《阿彌陀淨土變》中的“舞伎二人……就是傳自中亞的胡旋舞或胡騰舞”。

王克芬在《中國舞蹈發展史》一書中敍述説：“敦煌莫高窟 220 窟唐代壁畫，‘東方藥師淨土變’……有四個翩翩飛舞的伎樂天，其中兩個髮帶飛揚，衣裙佩飾飄起，正展臂旋轉。這一畫面，展示了快節奏連續旋轉的舞態。中外學者一致認爲這可能就是唐代風行的胡旋舞。壁畫表現的舞蹈動勢，與唐詩中描繪的胡旋舞形象，確是相當吻合的。”（王克芬著《中國舞蹈發展史》，上海人民出版社 1989 年 10 月版，第 215 頁）

按：王克芬先生這裏認爲第 220 窟所繪的舞姿“與唐詩中描繪的《胡旋舞》形象，確是相當吻合的”。書中説“中外學者一致認爲”，但不知是究竟有哪些學者，具體有何論證？

1991 年

鄭汝中在《敦煌壁畫舞伎研究》一文中,分析説:"許多學者旁證(徵)博引,寄希望於史書,想與壁畫對應,在史書上找到創造壁畫時的文字依據,筆者在這方面也曾做過一些探索,但結果是似是而非,牽強附會,乃徒勞之舉。譬如:哪是坐部伎? 哪是立部伎? 哪是胡旋舞? 哪是胡騰舞? 哪是柘枝舞?是否會有秦王破陣樂?……經過仔細地核對,一些文獻、詩篇都與壁畫不十分吻合;因此實事求是地説,查無實據,不能生搬硬套。"認爲:"壁畫是美術創作,吸取了宮廷和民間的音樂舞蹈的實際情況;但畫工根據自己的想象力、知識範圍、畫技的工拙,都會有不同的表現,必然有一定的杜撰和虛構。"(鄭汝中《敦煌壁畫舞伎研究》,原載於《新疆藝術》1991 年第 2 期;見鄭汝中著《敦煌壁畫樂舞研究》,甘肅教育出版社 2002 年 9 月版,第 70—71 頁)

按:鄭汝中先生與前述高金榮先生觀點類似,認爲没有必要去搞"不可能分辨清楚"的問題,要"實事求是","不能生搬硬套"。

1993 年

高金榮在《敦煌舞蹈》一書中,認爲第 220 窟北壁東側的一組雙人舞"從舞蹈的動態分析來看,其吸氣抬臂、食指自然伸出的形態,很像朝鮮舞,可能就是古代的'高麗樂'"。而西側的一組雙人舞,則"可能是一種'健舞'"。(高金榮《敦煌舞蹈》,敦煌文藝出版社 1993 年 2 月版,第 5 頁)

按:北壁東側,從觀者角度看爲畫面的右側;即認爲其他學者所説的"胡旋舞"可能是"高麗樂"。

1994 年

袁禾在《中國舞蹈意象論》一書中,認爲第 220 窟北壁西側中的舞蹈形象,其上身服裝,紋飾精美,"讓人聯想到公孫大娘的'玉貌錦衣'"。(袁禾著《中國舞蹈意象論》,文化藝術出版社 1994 年 5 月北京第 1 版,第 246 頁)

按:袁禾先生的書中没有談及胡旋舞。

段文傑主編《段文傑臨摹敦煌壁畫》中的圖版説明中,介紹第 220 窟的樂舞圖:"這是貞觀十六年阿彌陀淨土變中舞樂圖,……舞伎兩人揮舞長巾,相對而舞,腳踏小圓氈子,這是從中亞傳來的胡騰舞或胡旋舞。"(段文傑主編《段文傑臨摹敦煌壁畫》,日本國株式會社見聞社 1994 年版,第 64 頁,圖版 77)

按:段文傑先生認爲第 220 窟舞樂圖表現的是胡騰舞或胡旋舞。

謝生保在《敦煌壁畫中的唐代"胡風"——之一〈胡樂胡舞〉》一文中,認爲"初唐第 220 窟,334 窟,335 窟,341 窟,331 窟;盛唐第 129 窟,180 窟,190窟,215 窟;中唐第 197 窟經變畫中的伎樂菩薩,可能都是唐代畫師參照胡旋舞和胡騰舞的舞姿所繪。""表演胡旋舞或胡騰舞最宏偉、熱烈、生動的情景，是初唐第 220 窟北壁《東方藥師經變》中的樂舞圖。……這兩對舞伎舞姿有所不同：一對展臂揮巾，髮綹飄揚，背身旋轉；一對舉臂提腿，縱橫騰踏。像似同時表演胡旋舞和胡騰舞。"（謝生保《敦煌壁畫中的唐代"胡風"——之一〈胡樂胡舞〉》，《社科縱橫》1994 年第 4 期，第 57、58 頁）

按：謝生保先生認為凡是"腳踩小花毯，手持巾帶，急身旋轉，跳躍騰踏的舞伎形象"，可能便是在表演"胡旋舞"和"胡騰舞"。

1996 年

王克芬、蘇祖謙在《中國舞蹈史》一書中，認為"胡旋舞"與雜技結合而成另一種表演形式——踏球胡旋的可能性，也是存在的。文中分析說："《樂府雜錄》'俳優'條載有另一種在圓球上表演的胡旋舞：'舞有骨鹿舞、胡旋舞，俱於一小圓毬（球）子上舞，縱橫騰踏兩足終不離於毬子上。其妙如此也。'有史學家認為，'毬'字是'毯'字之誤刊。新疆石窟與敦煌洞窟的壁畫中，也確有一些頗具旋轉動勢的舞蹈形象，如敦煌 220 窟'東方藥師淨土變'中的兩個伎樂天，展臂旋轉、佩帶飄繞，表現了類似胡旋舞急轉如風的動態，卻都是足立於一小圓毯子上作舞。其形象似可證明刊誤之說。但同時我們也應看到，唐代的各種表演藝術都很興旺，不同藝術形式之間的交融吸收也很盛行，流行廣泛的某些舞蹈被移植於雜技表演中的現象相當普遍。教坊戴竿藝人石火胡，讓其五個養女在高竿之上舞《破陣樂》，就是一個突出的實例。"（王克芬、蘇祖謙著《中國舞蹈史》，臺北文津出版社，1996 年 2 月版，第 189—190 頁）

按：王克芬、蘇祖謙先生的這段分析頗有道理，可惜沒有專文對此深入研究，故在學術界影響不大。

1998 年

彭松在為《敦煌學大辭典》撰寫的詞條中，以其《〈胡旋舞〉辨誤》文中的觀點為基礎，解釋"胡旋舞"道："敦煌壁畫中的樂舞。見於初唐第 220 窟北壁東方藥師經變。……舞人的長巾環飄，頭帶高揚，瓔珞橫飛，辮髮散披肩上，旋轉動作如疾風電閃，生動地表現出這是一種以快速旋轉為主要特徵的舞蹈。這種舞蹈正與史書所載的'胡旋舞'相合。"該詞條中在引用《新唐書·西域傳》、《舊唐書·音樂志》等歷史文獻時，直接將段安節《樂府雜錄》書中的"毬"字改為了"毯"字。（季羨林主編《敦煌學大辭典》，上海辭書出版社 1998 年 12 月版，第 270 頁）

按：作為權威性的工具書，該詞條影響甚大。而這裏將段安節《樂府雜錄》書中的"毬"字直接改為"毯"字，顯然不妥。另外，這段引文中還有錯誤，如"骨塵舞"應是"骨鹿舞","其妙若(此)"應是"其妙如此也"。

1999 年

高國藩在《敦煌俗文化學》一書中,介紹説:"敦煌壁畫中精彩地描繪了唐人少女跳胡旋舞,一個個都神采奕奕。跳舞的少女,分別在一塊小圓毯上跳'胡旋舞'。爲什麽叫'胡旋舞'?正如唐段安節《樂府雜録‧俳優》指出的:'舞有骨鹿舞、胡旋舞,俱於一小圓毯子上舞,縱橫騰踏,兩足終不離於毯子上,其妙如此也。'骨鹿舞與胡旋舞都是在小圓毯上跳舞,骨鹿舞帶有雜技性,它是將小圓毯鋪在大的木盤上,舞蹈演員在木盤的圓毯上旋轉舞蹈,在縱橫騰踏之時,進退旋轉之中,帶動了木盤旋轉,發出了'骨,骨'的聲響,所以叫做'骨鹿舞',與胡旋舞將小圓毯鋪在地上少女在上面舞蹈,情況完全不同。"認爲"旋轉"爲"胡旋舞"的基本特徵,同時認爲"唐代初期的胡旋舞明顯的特徵是所有跳舞的少女都是赤足的","露臍,是盛唐胡旋舞的特徵",認爲第220、194、217、197 等窟中的舞姿都是"胡旋舞"。(高國藩著《敦煌俗文化學》,上海三聯書店 1999 年 11 月版,第 113—127 頁)

按:高國藩書中注明段安節《樂府雜録‧俳優》這段文字係轉引自中國戲劇出版社 1959 年版《中國古典戲曲論著集成》第 1 册第 49—50 頁。但查該書,原文爲"毯"字,衹是其注云"宋本御覽引作'毬'"。高國藩先生逕自改爲"毬",顯然不妥。又,所説"骨鹿舞……是將小圓毯鋪在大的木盤上,舞蹈演員在木盤的圓毯子旋轉舞蹈,……帶動了木盤旋轉,發出了'骨,骨'的聲響,所以叫做'骨鹿舞'",這樣解釋不知有何依據?還是高先生自己主觀臆測?另外,所説的初唐胡旋舞的特徵是"赤足"、盛唐胡旋舞的特徵是"露臍",其前提是將敦煌壁畫中許多並未確切定名的舞姿都定名爲"胡旋舞",也顯然不妥。

2000 年

馬德主編《敦煌石窟知識辭典》一書解釋"胡旋舞"曰:"壁畫樂舞,見於第 220 窟。其陣形爲:舞者四人分左右兩組,每組的兩人,呈相對旋轉而舞之狀,是爲旋舞,又因此舞以女子爲主,來自西域,故名'胡旋舞'。"(馬德主編《敦煌石窟知識辭典》,甘肅人民美術出版社 2000 年 6 月版,第 124 頁)

按:此書作爲辭典類工具書,具有較大影響。

高金榮《敦煌石窟舞樂藝術》一書,在比較詳細地介紹了初唐 220 窟北壁的舞樂場面之後,特別指出:"有不少專家認爲這就是胡旋舞,筆者尚有不同看法,另撰專文分析。"(高金榮著《敦煌石窟舞樂藝術》,甘肅人民出版社 2000 年 7 月版,第 45—46 頁)

按:此時高金榮先生仍然對第 220 窟北壁樂舞圖中的所謂"胡旋舞"表示懷疑。

高金榮在《高麗樂在敦煌壁畫舞姿中的反映》一文中,認爲第 220 窟北壁東側雙人舞圖中"'雙雙並立而舞'的對舞形式同書中所記載高麗樂的舞蹈特點相一致","舞伎旋轉張開的手臂向前伸出的手形和朝鮮舞的柳手完全相同",從"高麗樂傳入的歷史背景來看,高麗樂吸收西域的胡旋舞是完全可能的","從舞蹈的角度看,第 220 窟這一幅雙人對舞旋轉圖,我們不妨稱之爲高麗樂中的胡旋舞"。(高金榮《高麗樂在敦煌壁畫舞姿中的反映》,載於敦煌研究院編《2000 年敦煌學國際學術討論會文集:紀念敦煌藏經洞發現暨敦煌學百年·石窟藝術卷》,甘肅民族出版社 2003 年 9 月版,第 56—60 頁)

按:1993 年高金榮先生曾在《敦煌舞蹈》一書中説第 220 窟北壁東側雙人舞"很像朝鮮舞,可能就是古代的'高麗樂'",這裏認爲"高麗樂吸收西域的胡旋舞是完全可能的",提出了"高麗樂中的胡旋舞"這一説法。

李玉輝《凝結的藝術——歷史的概化——臨莫高窟 220 窟舞樂圖有感》一文中敍述道:"莫高窟第 220 窟北壁之舞樂圖,……圖中所表現的立於小圓毯中的舞者,卻是表演的典型的西域胡舞之一的'胡旋舞'。"(李玉輝《凝結的藝術——歷史的概化——臨莫高窟 220 窟舞樂圖有感》,《天水師範學院學報》2000 年第 20 卷第 4 期,第 89 頁)

按:該文章的内容主要源於第二手資料,但由此也可了解有關觀點影響之大。

2001 年

王克芬主編的《敦煌石窟全集·舞蹈畫卷》中,介紹第 220 窟北壁右側"舞伎的旋轉舞姿……頗似唐代風行的西域舞蹈胡旋舞。"(王克芬主編《敦煌石窟全集·舞蹈畫卷》,商務印書館(香港)有限公司 2001 年 1 月版,第 85 頁,圖 55)

2002 年

羅雄岩在《"胡旋舞"與綠洲文化傳承新考》一文中,介紹説:"舞蹈史學家彭松先生在《〈胡旋舞〉辨誤》一文中明確指出:敦煌莫高窟 220 窟樂舞圖中,北壁《東方藥師變》四名舞伎與南壁《西方淨土變》兩名舞伎在圓毯上起舞的不同圖像,銜接起來是胡旋舞的'動態'形象。"(羅雄岩《"胡旋舞"與綠洲文化傳承新考》,《北京舞蹈學院學報》2002 年第 4 期,第 41 頁)

按:由此可見彭松先生《〈胡旋舞〉辨誤》一文影響之大。

2003 年

王克芬在《敦煌舞蹈壁畫研究》一文中,介紹"220 窟的初唐'東方藥師變'中,髮帶飛揚急轉如風的舞伎,與唐詩中描繪'健舞'、'胡旋舞'的詩句……是何等相似! 在同一畫面中出現的另一對舞伎,……其服裝紋飾,令人有身着盔甲的感覺，……有可能在一定程度上，反映了唐代著名‘劍器舞’的風貌。”（載於項楚、鄭阿財主編《新世紀敦煌學論集》，巴蜀書社 2003 年 3 月版，第 749—750 頁）

王克芬在《圖説敦煌舞蹈壁畫》中，進一步强調“敦煌 220 窟有兩個疾轉如風的伎樂天，許多學者，包括我，都認爲這是唐代胡旋舞形態的反映”，同時認爲另外兩個伎樂天“很可能反映的是當時唐代非常著名的……劍器舞”。（王克芬《圖説敦煌舞蹈壁畫》（一）（二），載國家圖書館善本部敦煌吐魯番學資料研究中心編《敦煌與絲路文化學術講座》（第一輯），北京圖書館出版社 2003 年 9 月版，第 282—283 頁）

按：王克芬先生仍然堅持以前的觀點，認爲第 220 窟北壁樂舞圖右側的舞姿像“胡旋舞”，左側的舞姿像“劍器舞”。

樊錦詩、劉永增編《敦煌鑒賞》一書中，認爲“第 220 窟北壁……，下方通壁畫樂舞圖，畫面中央的兩組舞者，一白裙素裹，一錦衣嚴身，在小圓毯上飛速旋轉，應該是西域傳來的胡旋舞。”（樊錦詩、劉永增編著《敦煌鑒賞》，江蘇美術出版社 2003 年 4 月版，第 70 頁）

按：樊錦詩先生和劉永增先生這裏認爲第 220 窟北壁中的兩組舞姿都是“胡旋舞”。

2004 年

張艷梅在《遊訪敦煌莫高窟·未湮没的寶藏》一書中，介紹第 220 窟北壁的兩組舞伎：“左邊這組舞伎，動作剛健有力，腳作騰踏，似有很强的節奏感；右側的這一組體態輕柔，手舞飄帶，身體旋轉，舞姿輕盈。有人認爲這就是唐朝的‘胡騰舞’和‘胡旋舞’。”（張艷梅著《遊訪敦煌莫高窟·未湮没的寶藏》，上海古籍出版社 2004 年 8 月版，第 59 頁。）

按：張艷梅女士的這段介紹比較客觀。

2005 年

樊錦詩在《〈敦煌藝術大展〉總論》一文中，認爲“莫高窟第 220 窟樂舞圖，是不同巾舞的表現。南壁的阿彌陀經變二舞伎作‘吸腿’姿立於小圓毯上，雙手一上一下對稱揮巾起舞，兩側各有八個樂伎伴奏；北壁藥師經變在明亮的燈輪和燈樹照耀下，中間四個舞伎站在小圓毯上執巾翩翩起舞，左面一組身着似盔甲的軍裝，舞姿雄豪剛健，右面一組舞姿優美舒緩，從風格上看，前者爲‘健舞’，後者爲‘軟舞’。”（臺南藝術大學藝術交流研究中心編輯《荒漠傳奇·璀璨再現——敦煌藝術大展》，臺南藝術大學，臺灣歷史博物館等出版，2005 年 3 月版，第 18—19 頁）

按：樊錦詩先生的這段介紹比較客觀。

王克芬在《多元薈萃　歸根中華——敦煌舞蹈壁畫研究》一文中,述及“220 窟的初唐‘東方藥師經變’中,髮帶飛揚急轉如風的舞伎,與唐詩中描繪‘健舞’‘胡旋舞’的詩句……何等相似!……另一對舞伎……反映了唐代著名劍器舞的風貌。(王克芬《多元薈萃　歸根中華——敦煌舞蹈壁畫研究》,《敦煌研究》2005 年第 3 期,第 43—44 頁)

按: 王克芬先生的觀點依舊。

2006 年

董錫玖在《燕樂舞蹈文化的高峯——隋、唐、五代時期的舞蹈》一文中,認爲:“胡旋舞是通過絲綢之路傳來的西域旋轉性的舞種。……敦煌 220 窟南壁‘西方淨土變’雙人舞,二舞伎戴寶石冠,上身裸,下着石榴裙,戴瓔珞臂釧,身披飄帶,手執飄帶旋轉,似欲乘風歸去,左側舞伎舉右手吸左腿,右側舞伎舉右手吸右腿,立於小圓毯上相對旋轉。220 窟北壁‘東方藥師變’,則是敦煌初唐格外吸引人的洞窟,右二舞伎上身裸,下着裙,披肩髮數綹分開散於肩上,戴寶石冠,手握長帶平轉,飄帶縈繞,旋轉急促。220 窟南北兩壁均可視爲胡旋舞形象的珍貴遺寶。”(董錫玖著《繽紛舞蹈文化之路: 董錫玖舞蹈史論集》,敦煌文藝出版社 2006 年 3 月版,第 30 頁)

按: 董錫玖先生這裏認爲第 220 窟南北兩壁所繪的舞姿都可以視爲“胡旋舞”形象。

鞏恩馥在《莫高窟第 220 窟“胡旋舞”質疑》一文中,認爲“莫高窟第 220 窟壁畫中的‘胡旋舞’與典籍記載中的‘胡旋舞’在年代、衣冠、樂隊、樂器等方面的歧異”甚多,“因而很難認爲第 220 窟舞蹈爲‘胡旋舞’”。認爲“第 220 窟的雙人舞,究竟爲何名,還需要挖掘更多的資料進一步探究”。(鞏恩馥《莫高窟第 220 窟“胡旋舞”質疑》,《敦煌研究》2006 年第 2 期,第 16—17 頁)

按: 鞏恩馥文中關於年代、衣冠、樂隊、樂器等方面的具體論述,因文字較長,故這裏沒有引述,但值得關注。

歐陽琳在《敦煌壁畫解讀》一書中,從綫描的角度介紹:“第 220 窟,舞樂菩薩輕歌曼舞,迴旋轉動,受到西域傳入的胡旋舞的啓發,有所改變。雙人菩薩舞蹈,是朱紅色的鐵綫描,描繪底綫並造型。然後再描淡墨綫和墨綫,確定準確的人體形象。”(歐陽琳著《敦煌壁畫解讀》,甘肅文化出版社 2006 年 11 月版,第 43 頁)

按: 由此可以了解“胡旋舞”的觀點對其他學者的影響。

2007 年

鄭汝中在《佛國的天籟之音》一書中,介紹説“敦煌莫高窟第 220 窟北壁的藥師經變中有類似於胡旋舞場面的描繪。……左面一對身着類似武裝美服的舞伎,背向而立,一腿後勾;一手用力向上托伸,一手側垂作"提襟"姿,舞姿剛勁矯捷,分明是一幅"健舞"圖。右面一對舞伎,正從相反方向,對稱旋轉。舞蹈姿態和白居易《胡旋舞》中的描述十分吻合。"其書中插圖 3－10－1 也名曰"胡旋舞演出場面"。(鄭汝中著《佛國的天籟之音》,上海人民出版社 2007 年 7 月版,第 134—136 頁)

按:鄭汝中曾於 1991 年在《敦煌壁畫舞伎研究》一文中認爲"哪是胡旋舞? 哪是胡騰舞? 哪是柘枝舞? 是否會有秦王破陣樂? ……經過仔細地核對,一些文獻、詩篇都與壁畫不十分吻合",這裏觀點突然有所變化,不知出於什麼理由。

王克芬在《天上人間舞蹁躚》一書中,介紹"敦煌壁畫莫高窟第 220 窟北壁的藥師經變中的兩個伎樂天,……舞蹈姿態和白居易《胡旋舞》中的描述十分吻合"。(王克芬著《天上人間舞蹁躚》,上海人民出版社 2007 年 7 月版,第 72—74 頁)

按:王克芬先生以前説第 220 窟的舞姿與"胡旋舞"的詩句相似,現在改爲"十分吻合"。

王克芬、柴劍虹在《簫管霓裳:敦煌樂舞》一書中,介紹"莫高窟第 220 窟盛唐時期所繪的大幅經變畫中,既有動作相對緩慢的雙人舞(可看做是胡旋的起始形象),又有特徵明顯的急速胡旋圖。其南壁經變畫下端中間,有兩位身着裙衫的舞伎正側向對舞,二人均做'吸腿'之姿單足站立於小圓毯上,……正在做急速旋轉前的準備動作。其北壁藥師經變圖下端,則繪有場面輝煌的胡旋舞圖——四位舞伎,分成文、武兩組,都足踏小圓花毯翩翩起舞。左(西)邊一對舞伎……一手抓巾用力上伸,一手握巾側垂做'提襟'之姿。……右(東)邊一對舞伎……正在做急速的旋轉,不禁讓我們想起了元、白等詩人對胡旋女舞姿的描寫。"(王克芬、柴劍虹著《簫管霓裳:敦煌樂舞》,甘肅教育出版社 2007 年 12 月版,第 52—56 頁)

按:王克芬、柴劍虹先生這裏所作的敍述,與彭松先生《〈胡旋舞〉辨誤》一文中的觀點類似,即認爲第 220 窟北壁《東方藥師淨土變》中的兩組舞者和南壁《西方淨土變》中的一組舞者,"雖然三組舞人服飾各異,各自獨立,但在旋轉的姿態上包含着'動作'的連續性",分別爲"初轉"、"轉半"、"轉回"的舞姿。

李重申、李金梅在《忘憂清樂:敦煌的體育》一書中,認爲"胡旋舞的表演者多爲女性,胡騰舞卻是一種典型的男子獨舞,……'胡旋舞'跳起來由旋轉如風,而得名。'胡騰舞'卻有騰踏繽紛的明快特色。有關'胡旋舞'與'胡騰舞'的具體形象,在敦煌石窟中保存有許多精彩的畫面。如,初唐第 331、241、

335 窟,盛唐第 215、129 窟,中唐第 112 窟、197 窟等,晚唐第 12 窟,156 窟,五代 61 窟。敦煌莫高窟初唐第 220 窟北壁‘藥師淨土變’還有兩組雙人胡旋舞之畫面。”(李重申、李金梅著《忘憂清樂：敦煌的體育》,甘肅教育出版社 2007 年 12 月版,第 54—56 頁)

按:李重申先生和李金梅女士認爲“旋轉如風”和“騰踏繽紛”分別是“胡旋舞”與“胡騰舞”的特點。

2010 年

解梅、陳紅在《唐代的胡旋舞略談》一文,介紹説“敦煌莫高窟 220 窟(初唐),有學者研究其北壁中央四個舞伎以及南壁的兩個舞伎均爲跳胡旋舞的舞姿”,“這種手執長巾,急身旋轉的胡旋舞形象亦見於其他洞窟,如 332 窟(初唐)、334 窟(初唐)、331 窟(初唐),335 窟(初唐)、341 窟(初唐)、129 窟(盛唐)、180 窟(盛唐)、215 窟(盛唐)、194 窟(盛唐)、197 窟(中唐)等”。(解梅、陳紅《唐代的胡旋舞略談》,《蘭臺世界》2010 年第 7 期,第 78、79 頁)

按:由此可見相關學者觀點的影響,同時也可看到人們已經把“急身旋轉”作爲“胡旋舞”的唯一特徵了。

李金梅、路志峻在《古代中亞的胡旋舞考釋》一文中,試圖“對胡旋舞進行全面的考釋和印證”,文中述及“敦煌莫高窟初唐第 220 窟北壁藥師淨土變中,繪有兩組雙人舞畫面。其中一組頗相當於胡旋舞動作,兩舞者相對而舞,頭髮披散,上身赤裸,項戴瓔珞,臂佩銀釧,腕套鈴鐲,下着長裙,雙腳立於小圓毯上,兩臂挽飄帶,正飛速旋轉,其形態幾乎都是選取胡旋舞過程中動作一瞬間的舞姿”。(李金梅、路志峻《古代中亞的胡旋舞考釋》,《敦煌研究》2010 年第 3 期,第 42—45 頁)

按:李金梅女士和路志峻先生對第 220 窟北壁所謂“胡旋舞”畫面的介紹,據文中所述,主要來自“中國藝術研究院王克芬先生曾論證了此舞的特徵”。

翟曉蘭在《舞筵與胡騰·胡旋·柘枝舞關係之初探》一文中,述及“小圓毯還多次出現在胡旋舞場景中,如敦煌莫高窟初唐時期第 220、341、215 等窟壁畫”。(翟曉蘭《舞筵與胡騰·胡旋·柘枝舞關係之初探》,《文博》2010 年第 3 期,第 32—37 頁)

按:翟曉蘭文章中有關敦煌壁畫中胡旋舞的介紹,顯然來自第二手資料。且抄寫中有錯誤,如第 215 窟應是盛唐窟,而非初唐窟;又如所抄段安節《樂府雜録》文獻,一段文字爲:“舞有骨鹿舞、胡旋舞,俱於一小圓毯上舞,縱橫騰踏,兩足終不離於毯上,其妙如此也。”另一段文字則爲:“舞有骨鹿舞、胡旋舞,俱於一小圓毯子上舞;縱橫騰踏,兩足終不離於毯子上,其妙如此也。”在同一篇文章中,前一段引文爲"毬上",後一段引文爲"毬子上";又標點符號"舞,"爲"舞;",差異甚多。查中華書局1985年版《叢書集成初編》(1659)段安節《樂府雜録》,原文應該是"毬子上"。另外,所引《新唐書·禮樂志》,同一篇文章,前一段文字爲"胡旋舞,舞者立於毬上,旋轉如風",後一段文字爲"胡旋舞舞者站於毬上,旋轉如風"。查中華書局1975年版《新唐書·禮樂志》,原文應該是:"胡旋舞,舞者立毬上,旋轉如風。"如此引用歷史文獻,其論據論證,究竟有多少可信度?

二

綜上所述,關於敦煌壁畫胡旋舞是非的觀點大致可以分爲以下幾種:

(一)認爲第220窟北壁《東方藥師淨土變》和南壁《西方淨土變》中的舞姿都是"胡旋舞"。

1. 認爲段安節《樂府雜録》和《新唐書·禮樂志》文中有關"胡旋舞"的"毬"字是"毯"字之誤刊;在此基礎上認爲"胡旋舞"既不是唐代的"蹋球"之技,也不是立於小圓球子上舞,而和"骨鹿舞"都是限制在一塊約二尺直徑的小圓毯上表演。同時認爲第220窟北壁《東方藥師淨土變》中的兩組舞者和南壁《西方淨土變》中的一組舞者,分別爲"初轉"、"轉半"、"轉回"的舞姿,均爲"胡旋舞"之形象描繪(如彭松先生所述)。

2. 認爲第220窟舞樂圖中的兩隊舞伎之舞姿表現的是胡騰舞或胡旋舞(如段文傑先生所述)。

3. 引用第二手資料,介紹第220窟中的舞姿爲"胡旋舞"(如李玉輝、羅雄岩先生所述)。

4. 明確介紹第220窟北壁相關畫面爲"胡旋舞"(如《中國石窟·敦煌莫高窟》、《敦煌學大辭典》、《敦煌石窟知識辭典》、《敦煌鑒賞》、《敦煌壁畫解讀》等畫册、辭典或通俗讀物中所述。這類畫册和通俗讀物頗多,由於篇幅所限,文中未能盡述)。

(二)認爲第220窟、341窟、335窟、215窟等大量洞窟中所繪的舞姿都是"胡旋舞"。

1. 以"飛速旋轉"爲"胡旋舞"的特徵,認爲第220窟、341窟、335窟等洞窟中所繪的舞姿都是"胡旋舞"(如李才秀、謝生保、李重申、李金梅等人所述)。

2. 引用第二手資料,介紹第220、341、215等窟中的舞姿都是"胡旋舞"(如解梅、陳紅、翟曉蘭等人所述)。

3. 以"旋轉"爲"胡旋舞"的基本特徵,並認爲初唐胡旋舞的特徵是"赤足"、盛唐胡旋舞的特徵是"露臍",認爲第220、194、217、197 等窟中的舞姿都是"胡旋舞"（如高國藩先生所述）。

（三）認爲第220 窟《東方藥師淨土變》樂舞畫面西側兩個舞者的舞姿可能是古代的"劍器舞",而認爲東側兩個舞者的舞姿因爲其急速旋轉的動作與古代"胡旋舞"相像。（王克芬先生基本上一直堅持該觀點,董錫玖先生最初持該觀點,後來有所改變,認爲第220 窟南北兩壁所繪的舞姿都可以視爲"胡旋舞"形象。）

（四）祇談及第220 窟《東方藥師淨土變》中四個舞者的舞姿與唐代健舞或劍器舞可能有關係,未談及胡旋舞（如劉恩伯、袁禾先生所述）。

（五）祇是從繼承創新的角度對第220 窟北壁中的舞姿進行客觀描述,未談及"胡旋舞"（如許琪先生所述）。

（六）不同意彭松先生所謂"毬"字是"毯"字之誤刊的觀點,認爲"胡旋舞"與雜技結合而成另一種表演形式——踏球胡旋的可能性,也是存在的（如王克芬、蘇祖謙《中國舞蹈史》一書中所述）。

（七）不同意將第220 窟中所繪舞姿定名爲"胡旋舞"。

1. 認爲一些文獻、詩篇都與壁畫不十分吻合,而畫工們不可能十分準確地記録每一種舞蹈形象,壁畫所繪有着畫工們的想象和創造。因此没有必要去搞"不可能分辨清楚"的問題,要"實事求是","不能生搬硬套"（如高金榮先生和鄭汝中先生所述。鄭汝中先生後來的觀點有所改變）。

2. 認爲第220 窟中的所謂"胡旋舞",可能是"高麗樂"（如高金榮先生所述）。

3. 認爲壁畫中的"胡旋舞"與典籍記載中的"胡旋舞"在年代、衣冠、樂隊、樂器等方面的歧異甚多,因而很難認定第220 窟舞蹈爲"胡旋舞"（如鞏恩馥先生所述）。

從以上情況可以看到,有關敦煌壁畫中"胡旋舞"是與非的觀點分歧很大,衆説紛紜。即使在認爲敦煌壁畫中存在"胡旋舞"的看法中,也有很大區别,如彭松先生祇認爲第220 窟北壁《東方藥師淨土變》和南壁《西方淨土變》中所繪的舞姿是"胡旋舞",段文傑先生認爲第220 窟舞樂圖中的兩隊舞伎表現的是胡騰舞或胡旋舞,而李才秀、謝生保、李重申、李金梅等先生則認爲220窟、341 窟、335 窟、215 窟等大量洞窟中所繪的舞姿都是"胡旋舞",高國藩先生還認爲第194、217、197 等窟中的舞姿也是"胡旋舞"。重要的是,其他大多數是畫册、辭典、通俗讀物或論文引述中的定論性概括介紹,而這些介紹大多屬於人云亦云的性質。

然而,長期以來也有很多人從不同角度就敦煌壁畫中的所謂"胡旋舞"提出不同意見,如高金榮、鄭汝中先生認爲畫工們不可能十分準確地記錄每一種舞蹈形象,高金榮先生認爲第 220 窟的所謂"胡旋舞"可能是"高麗樂",王克芬、蘇祖謙先生認爲"胡旋舞"有可能與雜技結合而成另一種表演形式——踏球胡旋,鞏恩馥先生從年代、衣冠、樂隊、樂器等方面提出的質疑,等等。

其他的觀點,如王克芬先生認爲第 220 窟《東方藥師淨土變》畫面西側的舞姿可能是"劍器舞",東側的舞姿與"胡旋舞"相像;又如劉恩伯、袁禾先生祇談及第 220 窟《東方藥師淨土變》中的舞姿與唐代健舞或劍器舞可能有關係,而回避談胡旋舞。

另外,如樊錦詩先生和張艷梅女士較爲客觀地介紹畫面內容和有關學者的觀點。

由此可見,關於敦煌壁畫中"胡旋舞"的是與非,事實上至今並無定論。而對於一些"不可能分辨清楚"的問題,筆者同意高金榮先生和鄭汝中先生的意見,要"實事求是","不能生搬硬套",亦正如向達先生所云:"胡旋舞,日本石田幹之助《胡旋舞小考》一文,考證綦詳,余愧無新材料以相印證,茲唯略述其概而已。"(向達著《唐代長安與西域文明》,《燕京學報》專號之二,1933 年10 月出版,引自河北教育出版社 2007 年 9 月版,第 70 頁)

2010 年"兩岸四地佛教學術研討會"
在香港中文大學召開

陳大爲(上海師範大學)

2010 年 12 月 20—23 日,由香港中文大學人間佛教研究中心、臺灣南華大學宗教學研究所及生死學研究所、南京大學中華文化研究院、澳門大學社會科學及人文學院共同舉辦的 2010 年"兩岸四地佛教學術研討會"(Cross-strait Four Regions Conference in Buddhist Studies)在香港中文大學隆重舉行。

在 2500 多年的歷史中,佛教與時俱進,在繼承傳統的同時,不斷創造新的思想和文化,帶動時代和社會的發展。當前,人間佛教方興未艾,如何在傳統佛教思想和文化的基礎上,進一步探索佛教對建立當代人與人、人與社會、人與自然關係的啓示,將是佛教界和學術界共同關心的課題。有鑒於此,主辦方將本屆研討會主題命名爲"人間佛教與當代倫理"。下設佛教與生態環保,人間佛教與和諧社會,佛教寺院:傳統、藝術及倫理,佛教與生命倫理以及人間佛教的理論建構等 5 個子題。會議共分 11 場,來自兩岸四地的 17 位素負盛名的專家教授以及各高校佛教專業或佛教相關專業的 24 位在讀碩博士研究生或青年教師應邀參加了本次會議並在會上宣讀了論文。會議期間,學者們還參觀了香港中文大學圖書館和香港佛光道場。

本次會議的召開具有重要的學術意義和現實意義。與會專家學者和青年才俊就人間佛教與當代倫理問題從不同的角度提出了諸多富有建設性的意見,既爲人間佛教研究提供了新的議題,也爲人間佛教未來的發展貢獻了很多有益的思路,同時還爲青年學子提供了一個相互交流的平臺,進一步增進了兩岸四地學者的友誼。因此,這是一次成功的學術研討會。

段文傑先生生平

敦煌研究院

　　著名敦煌學家,中國共產黨黨員,原敦煌研究院院長段文傑先生,因病醫治無效,於 2011 年 1 月 21 日 17 時在蘭州逝世,享年 95 歲。

　　段文傑先生,1917 年 8 月生於四川綿陽。1945 年從國立藝術專科學校國畫科畢業,1946 年 9 月來到敦煌莫高窟,在國立敦煌藝術研究所從事保護、研究工作,任考古組代組長。1950 年後,歷任敦煌文物研究所美術組組長、代理所長、副研究員。1969 年下放敦煌農村勞動,1972 年回所工作。1980 年任敦煌文物研究所第一副所長,1982 年 4 月任敦煌文物研究所所長、研究員,1984 年任敦煌研究院院長,1998 年後任敦煌研究院名譽院長。

　　段文傑先生是第六、七屆全國政協委員,曾擔任中國敦煌吐魯番學會副會長、中國敦煌石窟保護研究基金會理事長、甘肅省社科聯副主席、甘肅省美術家協會副主席、甘肅敦煌學學會會長、甘肅省國際傳播交流協會名譽理事長等多種社會職務。1986 年被日本東京藝術大學聘爲名譽教授,1993 年被日本創價大學授予名譽博士學位。

　　段文傑先生對敦煌藝術保護、研究和弘揚事業作出了卓越貢獻。從 1991 年起享受國務院政府特殊津貼;1995 年被人事部、文化部評爲"全國文化系統先進工作者";2000 年被甘肅省人民政府、國家文物局授予"敦煌文物保護研究特殊貢獻獎";2006 年被中國文聯授予"造型表演藝術創作研究成就獎";2007 年被甘肅省人民政府、國家文物局授予"敦煌文物和藝術保護研究終身成就獎"。2009 年被國家文物局授予"中國文物、博物館事業傑出人物"稱號。還曾被甘肅省省委、省政府授予"甘肅省先進工作者"、"甘肅省優秀專家"等諸多榮譽稱號。

　　段文傑先生是敦煌壁畫臨摹事業的開創者之一。他深入鑽研傳統壁畫藝術,開創了敦煌石窟整窟臨摹和大幅壁畫臨摹的新領域,並將臨摹工作提高到了理論的高度。他的臨本,技巧純熟,形神兼備,代表了敦煌壁畫臨摹的最高水準。他是臨摹敦煌壁畫最多的藝術家之一,先後獨立或合作臨摹歷代敦煌壁畫 380 餘幅,約 140 多平方米,其中,整窟臨摹的莫高窟第 285 窟、榆林窟第 25 窟成爲敦煌壁畫臨摹的標杆,其代表作《都督夫人禮佛圖》成爲敦煌壁畫復原臨摹的典範。段文傑先生在敦煌壁畫臨摹藝術實踐和理論方面的突出成就,爲保存、傳播敦煌藝術作出了卓越貢獻。

段文傑先生是敦煌學研究的領軍學者。在探討敦煌藝術的民族傳統、風格特點、源流演變、藝術成就等方面進行了開拓性的研究,有着獨到的見解,有着精深的造詣,取得了顯著成果,他曾發表《形象的歷史——談敦煌壁畫的歷史價值》、《早期的莫高窟藝術》等論文50餘篇近百萬字;出版《敦煌石窟藝術論集》、《段文傑敦煌藝術論文集》等代表性論著,主編《敦煌石窟藝術》等大型圖書,成爲敦煌藝術研究的集大成者,可謂著作等身,他的許多著作堪稱敦煌學的扛鼎之作。他曾應邀前往法國、日本、美國、印度等多個國家和地區參加國際敦煌學學術研討會,講授敦煌學,在國內外學術界產生了廣泛而深遠的影響。

段文傑先生擔任敦煌研究院院長後,製定了"保護、研究、弘揚"的六字方針,在洞窟保護、敦煌學研究、敦煌藝術弘揚、對外交流和合作等方面,開創了一個嶄新的局面,使敦煌研究院進入了一個全新的發展時期:堅持走科學保護之路,對莫高窟、榆林窟和西千佛洞石窟進行了保護加固,對洞窟壁畫塑像開展搶救修復,並實施綜合治沙、環境監測、文物數據化等研究工作,與國內外諸多科研機構合作開展了一大批科研項目,取得了豐碩的科研成果,由搶救性保護邁進了科學保護的新階段,使敦煌莫高窟成爲了中國首批世界文化遺產。大力推動敦煌學研究,創辦了首個敦煌學研究領域的專業核心期刊《敦煌研究》,出版了《中國石窟·敦煌莫高窟》、《敦煌藝術全集》等大型叢書,在莫高窟舉辦了四屆敦煌學國際學術會議,爲改變敦煌在中國、研究在國外的狀況作出了傑出貢獻,使敦煌研究院真正成爲敦煌學研究的中心。積極弘揚敦煌藝術,全力做好開放接待,使莫高窟成爲甘肅對外宣傳的名片和發展旅遊業的龍頭;同時積極使敦煌藝術走出甘肅、走出國門、走向世界,在國內多個城市和臺灣、香港地區及日本、法國、印度、美國等國家舉辦敦煌藝術展覽,所到之處莫不引起巨大轟動,使敦煌文化藝術和敦煌文物保護成果爲全世界人民所共用,極大地提昇了中華文化的國際影響力。積極尋求國際合作,促成日本政府無償援建了"敦煌石窟保護研究陳列中心",宣導成立了敦煌石窟保護研究基金會。段文傑先生以他的遠見卓識和無私奉獻爲敦煌文物事業作出了重大貢獻。

段文傑先生一生熱愛敦煌,矢志不渝。他紮根大漠60多年,爲敦煌文物保護、研究和弘揚事業嘔心瀝血、殫精竭慮,奉獻了畢生心血和精力,展現了一位專家、一位學者對中華民族優秀文化遺產高度的使命感和責任感。他的一生,是熱愛祖國、熱愛甘肅、熱愛藝術的一生,是艱苦奮鬥、無私奉獻、無怨無悔的一生,是求真務實、開拓創新、勇於進取的一生。

段文傑先生的辭世,是甘肅學界的重大損失,是國際敦煌學界的重大損失,是中國文物事業的重大損失。

我們深切悼念、永遠懷念段文傑先生!

段文傑先生年表

趙聲良（敦煌研究院）

1917 年 8 月 23 日	生於四川省綿陽縣豐穀井松椏鄉。
1931—1936 年	就讀於四川省蓬溪縣中學。
1936—1938 年	中學畢業後留蓬溪中學補習，積極參加抗日宣傳活動。
1938—1940 年	先後在四川省蓬溪縣常樂小學、遂寧縣永興鄉小學執教。
1941—1945 年	就讀於國立藝術專科學校國畫系。師從呂鳳子、潘天壽、林風眠、陳之佛、李可染、鄧白、黎雄才等先生學習中國畫。
1944 年	觀看張大千、王子雲等人在重慶舉辦的"敦煌壁畫臨摹展"和"西北風情寫生展"，立志到敦煌研究民族傳統藝術。
1945 年	國立藝專畢業後，踏上前往敦煌的旅途。經蘭州時，遇常書鴻先生，被告知敦煌藝術研究所被當局撤銷。遂決定在蘭州等候復所通知，在蘭州社會服務中心做職業介紹工作。
1946 年 9 月	偕常書鴻抵達莫高窟，開始敦煌藝術考察、研究、臨摹和保護工作。
1946—1949 年	任敦煌藝術研究所考古組代組長。負責組織臨摹壁畫、調查洞窟內容等工作。本人臨摹壁畫近百幅，其中有莫高窟第 245 窟《尸毗王本生》、第 158 窟《各國王子舉哀圖》等巨幅作品。
1950 年	任敦煌文物研究所美術組組長。並在常書鴻所長外出時代理所長。
1950—1953 年	組織重點壁畫如西魏第 285 窟整窟壁畫的臨摹工作。率團赴玉門油礦舉辦"敦煌藝術展"。
1954 年	參加莫高窟唐代圖案臨摹工作。同年，被聘爲敦煌文物研究所副研究員。
1955 年	完成莫高窟第 130 窟《都督夫人禮佛圖》的研究性復

原臨摹和第 19 窟《帝王圖》等臨摹作品。同年秋,北京舉行第二次敦煌壁畫展,赴京負責展覽的組織和接待工作。

1956 年	主持並參加榆林窟第 25 窟整窟壁畫臨摹工作。
1957—1961 年	在反右政治運動中受衝擊,被撤銷一切職務和副研究員級別。
1962—1965 年	被甄別平反,恢復原有的專業職稱和級別。擔任研究所學術委員會秘書。
1966—1972 年	在"文革"動亂期間受到錯誤批判,被下放至敦煌農村勞動。
1972 年	重新回所工作。
1972—1977 年	赴揚州指導鑒真紀念堂"鑒真東渡"壁畫的設計、創作工作。赴新疆考察石窟藝術。主持編撰大型彩塑畫冊《敦煌彩塑》(文物出版社,1978 年出版),爲書中撰寫了《敦煌彩塑藝術》一文。
1979 年	任蘭州大學客座教授,講授敦煌石窟藝術。
1980 年	任敦煌文物研究所第一副所長。參加由中國文物出版社和日本平凡社合作出版《中國石窟‧敦煌窟莫高窟》五卷本的編撰工作。
1981 年 8 月 8 日	陪同鄧小平同志參觀石窟,並彙報研究所的工作情況。鄧小平決定批撥 300 萬元爲研究所改善工作和生活條件。國家文物局長任質斌來所檢查工作,提出建院設想。
1982 年	任敦煌文物研究所所長。宣導試辦敦煌文物研究所的學術刊物《敦煌研究》。策劃並參與了敦煌文物研究所編、甘肅人民出版社出版《敦煌研究文集》的工作。隨"中國文物工作友好訪問團"赴日參加"中國敦煌壁畫展"的開幕式,並與井上靖先生共同作了有關敦煌歷史和藝術的學術講演。被甘肅省人民政府授予"甘肅省先進工作者"稱號。
1983 年	在法國自然博物館舉辦"敦煌藝術摹品展覽"。率"敦煌壁畫展覽代表團"赴法國巴黎,應邀參加法國聖加‧波里亞克基金會主辦的"法中敦煌學學術報告會",發表了《略論莫高窟第 249 窟壁畫內容和藝

術》一文。參加在蘭州、敦煌兩地同時舉行的 1983 年"全國敦煌學術研討會"與中國敦煌吐魯番學學會成立大會,並被推選爲中國敦煌吐魯番學會副會長。《敦煌研究》創刊,任主編。

1984 年	敦煌文物研究所擴建爲敦煌研究院,任院長。
1985 年	任《中國美術全集·敦煌壁畫》(上、下)和《中國美術全集·敦煌彩塑》三卷主編;率團參加在日本東京富士美術館舉行的"中國敦煌展"開幕式。會見了池田大作先生,並在創價大學作題爲《敦煌的美術和民衆》的講演。與平山郁夫先生商定日方幫助敦煌研究院培養文物保護專業人才的援助項目。與井上靖會談,訪談內容編輯成《敦煌之美》一書,在日本出版。
1986 年	應邀赴日本東京藝術大學講學,被聘爲該校名譽教授,並與平山郁夫校長商定了敦煌研究院和東京藝大合作項目。獲日本東洋哲學研究所授予的"東洋哲學研究獎"。爲爭取國際援助,在平山郁夫陪同下,拜會中曾根康弘首相。
1987 年	應邀參加香港中華文化促進中心和香港大學中文系中國文化研究所聯合主辦的國際敦煌吐魯番學學術會議,發表了《榆林窟第 25 窟壁畫藝術》一文。主持由敦煌研究院在莫高窟主辦的敦煌石窟國際討論會,並發表《敦煌早期壁畫的時代風格探討》一文。在《文史知識·敦煌學專號》發表《飛天在人間》一文。
1988 年	應日本文化廳、東京藝術大學和東京國立文化財研究所的邀請,前往日本講學。出席平山郁夫畫展,並剪彩、致辭。拜會日本首相竹下登。同年秋,陪同竹下登首相參觀莫高窟,竹下登宣佈日本政府援建項目。參與籌備的"敦煌·西夏王國展"在日本舉行。敦煌研究院"平山郁夫敦煌學學術基金會"成立,任基金會理事長。
1989 年	應日中友好會館理事長伴正一的邀請,赴東京參加贈畫儀式。專程赴札幌看望了生前關愛敦煌的越智

佳織小姐的父母。任《中國美術分類全集·中國壁畫全集·敦煌壁畫》(共十卷)主編。

1990 年　主持由敦煌研究院主辦的“1990 年敦煌學國際學術討論會”,並發表《新發現的玄奘取經圖》一文。主編大型畫册《敦煌》,由江蘇美術出版社和甘肅美術出版社合作出版。赴加拿大參加“第 33 屆北非與亞洲研究年會”,並發表演講。再次赴日訪問,與池田大作商談援助事宜。獲日本“東京富士美術館最高榮譽獎”。

1991 年　任甘肅省國際文化傳播交流協會名譽理事長。被推選爲甘肅省敦煌學會會長。享受中華人民共和國國務院頒發的政府特殊津貼。與史葦湘等人赴印度參加“敦煌藝術展”開幕式和中印石窟藝術研討會。會議期間先後做了《敦煌石窟藝術的特點》、《敦煌文物的保護和臨摹》的演講,並考察了阿旃陀石窟等文物遺址。

1992 年　陪同江澤民同志視察敦煌莫高窟參觀並做講解。到西安參加全國文物工作會議。應美國《地理》雜誌社、蓋蒂文物保護研究所、哈佛大學和加州大學伯克利分校的邀請、赴美洽談文物保護合作項目,並考察、講學,分別作了題爲《敦煌石窟藝術特點》、《新發現的玄奘取經圖探討》、《佛國世界裏的人間世界》、《供養人畫像與石窟》和《敦煌石窟概況和中心柱窟有關問題》等專題演講。任《敦煌石窟藝術》大型圖錄叢書主編(江蘇美術出版社)。赴臺灣參加“敦煌藝術及古代科技展”開幕式及中國文化大學舉辦的敦煌學術研討會。

1993 年　考察四川石窟藝術。參加由敦煌研究院、美國蓋蒂保護研究所和中國文物研究所聯合在莫高窟舉辦的“絲綢之路古遺址保護國際學術討論會”,並作題爲《絲綢之路上的瑰寶——敦煌藝術》的演講。甘肅省人民政府授予“甘肅省優秀專家”稱號。日本創價大學授予榮譽博士。赴香港參加“第 34 屆亞洲及北非國際學術會議”。

1994 年	主持由敦煌研究院主辦的敦煌學國際學術討論會，並發表論文《中西藝術的交匯點——莫高窟第 285 窟》。在莫高窟舉行的第二屆中印石窟藝術討論會上作了題爲《佛教藝術中國化的進程》演講。出席敦煌莫高窟保護研究陳列中心竣工典禮並致辭。出席平山郁夫紀念幢揭幕儀式並剪彩。《段文傑敦煌藝術論集》由甘肅人民出版社出版。作爲從事敦煌石窟保護和研究工作三十年以上並作出突出貢獻的人物，受到甘肅省人民政府的表彰、獎勵。《段文傑眼中的敦煌藝術》(英文版)一書由印度甘地國立藝術中心編譯出版。
1995 年	獲得中華人民共和國文化部、人事部授予的"全國文化系統先進工作者"稱號。率敦煌研究院考察團赴俄羅斯考察俄藏敦煌文物。赴香港參加由新華社香港分社、甘肅省文化廳和中國對外友協主辦，敦煌研究院和甘肅省博物館協辦的"敦煌藝術展"開幕式，及由香港文化交流協會主辦的敦煌藝術座談會。
1996 年	赴日本參加"敦煌石窟保護及相關問題"學術研討會，發表了《敦煌莫高窟保護工作歷史回顧》一文，並爲奈良市各界人士作了題爲《奈良與敦煌》的講演。赴北京參加"敦煌藝術展"開幕式。出席"段文傑從事敦煌工作五十年紀念座談會"。在北京大學、北京師範大學、中國藝術研究院、中國青年政治學院等院校作學術報告。在莫高窟接待中央領導同志，並會見香港的知名人士徐展堂、日本國會議員大內啓五、日中友好協會會長平山郁夫、日本法隆寺高田良信以及茶道里千家一行。分別接受了朝日新聞社和中央電視臺記者的采訪。
1997 年	代表研究院接受日本友好人士青山慶示送還的八件藏經洞文獻珍品。
1998 年	因年事已高，辭去院長職務，被任命爲名譽院長。
1999 年	在敦煌接受日本 NHK 放送協會舉行的直播訪談。會見專程前來的平山郁夫先生。赴香港出席商務印書館舉行的莫高窟《五臺山全圖》影印複製品展出活

動並剪彩。爲紀念莫高窟藏經洞發現一百年撰寫《歷盡滄桑,再現輝煌》一文,在《中華英才》、《甘肅日報》發表。

2000 年　　　　　先後出席在北京、蘭州、敦煌三地舉行的紀念敦煌學百年盛大紀念活動。陪同中央領導參觀"敦煌藝術展"。和常書鴻、季羡林、饒宗頤、潘重規、邵逸夫、平山郁夫七人被授予"敦煌石窟保護研究特殊貢獻獎"。

2001 年　　　　　整理回憶錄。

2002 年　　　　　應邀赴臺舉辦畫展。

2003 年　　　　　完成回憶錄初稿,並定名爲"敦煌之夢"。

2006 年　　　　　榮獲中國文聯頒發的"造型藝術成就獎"。修改並完成回憶錄。

2007 年 8 月　　　回憶錄《敦煌之夢》由江蘇美術出版社出版。增訂論文集《敦煌石窟藝術研究》由甘肅人民出版社出版。8 月 13 日,甘肅省人民政府、國家文物局決定授予段文傑先生"敦煌文物和藝術保護研究終身成就獎"。8 月 23 日,由甘肅省人民政府、國家文物局主辦"段文傑先生從事敦煌文物和藝術保護研究 60 週年紀念活動"在蘭州舉行。"敦煌之夢——段文傑先生敦煌藝術研究 60 年成就展"在蘭州敦煌藝術館舉行。同時還舉行了段文傑先生回憶錄《敦煌之夢》首發式。作爲"段文傑先生從事敦煌文物和藝術保護研究 60 週年紀念活動"的項目,敦煌研究院還在敦煌舉辦了"敦煌壁畫藝術繼承與創新國際學術研討會"(8 月 24—27 日)和"古韻新風——敦煌壁畫藝術臨摹與創作美術作品展"。

2010 年 12 月　　由甘肅省社會科學院主持編纂的《隴上學人文存》中《段文傑卷》由甘肅人民出版社出版。

2011 年 1 月 21 日　在蘭州逝世。

段文傑論著目録

趙聲良整理,劉　波　李燕暉增補

一、著　　作

《榆林窟》(《敦煌藝術畫庫》),中國古典藝術出版社,1957 年 10 月。

《美しき敦煌》,京都潮出版社,1986 年 11 月。

《敦煌石窟藝術論集》,甘肅人民出版社,1988 年 4 月。

《敦煌石窟藝術　榆林窟第二五窟附一五窟》,江蘇美術出版社,1993 年 7 月。

《敦煌壁畫》,東京見聞社,1994 年 1 月。

《段文傑敦煌藝術論文集》,甘肅人民出版社,1994 年 6 月。

Dunhuang Art: Through the Eyes of Duan Wenjie(段文傑眼中的敦煌藝術),印
　　度國立甘地藝術中心編譯出版(新德里),1994 年。

《敦煌石窟藝術　第二八五窟》,江蘇美術出版社,1995 年 12 月。

《心繫敦煌五十春——段文傑臨摹敦煌壁畫》,天津人民美術出版社,1996 年
　　8 月。

《敦煌石窟　2　莫高窟第 285 窟》,東京文化學園、文化出版局,2001 年 6 月。

《敦煌石窟藝術研究》,甘肅人民出版社,2007 年 8 月。

《敦煌之夢(回憶録、繪畫集)》,江蘇美術出版社,2007 年 8 月。

《隴上學人文存・段文傑卷》,甘肅人民出版社,2010 年 12 月。

二、文　　章

《臨摹敦煌壁畫的一點體會》,《文物參考資料》1956 年第 9 期,第 44—46 頁。

《敦煌早期壁畫的民族傳統和外來影響》,《文物》1978 年第 12 期,第 9—
　　20 頁。

《敦煌彩塑藝術》,《敦煌彩塑》,文物出版社,1978 年,第 1—6 頁;《敦煌研究》
　　試刊第 1 期,1981 年(轉載),第 27—33 頁。

《喜看〈絲路花雨〉》,《甘肅畫報》1979 年第 4 期,第 4 頁。

《真實的虛構——談舞劇〈絲路花雨〉的一些歷史依據》,《文藝研究》1980 年
　　第 2 期,第 103—108 頁。

《形象的歷史——談敦煌壁畫的歷史價值》,《敦煌學輯刊》第 1 輯,1980 年,
　　第 4—17 頁。

《早期の莫高窟藝術》,《中国石窟　敦煌莫高窟》(一),平凡社(東京),
　　1980 年。

《談飛天》,《飛天》1981 年第 7 期,第 95—96 頁。

《九色鹿的故事》,《飛天》1981 年第 10 期,第 94—95 頁。

《向敦煌壁畫學些什麼》,《甘肅工藝美術》1981 年創刊號。

《敦煌研究的回顧與展望——代發刊詞》,《敦煌研究》試刊第 1 期,1981 年。

《試論敦煌壁畫的傳神藝術》,《敦煌研究》試刊第 1 期,1981 年,第 1—12 頁,
　　圖版一至六。

《敦煌石窟藝術的内容及特點簡述》,《敦煌學輯刊》第 2 輯,1981 年,第 1—
　　15 頁。

《唐代前期の莫高窟藝術》,《中国石窟　敦煌莫高窟》(三),平凡社(東京),
　　1981 年。

《〈敦煌研究文集〉前言》,《敦煌研究文集》,甘肅人民出版社,1982 年 3 月,第
　　1—3 頁。

《十六國、北朝時期的敦煌石窟藝術》,《敦煌研究文集》,甘肅人民出版社,
　　1982 年 3 月,第 1—42 頁。

《敦煌壁畫中的衣冠服飾》,《敦煌研究文集》,甘肅人民出版社,1982 年 3 月,
　　第 165—188 頁。

《〈敦煌莫高窟内容總録〉前言》,《敦煌莫高窟内容總録》,文物出版社,1982
　　年 11 月,第 1—2 頁。

《略論敦煌壁畫的風格特點和藝術成就》,《敦煌研究》試刊第 2 期,1982 年,
　　第 1—16 頁。

《唐代後期の莫高窟藝術》,《中国石窟　敦煌莫高窟》(四),平凡社(東京),
　　1982 年。

《晚期の莫高窟藝術》,《中国石窟　敦煌莫高窟》(五),平凡社(東京),1982
　　年,第 142—163 頁。

《敦煌壁畫の樣式の特色と藝術的成果》,《中國敦煌壁畫展》,每日新聞社,
　　1982 年。

《五十年來我國敦煌石窟藝術研究之概況》,《中國敦煌吐魯番學會成立大會、
　　一九八三年全國敦煌學術討論會會刊》,1983 年 8 月,第 56—60 頁。

《早期的莫高窟藝術》,《中國石窟　敦煌莫高窟》第一卷,文物出版社,1982
　　年 12 月,第 165—176 頁。

《創刊弁言》,《敦煌研究》創刊號,1983 年,第 1—2 頁。

《略論莫高窟第 249 窟壁畫内容和藝術》,《敦煌研究》創刊號,1983 年,第 1—

9 頁,圖版一至三。

《張議潮時期的敦煌石窟藝術》,《敦煌學輯刊》第 3 輯,1983 年 3 月,第 1—19 頁。

《唐代前期的敦煌藝術》,《文藝研究》1983 年第 3 期,第 92—109 頁。

《北涼時代的敦煌藝術》,《甘肅畫報》1983 年第 3 期,第 8—9 頁。

《敦煌の藝術と民衆》,《創価アジア研究》第五號,1984 年 3 月,第 301—308 頁。

《吐蕃時期的莫高窟藝術》,《甘肅畫報》1984 年第 4 期,第 14—15 頁。

《敦煌學の現状——中國敦煌學發展の近況》,《東洋學術研究》23 卷 1 號,1984 年,第 285—291 頁。

《我國敦煌學史的里程碑(代前言)》,《1983 年全國敦煌學討論會文集·石窟藝術編上》,甘肅人民出版社,1985 年 8 月,第 1—3 頁。

《道教題材是如何進入佛教石窟的——莫高窟第 249 窟窟頂壁畫內容探討》,《1983 年全國敦煌學討論會文集·石窟藝術編上》,甘肅人民出版社,1985 年 8 月,第 1—16 頁。

《敦煌壁畫概述》,《中國美術全集 繪畫編 14 敦煌壁畫上》,上海人民美術出版社,1985 年 9 月,第 1—17 頁。

《敦煌早期壁畫的風格特點和藝術成就》,《中國美術全集 繪畫編 14 敦煌壁畫上》,上海人民美術出版社,1985 年 9 月,第 18—36 頁。

《敦煌研究所四十年》,《敦煌研究》總第 4 期,1985 年,第 1—7 頁。

《晚期的莫高窟藝術》,《敦煌研究》總第 5 期,1985 年,第 1—18 頁,圖版一至十四。

《輝かしい敦煌文化》,《中国敦煌展》,東京富士美術館,1985 年 10 月。

《敦煌研究院的方針和任務》,《敦煌研究》1986 年第 4 期,第 7—9 頁。

《莫高窟唐代藝術中的服飾》,《向達先生紀念論文集》,新疆人民出版社,1986 年 1 月,第 220—275 頁。

《飛天——乾闥婆與緊那羅——再談敦煌飛天》,《敦煌研究》1987 年第 1 期,第 1—13 頁,圖版一至三;《工筆畫》(臺北) 2002 年第 6 期(轉載),第 2—14 頁。

《漫談敦煌藝術及其有關問題》,《敦煌研究》1987 年第 3 期,第 1—13 頁。

《唐代前期的莫高窟藝術》,《中國石窟 敦煌莫高窟》第三卷,文物出版社,1987 年 8 月,第 161—176 頁。

《唐代後期的莫高窟藝術》,《中國石窟 敦煌莫高窟》第四卷,文物出版社,1987 年 3 月,第 161—174 頁。

《莫高窟晚期的藝術》,《中國石窟　敦煌莫高窟》第五卷,文物出版社,1987
　　年9月,第161—174頁。

《榆林窟第25窟壁畫藝術探討》,《敦煌研究》1987年第4期,第1—7頁,圖版
　　一至八。

《サッタ太子捨身飼虎圖の美學的檢討》,《東洋學術研究》26卷2號,
　　1987年。

《談敦煌早期壁畫的時代風格(摘要)》,《敦煌研究》1988年第2期,第62—
　　64頁。

《莫高窟保護工作進入新階段》,《敦煌研究》1988年第3期,第1—2頁。

《敦煌石窟保護的歷史進程》,《文物工作》1988年第5期,第24—28頁。

《解放前後的莫高窟》,《陽關》1988年第5期,第3—8頁;中國人民政治協商
　　會議敦煌市委員會編《敦煌文史資料選輯》第一輯(轉載),1991年,第52—
　　64頁。

《敦煌學回歸故里》,《文史知識》1988年第8期,第5頁。

《敦煌藝術概觀》,《文史知識》1988年第8期,第30—34頁。

《飛天在人間》,《文史知識》1988年第8期,第85—89頁。

《八十年代的敦煌石窟研究》,《中國文物報》1988年10月7日。

《榆林窟党項、蒙古政權時期的壁畫藝術》,《敦煌研究》1989年第4期,第1—
　　13頁,圖版一至十一。

《敦煌石窟保存の歷史的進程》,《文化財保存修復學會誌(古文化財之科
　　學)》第33號,1988年12月。

《創新以代雄——敦煌石窟初唐壁畫概觀》,《中國壁畫全集　敦煌　5　初
　　唐》,遼寧美術出版社,1989年7月,第1—24頁;《中國敦煌壁畫全集　5
　　敦煌初唐》,遼寧美術出版社、天津人民美術出版社,2006年1月,第1—
　　28頁。

《人類的文化遺產——敦煌藝術》,《今日中國》(中文版)1990年第5期,第
　　8—10頁。

《〈敦煌〉前言》,《敦煌》,甘肅人民出版社、江蘇美術出版社,1990年7月,第
　　1頁。

《敦煌壁畫的內容和風格》,《敦煌》,甘肅人民出版社、江蘇美術出版社,1990
　　年7月,第3—27頁。

《開發敦煌石窟文化的豐富寶藏——敦煌石窟系列研究解題》,《敦煌研究》
　　1990年第1期,第8—10頁。

《解放後的莫高窟》,《民主協商報》1990年9月15日。

《〈敦煌石窟研究國際討論會文集〉前言》,《敦煌石窟研究國際討論會文集・石窟藝術編》,遼寧美術出版社,1990 年 10 月。

《敦煌早期壁畫的時代風格探討》,《敦煌石窟研究國際討論會文集・石窟藝術編》,遼寧美術出版社,1990 年 10 月,第 1—11 頁。

《融合中西成一家——莫高窟隋代壁畫研究》,《中國壁畫全集 敦煌 4 隋》,天津人民美術出版社,1991 年 8 月,第 1—20 頁。

《九色鹿連環畫的藝術特色——敦煌讀畫記之一》,《敦煌研究》1991 年第 3 期,第 116—119 頁,圖版十二至十三。

《漫談敦煌藝術和學習敦煌藝術遺産問題——答包頭師專美術系師生問》,《敦煌研究》1991 年第 4 期,第 1—6 頁。

《〈敦煌研究〉十週年》,《敦煌研究》1993 年第 4 期,第 1—2 頁。

《臨摹是一門學問》,《敦煌研究》1993 年第 4 期,第 11—18 頁;《國畫家》1997 年第 1 期,第 2—9 頁,另附《段文傑臨摹敦煌壁畫作品》彩版 18 幅。

《"絲綢之路古遺址保護國際學術會議"開幕詞》,《敦煌研究》1994 年第 1 期,第 5 頁。

《絲綢之路上的瑰寶——敦煌藝術》(講演提綱),《敦煌研究》1994 年第 1 期,第 9—10 頁。

《敦煌研究院五十年》,《敦煌研究》1994 年第 2 期,第 1—6 頁。

《悼念敦煌文物事業的開創者常書鴻先生》,《敦煌研究》1994 年第 4 期,第 1—4 頁。

《敦煌石窟藝術的特點》,《敦煌研究》1995 年第 2 期,第 3—7 頁。

《敦煌文物的保護和臨摹》,《敦煌研究》1995 年第 2 期,第 13—15 頁。

《1990 年敦煌學國際研討會綜述》,《敦煌學國際研討會文集・石窟藝術編》,遼寧美術出版社,1995 年 7 月,第 11—22 頁。

《玄奘取經圖研究》,《敦煌學國際研討會文集・石窟藝術編》,遼寧美術出版社,1995 年 7 月,第 1—19 頁。

《供養人畫像與石窟》,《敦煌研究》1995 年第 3 期,第 113—116 頁。

《敦煌藝術總論》,《砂漠の美術館——永遠なる敦煌》,朝日新聞社,1996 年 10 月。

《臨摹是一門學問——敦煌壁畫臨摹記》,《藝術家》44 卷第 2 期,第 308—323 頁。

《榆林窟的壁畫藝術》,《中國石窟 安西榆林窟》,文物出版社,1997 年 5 月,第 161—176 頁。

《中西藝術的交匯點——論莫高窟第二八五窟》,《敦煌石窟藝術 莫高窟第二八五窟》,江蘇美術出版社,1995 年 12 月,第 11—22 頁;《美術之友》,1998 年第 1 期,第 4—9 頁;《1994 年敦煌學國際研討會文集・石窟藝術卷》,甘肅人民出版社,2000 年 6 月,第 52—87 頁。

《〈敦煌石窟藝術〉序》,《敦煌石窟藝術》各冊卷首,江蘇美術出版社,1993—1998 年,第 5—6 頁或 6—7 頁。

《藏於幽谷的藝術明珠——榆林窟第二五窟壁畫研究》,《敦煌石窟藝術　榆林窟第二五窟附第一五窟》,江蘇美術出版社,1993 年 7 月,第 11—19 頁。

《知られざる敦煌　榆林窟 2　第二十五窟:典雅なる"弥勒変"の世界》,《人民中國》2001 年第 2 期,第 42—45 頁。

《知られざる敦煌　榆林窟 3　今残る玄奘と悟空の旅物語》,《人民中國》2001 年第 3 期,第 46—49 頁。

《段文傑自傳》(1)《情結敦煌》,《藝術家》55 卷第 1 期,2002 年 7 月,第 458—465 頁。

《段文傑自傳》(2)《在臨摹中研究　研究中臨摹》,《藝術家》55 卷第 2 期,2002 年 8 月,第 292—301 頁。

《段文傑自傳》(3)《艱苦的歲月》,《藝術家》55 卷第 3 期,2002 年 9 月,第 382—387 頁。

《段文傑自傳》(4)《敦煌石窟藝術的研究重任》,《藝術家》55 卷第 4 期,2002 年 10 月,第 268—277 頁。

《段文傑自傳》(5)《敦煌的春天》,《藝術家》55 卷第 5 期,2002 年 11 月,第 268—277 頁。

《段文傑自傳》(6)《敦煌石窟保護研究的發展》,《藝術家》55 卷第 6 期,2002 年 12 月,第 460—469 頁。

《段文傑自傳》(7)《透過交流促進敦煌藝術研究》,《藝術家》56 卷第 1 期,2003 年 1 月,第 452—461 頁。

《段文傑自傳》(8)《敦煌在心中》,《藝術家》56 卷第 2 期,2003 年 2 月,第 294—301 頁。

緬懷吳其昱先生

柴劍虹(中華書局)

　　元月 6 日下午 4 點,收到客座北京大學漢學家研修基地的高田時雄教授發來的短信:"吳其昱先生去世的消息是否已聽到了?"我心裏一沉,又希望這個消息不是真的,馬上給遠在巴黎的陳慶浩、郭麗英二位打電話詢問。6 點多,郭麗英、陳慶浩二位先後來電,證實吳先生逝世的消息得自法蘭西學院漢學所圖書館的岑詠芳女士。7 點多,我接到岑詠芳女士發給我的電子郵件:"昨天本想給您寄上電訊,告訴您吳老遽歸道山的消息,卻因諸事纏身而耽擱着。吳老的女兒前天晚上打電話給我,説他父親於當天早上離世,是安然而去的。"得知了吳公逝世的確訊,我當然十分悲痛;但聽説這位 95 歲高齡的老人是安然地無疾而終①,又感到些許安慰。我回郵件請詠芳得知具體殯儀消息後能代我們中國敦煌吐魯番學會和敦煌學國際聯絡委員會在吳老靈前敬獻花束。詠芳馬上回覆了郵件:

　　　　看了您寄來的郵訊,非常感動!謝和耐老師在收到我發給他的消息時,亦馬上給我回覆,表達他的哀悼。他説吳老是他摯好的老朋友,他們曾聯袂一起為法國國家圖書館藏的敦煌文獻編修第一冊目錄,吳老的逝世,他深切感哀。正如您所説,吳老在安然無疾下而終,是對我們最大的安慰。猶記去年五月份期間,他還常來圖書館走動,最後一次,提着一大包日本紅豆糕來,説給我嚐嚐。最近兩三年,有頗多機會向他問學請益,他不但傾心相吐,還常請我上館子,總是爭着付錢。後來,他夫人説他記憶衰退,不讓他單獨出外,我常想到他家看他,但竟因這因那而未成,如今終成抱憾,不禁悵然!

過了一天,詠芳、慶浩又來電告知,吳公的葬禮將於 10 日下午 4 時舉行。11日,詠芳來郵件簡要而動情地報告了葬禮的情形:

　　　　昨天約十來人參加了吳老的葬禮。除了他的夫人,女兒和女婿,還有陳慶浩、譚惠珍和幾個相識了許多年的朋友。

　　　　儀式簡單但莊嚴。就在墓前的空地上,各人圍着棺木,在安魂曲的音樂聲中默哀。時近黃昏,金黃的陽光柔柔地撒下,巴黎入冬以來很少有這樣的晴天。

---

① 據陳慶浩先生告知,吳公多次告訴他自己的實際生年是 1915 年,而非 1919 年。

他女兒宣讀了追悼辭，最感人的是憶述父女共度的歲月，以及女兒對父親的摯愛與仰慕。

我遵所托，爲"中國敦煌吐魯番學會；敦煌學國際聯絡委員會"獻上花束。我跟他女兒説，吳老在中國有很好的朋友，他們將會撰寫追悼的文字。她説很希望能讀到（她不懂中文，但我們可以爲她作簡單的翻譯）。

11 日晚，慶浩也來電説明吳公家屬希望祇同意少數親友一起舉行家庭式的葬禮，所以未請更多的人參加①。

吳公已經安眠於他生活了六十多年的巴黎近郊一處寂靜的墓地，而中外學界朋友的思念之情卻不絕如縷，會用各種方式來悼念一位學貫中西的忠厚長者的逝世。當我將吳公仙逝的消息告訴上海古籍出版社的府憲展編審後，他馬上用手機發來一首悼詩："九三相唔若神人，零六睽違已悵然。日日四時到文館，常常一飲在波蘭。天涯才俊中國心，河畔隱翁索邦山。巴黎不念風月地，從此愁雲寄哪般。"（按："波蘭"系巴黎一家咖啡館名，吳公常請人在此喝咖啡）

我初識吳公亦在 1993 年。是年初，我們中華書局一行 3 人希望就出版法藏敦煌文獻等事宜訪問巴黎，開始因法方對我們的身份還有些遲疑，我就寫信給吳公請他幫助聯繫，他非常熱情地和法國"敦煌研究組"負責人蘇遠鳴先生（Michel Soymié）接洽，終於促成了法方的邀請。我在 4 月 5 日去信給吳公報告了我們的行程，他收信後又馬上到"敦煌研究組"替我們落實相關事宜，並於 4 月 20 日寫信給我，告知接機、住宿等具體信息。我們 5 月 3 日到達巴黎，童丕先生（Eric Trombert）在機場出口處迎接並駕車送我們到新華社巴黎分社住下。第二天早上 9 時，我們按約定時間到了法蘭西學院漢學研究所，法方人員尚未到，而吳其昱先生卻已端坐在圖書館閲覽室裏翻閲報紙。第一次見到吳公，給我的第一印象是一位衣着樸素，特別願意與來訪的國人誠懇交談的忠厚長者，講話有濃重的蘇北口音。當天和"敦煌研究組"會談後，吳公熱情地邀請我們一定要抽出時間到巴黎近郊 Ivry 城 Robespierre街他的住所作客。約定了時間，他特地告訴我們地鐵轉乘的綫路、站名，而且提前到地鐵站出口處等候我們。我們當時並不知道他已年近八十，看着他矯捷的步履，以爲他還不到七十歲呢。吳公原籍江蘇東臺，1943 年畢業於西南聯大外文系，1948 年便到巴黎留學，但成家很晚，他的夫

---

① 據吳公夫人在墓地告訴詠芳：吳公自去年查出肺部疾病，采用在家保守治療；因今冬巴黎嚴寒，元月 3 日病情加重而住院，次日上午逝世，未再受病痛折磨，尚算安詳。

人是一位畢業於家政學校的日本女子,賢慧而能幹,他們的女兒還在中學讀書。他夫人的菜做得很好,卻一直忙碌着,不與客人同桌吃飯。我記得,那一次家庭宴會的中心便是我們四人的聊天。吳公除了向我們介紹法藏敦煌文獻的編目動向外,最關心的就是國內學術界的情況,關切中國敦煌學研究的進展,還特別一一問及了季羨林、周一良、啓功等老先生的現狀。從談話中可以知道,他雖已在法國定居了 40 多年,爲法藏敦煌文獻的編目、整理研究做了大量的工作,與不少法國學者亦時有來往,但仍常常不免有孤寂之感和懷鄉之情。所以,每遇中國大陸和臺灣地區來訪的學者,都主動攀談,親切接待。我後來得知,上海古籍出版社我們的同行與法國國家圖書館簽約出版法藏敦煌文獻圖録本,也是請吳公牽的綫,真是功莫大焉。那次我們還遇見了在巴黎研修回鶻文的新疆大學牛汝極博士,吳公不僅參加了他的博士論文答辯,而且他也經吳公的引薦認識了傑出的中亞史與突厥語專家哈密頓先生(J. R. Hamilton),使他獲得了合作課題研究的機會,獲益匪淺。可惜那次訪問時間短促,我們在巴黎祇住一週便轉道德國特里爾、波恩、法蘭克福而返京了。

1997 年 5 月,我應魏丕信教授(P. E. WELL)之邀訪問巴黎,到法蘭西學院漢學所演講。我預先擬定了訪問日程,5 月 19 日下午到達巴黎,第二天就到漢學所拜訪了魏丕信、戴仁(J - P. Drège)和吳公。5 月 22 日下午我做演講,吳公不僅親臨漢學所聽講,又熱情邀請我和同行的古麗比亞研究員到他家作客。在交談中,我提及想拜望左景權先生的願望,但是聽說左公脾氣不好一般不願見人,頗感爲難,吳公馬上表示:"我和左公是老朋友,我來聯繫。"我當然很高興,卻並不知道當時左公正在和吳公鬧點小彆扭,冒然替我聯繫也許會有尷尬。經吳公努力,促成了與左公愉快而難忘的會面,也悄然化解了兩位老朋友之間那點不愉快。後來我暫時離開巴黎去德國特里爾大學講演,左公主動打電話給吳公,希望再次與我們見面;於是,我們回巴黎後,吳公又帶我們到左公家一起喝茶聊天。那兩次與左公會面的情形,我已寫在《懷念左公》一文中(《敦煌吐魯番研究》第 11 卷,上海古籍出版社,2009 年),此不贅敍。

2000 年 5 月我第三次到巴黎時,與正在編寫《法蘭西學院漢學研究所藏漢籍善本書目提要》的藏書家田濤先生同行,並一起住在巴黎大學城的公寓裏。吳公約我們到一家中國餐館吃飯。他特地向我說明:女兒要準備高中會考,爲了不影響她的功課,所以這次不能在家中待客了。我祝願他女兒能夠考上理想的大學,他非常高興地説:"我女兒很用功,一定會有出息!"言語之中,洋溢着對女兒真摯的愛與熱切期盼。餐間所談,除了對法藏漢籍編目提出建議外,還是關切國計民生,關心國際敦煌學的發展。當時,臺灣文津出版社已經出版了慶祝吳公八秩華誕的《敦煌學特刊》,刊出了海峽兩岸和日本學者的 19 篇論文和吳公的論著目錄。因其中提及他和謝和耐、戴仁等法國專家共同編撰《法藏敦煌漢文寫本目錄》第一、三卷之事,我說 1997 年訪法回國後,曾經為中國新聞社的《視點》雜誌寫了一篇短文,特別指出了他和左公、陳祚龍等華裔學者對法國敦煌學研究的貢獻。他連連擺手說:"這是我們應該做的。祇要大家攜起手來,真誠合作,就沒有做不好的事情。"談及《法藏敦煌漢文寫本目錄》第一、三、四、五卷均已出版,而第二卷因法方一位編撰者遲遲不願定稿而未能出版之事,吳公也頗感無奈。我提到 1993 年我們曾和法國國家圖書館中文部的負責人郭恩女士達成了合作出版法藏敦煌絹畫的意向,但後來因法方的原因而未果;1997 年來巴黎時我依然去拜訪了郭恩(M. Cohen),代表中國敦煌吐魯番學會及北京圖書館敦煌資料中心送書給她,我在中文部查閱敦煌寫本,她的態度也比過去積極和友善了。吳公點頭說:"彼此都要努力,文化交流需要大家都來做促進的工作。"他特別提到法國戴密微教授(Paul Demiéville)對國際敦煌學的卓越貢獻,也包括對他和左公等華裔學者的信賴。戴氏去世後,吳公費了很多功夫將戴密微先生的重要著作《吐蕃佛教會議》(即《吐蕃僧諍記》)節選本和戴氏年譜、著作目錄及生平傳記先後翻譯成中文介紹給中國學者。他語重心長地對我說:"你在上次的講座和一些文章中強調要開展實質性的合作、交流,我很贊成。我年紀大了,跑不動了,你們還年輕,要多來法國作學術交流。學術乃天下公器,有材料、有成果大家分享,互相促進。坐在一道,哪怕是聊聊天也好。"類似的話,吳公在 2004 年、2007 年和我幾次在巴黎見面時又說過多遍。我聽說,多年來,他已經養成一個習慣,常常獨自從家裏出來,在街上買份報紙,然後到法國國家圖書館中文部或法蘭西學院漢學所的圖書館看報讀書,如果看到有來訪的中國學者在閱覽室,他一定會主動詢問攀談,然後熱情地請人吃飯、喝咖啡。那次吳公還介紹我們認識了哈密頓先生,請這位大名鼎鼎的專家親自帶我們參觀了珍貴的中亞古錢幣收藏品。後來,吳先生又帶我們去哈密頓先生家中進行交流。凡是與學術交流相關之事,吳公都會不顧自身的勞累親為引領。

　　2007 年 5 月我應法國遠東學院之邀又訪巴黎,期間幾次到慶浩兄家裏作客,聽說張廣達老師等多位學者每週或兩週一次在慶浩家舉辦學術沙龍,常常是請吳公來講西域或西亞文獻。年屆九十的吳公準時坐地鐵來,每次都認真備課,傾心講授,大家都很感動。吳公聽說我在巴黎,特地請詠芳女史安排了一家餐廳,請我吃飯。那次午餐,吳公吃得很少,卻依然談興甚濃,談到他正在做的研究工作與設想,希望有更多的中國年輕學者能夠從事西域胡語古文獻的研究,還特地帶了一份他寫的講義給我看。本來午餐後他還要我一起喝咖啡,我因下午還有別的安排祇得辭別,請上海師大來的一位年輕學者陪吳公喝咖啡。分手之時,他緊握着我的手,依依不捨地說:"你要多來啊,最好每年來一次。"我儘管明白這不可能,還是頻頻點頭;因爲我理解這並非祇是對我個人的囑咐,而是一位久居海外的老人對祖國學界後輩的殷切期盼。聽着吳公仍然健談,看到吳公仍然行走自如,我覺得他一定會健康長壽,見面還有機會,豈料竟是永別! 我絕對想不到這會是最後一次見面,否則,一定會推卻其他一切事務而繼續陪吳公暢談的!

三年前,我寫了懷念左公的文章;今天,又撰此短文來寄托我對吳公的緬懷之情。吳公的道德文章,我所能追憶的不及十一、百一;前輩遠行,我等在悵然若失之際卻能獲得新的感悟。我記得左公曾經爲國內有人在文章中稱他爲"法籍華人"而耿耿於懷——因爲他並沒有加入法國國籍,始終使用着中國的護照,這是他的心結所致;而吳公雖久居歐洲而情繫祖國,學術專精而胸懷寬闊,濃烈的愛國情懷與思鄉情結卻並不因爲國籍的改變而有絲毫的減弱。我認爲,吳公和左公經歷相似而性格迥然不同,但二老都不愧爲平凡而偉大的愛國學者。阿爾伯特·愛因斯坦曾經感歎:"我有強烈的社會正義感和社會責任感,但我又明顯地缺乏與別人和社會直接接觸的要求,這兩者總是形成古怪的對照。我實在是一個'孤獨的旅客',我未曾全心全意地屬於我的國家、我的家庭、我的朋友,甚至我最爲接近的親人。"(《我的世界觀》)我覺得這仿佛也正是融合了左、吳二公的寫照——一位因種種原因似乎缺乏與他人及社會直接接觸的要求,另一位則希冀和社會及他人有更多的交流,但他們都是有強烈的正義感和責任感之人。因此,表面的"孤獨",遮掩不住他們心靈的熾熱和光輝。卡爾·馬克思在《德意志意識形態》中曾提出了"狹隘地域性的個人爲世界歷史性的普遍個人所代替"的期盼,後者即"世界公民"。在當今現實社會生活裏,政治、經濟、軍事層面上的"愛國主義"觀念往往難以與"世界公民"協調一致;恐怕在文化交流與學術研究的氛圍中,還比較可能造就不分民族、國別、疆域和信仰的"世界公民"。我想,這也應該是吳其昱先生的一個遺願。

聽說吳公是將《般若波羅蜜多心經》翻譯成法文的第一位學者,這也是傳播文化的功德無量之舉。在本文結束之處,請允許我用《心經》的偈語來爲仙逝的吳公祈福:"揭諦揭諦,波羅揭諦。波羅僧揭諦,菩提薩婆訶。"衷心祝願吳公在彼岸自在吉祥!

2011 年元月 20 日於北京

九三年的吴其昱先生
府憲展（上海古籍出版社）

2011 年的 1 月分外寒冷。11 日下午，我在編輯室改完《旅順博物館藏六祖壇經》書稿的最後一個標點，接到了柴劍虹先生從北京打來的電話，告訴我：吳其昱先生 1 月 4 日在巴黎去世了。

我難以抑制心中的悲痛，再也無法工作。對着窗外凝重的陰雲，一幕幕回憶起和吳先生相處的日子。

1989 年，上海古籍出版社決心編纂出版《敦煌吐魯番文獻集成》，除《俄藏敦煌文獻》外，法國國家圖書館藏品也是最重要的構成。時任社長魏同賢通過老社長李俊民的關係，由程千帆、潘重規，輾轉而祈請吳其昱先生聯絡了法國國家圖書館，獲得同意。

關於出版《法藏敦煌西域文獻》的聯絡工作，出版社檔案中潘重規先生來信説：

> 俊民學長先生大鑒：上月由（楊）克平轉下賜書敬悉一一。左右流通古籍，弘揚文化，舉世欽崇。……貴館將印行列寧格勒藏敦煌卷子，聞之不勝企望。關於印行巴黎藏卷，傾得敝友吳其昱教授覆信，承其奔走，已獲法館東方室主任同意。即祈逕與接洽爲盼。端復 祇頌
>
> 新釐　弟潘重規手上　九一、二、一九
>
> 敝友函影本附上乞　察　規又上

轉來吳先生的信件是這樣寫的：

> 石禪尊兄座右　一月十四日　大劄奉到。欣悉上海古籍擬影印法藏敦煌寫本，一月中旬即去巴黎圖書館，轉去上海古籍魏氏致左右書。一月廿九日得見東方部主任 M. Cohen 夫人，伊謂贊同魏氏影印法藏敦煌文獻計畫，上海古籍可直接函洽或派人來法面洽，均所歡迎。惟巴黎圖書館目下暫無人來滬，又攝影事例由該館攝影服務處工作。至於簽約等手續，一如以前日本東京二玄社《敦煌書法叢刊》方式進行。
>
> 至於上海古籍與法國敦煌學專家合作，亦早已將魏氏信影印轉交。此間敦煌研究小組負責人 P. Magnin。該組正忙《目録》第四册校樣，不久即有回覆，容續告。……
>
> 匆匆專復　即頌　新歲百福　夫人前乞代問候。後學弟　吳其昱敬

上 内人及小孩同拜。九一年二月六日。

看到吳先生蒼勁有力的手澤,真是"文如其人"、"見函如面"。十四日接到潘先生的信,中旬已去圖書館轉達了上海古籍的信,廿九日即已與郭恩夫人談妥出版意願甚至極爲優惠的合作條件,並與法國漢學中心商談了雙方的合作;即使是最後的攜"夫人前乞代問候"、"内人及小孩同拜",也可見謙恭、禮貌、周全的做人品格。我們都始終銘記,《法藏敦煌西域文獻》乃至目前尚在進行的《法藏敦煌藏文文獻》的編纂出版,其創業先驅中,有那麼多的學術耆老,包括吳其昱先生。

由於潘重規、吳其昱先生的努力,出版《法藏敦煌西域文獻》的意向就此談妥。1992 年魏同賢社長、李偉國主任訪法,正式簽訂了合同;1993 年 7 月,在維克多·雨果描述的風起雲湧的《九三年》之後的兩百年,李偉國和我到巴黎工作三個月,着手具體的編輯工作。我也由此見到了吳其昱先生。

我終於找到了 1993 年 7 月到 10 月訪問巴黎的日記,找到了關於吳先生的這些記錄:

　　7 月 7 日　吳其昱先生來候,到咖啡館小坐。談了《壇經》、《心經》、希伯來文敦煌文獻《祈禱文》。

　　7 月 9 日　吳其昱先生來約,下星期天到他家作客。工作將畢,張廣達先生來。復請蒙曦同往對面咖啡館小坐,吳請客。暢談闊論。吳對旅順博物館《壇經》甚有興趣。談他對《景教三威蒙度讚》和摩尼教文獻的研究,以及《壇經》的法譯本。對於法成是漢僧還是蕃僧,吳先生主張"蕃僧說"。理由一爲署"大蕃國大德",而非如常規之"大蕃國某地某寺"之例(歸義軍後改爲"國大德")。二法成蕃漢翻對字書有以蕃文序列編輯者。説,方廣錩近發現北圖有法成用過的經目。對於《無量壽宗要經》爲法成本,吳未明證據,如果發現請提供。

　　7 月 10 日　吳其昱專程來館看我們的《俄藏敦煌文獻 1》。

　　7 月 18 日　到吳其昱先生家訪問。張廣達先生作陪,共進午餐,吃生魚片、蝦。看吳先生藏書、特別是西文藏書非常多,日本出版的敦煌學著作也很多。從下午一點談到八點,洋洋灑灑,了無阻礙。

　　7 月 26 日　下班前吳老來,談粟特文(文獻彩圖擬訂)標題。即請一起回宿舍吃晚飯,談到十點多些。

　　7 月 31 日　吳先生下班時到,來查閱我們出版的《俄藏敦煌文獻 1》孟列夫序。然後又到咖啡館小坐,講了自己 1948 年考公費留學的經歷。

　　8 月 3 日　下班後同吳先生喝咖啡。

　　8 月 7 日　下班前張廣達先生來,將最後確定的于闐文文獻標題修正後交給我們,都是根據吉田豐的權威考證得來。下班走出館門後,忽然想到吳先生會來,略等一會兒,吳已上樓找過再下來了。又到老地方喝咖啡。談藏文、談人才培養等。在書店看到印度出版的《梵英詞典》和有關梵文的不少書籍,還有巴利文的。

8月10日　同吳先生喝咖啡。談禪宗、宗密、印度密教興盛時期的"開元三大士"、《大正藏》編目缺陷和中亞古文字(的語種代號)縮寫。

8月17日　下班前吳先生來,即還了書,邀請他到旅館喝咖啡。吳明天再帶鄭阿財目錄來複印給我。

8月18日　下班後同吳、葛蓮(萊頓大學)喝咖啡。昨已還吳一書,今又帶來鄭阿財、朱鳳玉編的研究目錄。

8月19日　將冬宮文章和禪宗文章(拙作《禪宗的創造性思惟形式》,載《中華文史論叢》四十六輯)送葛蓮和魏彼得(美國人,教授拉丁語和希臘語,研究中國美術史);下班時吳先生來,亦送一份。同吳先生又去友豐書店,藏文書頗多。到宿舍喝咖啡。吳先生説:以蔥嶺爲中點,南爲大夏,北爲遊牧突厥系,西爲印歐系,東爲漢藏系,此爲語言之大致區分,當以梵文爲基礎搞通中亞語言。編例中,某些文獻當以"文"爲主而非"語"(是以某種文字記載的另一種語言)。

8月20日　下班前吳先生來,即到老地方小坐,喝咖啡。吳先生讀了禪宗文章,認爲很有意思,有悟性,但是引用的書少了點,都是《五燈會元》,建議直接用《景德傳燈録》。《景德》爲宋初,《五燈》爲宋末,不一樣。要注意宗密的材料和敦煌的早期禪宗材料。我説到,我們手裏目前祇有法藏膠片,缺英、北(即現國圖)、日等材料,不然最好將早期禪宗材料全部影印。柳田編過的十二種《壇經》本子、包括西夏文,但不是完全的敦煌材料。吳提議,材料和資金(基金會)由他想辦法,由我來撰寫説明,並可由我社出版。實在愧不敢當。

8月25日　吳先生等候着,即去咖啡館。

8月27日　下班後仍同吳先生喝咖啡。吳説基金會事。之後即乘車到奧黛温附近一個教會書店,除基督教書籍外,主要有大量的拉丁文、希臘文、希伯來文等工具書,看了一會兒就關門了。

8月30日　吳先生查一藏文押,非常模糊。圓形朱文,下方爲一馬,上方不知爲何。吳從簽名"李和和",辨出押印上半爲"李和和"藏文文字,真可叫絶。倘不識藏文豈可想象,其學識之淵博適左右逢源也。下班老地方,近"Opera"街角的咖啡館,老闆娘剛生個小孩。談藏文的古今音不同,古藏文以近世較爲可靠,再前之文字流傳多經後人重新轉寫。

先生還開了建議購買的辭典單子,這是前日通電話時講起的,今後可以到日本或港臺索驥也。

8月31日 同吳先生去拉丁區的兩個書店,建議我再買一册《巴利文—英文詞典》。吳先生又買了一册拉丁文《新約全書》,這是拉丁文標準文本的新版,他原有87年版本。到宿舍喝咖啡。吳教我讀了梵文的一些單詞,説梵文發音是由舌頭在口腔的高低部位確定的,很精確,也分出氣和不出氣,清、濁等。看來主要要有拉丁字母的讀音基礎。建議買些語法和初學的小册子,法國這方面做得比較好。

9月2日 下班,咖啡,同吳先生長談。今天的題目是:1. 敦煌禪藏,收集整理編輯出版。説禪固是頗有興味,且共同語言比較多些。2. 音韻、韻書,古今韻變化,詩詞聲韻。最後先生又乘興講他的"苦也南宗禪"。3. 第2325號文獻,非瑜伽,非華嚴。説相成、相續、相待,謂之"三假義"也。此其鎖鑰在判六朝卷爲唐代卷。

9月3日 下班,咖啡,長談。今天的題目:《敦煌漢文文獻概論》(《講座敦煌》五)。又將《法藏編例》看過,基本可以。吳先生借了他的《敦煌漢文寫本概論》(日文版)予我複印。

9月6日 下班同吳先生談,摩尼教以德國人所著一本《中世紀教史》最好,資料最全。最早爲敍利亞文資料。談苯教,資料需要搶救,日本人注意這些。

9月9日 吳先生帶着伊藤美重子來看敦煌原卷。伊藤爲吳先生翻譯了《敦煌漢文寫本概述》作爲日本《講座敦煌》第五册。小小的個子,中國話講得很好,在富山大學教中文,曾跟池田温學習。

9月10日 同吳先生去書店,然後到宿舍小坐,喝咖啡。請他讀了梵文字母的發音。

9月14日 吳先生需去休假,可能回來時我已離開,特意約定來館告別,再到咖啡館小飲暢談。

……

讀罷掩卷遥想。日記過於簡約了,但勾勒起回憶的綫索和框架,而更多生動的場景一一浮現。憶念是那麽模糊,具體我們説了些什麽,都記不清了;憶念又是那麽清晰,他是我最早的敦煌學的啓蒙老師之一,又是我此生難遇的大師級的老師。而他的東臺口音的話語,充滿了期盼、熱情、細心的誘導。

我們在法國的工作,主要是根據原本著録敦煌遺書的版本狀況。郭恩女士和蒙曦女士已經爲我們準備好了法蘭西學院敦煌小組撰寫的注記目録,其中包括謝和耐、吳其昱撰寫的第一冊,即 Pelliot. chin. 2001—2500 號的内容、關聯文獻、參考著述、外形描述等。我們已經無法逾越這個巔峯,"但是,由於編輯工作需要完成的是不同的任務,我們有必要爲所有文獻給出一個相對貼切的題目,以爲各類專業讀者提供一個導向,帮助他們找到自己需要的材料。因此儘管不能做得十分的準確,我們也不得不突破我們尊敬的權威專家點到爲止的方法,而編製所有的標題,其中包括《目録》中並不明確的大量擬題。"(《法藏敦煌西域文獻》出版後記)另一項重要的工作,是選擇各卷卷首所需要的彩圖,尤其是第一冊的彩圖,需要概括全部法藏敦煌文獻的概貌。在我們的出版編例中,第一句話就是"本書包括法國國家圖書館收藏的伯希和考察隊所獲全部漢文和非漢文文獻,包括藏文、西夏文、回鶻文、于闐文、粟特文、希伯來文等等。"從法藏敦煌文獻約 4000 個漢文編號和其他胡語文獻中遴選出最具代表性的圖版,基礎是對於所有文種的代表性遺書的把握,需要有深厚的文獻學和古代胡語語言學基礎。當然,也可以從敦煌學各語種已有的學術成果來把握,而當時,不僅是我們初涉敦煌學的編輯無法完成,也是國内敦煌學家難以全面把握的。

我們理所當然地約請吳先生幫助我們。很快,吳先生就寫下了一連串胡語文獻的擬題,如《Pel. tib. 1286 吐蕃文吐蕃贊普世系》、《Pel. sogd. 16 悉曇字梵文般若心經》、《Pel. chin. 于闐文于闐國王與曹元忠書》、《Pel. ouig. 13 回鶻文佛教祈禱文》、《Pel. sogd. 4 粟特文善惡因果經》、《Hebreu. 1412 希伯來文猶太教祈禱文》。吳先生還給我們逐一介紹了這些胡語文獻的内容、所證明的學術問題。而後于闐文文獻又經過了張廣達先生的遴選,回鶻文文獻經過了牛汝極先生的考訂。最終刊印的這些胡語文獻圖版,全面展示敦煌文獻即使在唐代就具備的國際文化交流和民族文化交流的價值。

吳先生對於敦煌藏文和胡語文書的介紹,直接啓示了我們,在完成法藏敦煌漢文文獻出版之後,努力把其他文種的文獻也一並出版。這項工作終於有了契機。我社領導積極開展同民族院校的合作,在謝玉傑、金雅聲調任西北民族大學領導後,双方一拍即合。西北民大組建"海外民族文獻研究所",集中全校藏學研究力量投入敦煌藏文的編纂工作。2006 年 6 月《法藏敦煌藏文文獻》開始出版,至今已經完成 10 冊。而《英藏敦煌西域藏文文獻》也在 2010 年底出版了第一冊。如同 2006 年 9 月法藏敦煌藏文文獻出版發佈暨國際學術會議上,王堯、今枝由郎先生所説,這項出版具有"里程碑的意義","怎麽估計也不會過高"。我不知道吳先生在法國國家圖書館閱覽室看到我們的藏文成果,會是如何地高興!那次會上,蒙曦女士特意告訴我,吳先生身體很好,又是每天下班前半小時來閱覽室了。我的心終於寬鬆了下來。也許就因爲我們談話的自由隨意,我不便也無意打聽吳先生的年齡。祇是他有一次跟我說了,他比饒宗頤先生大一歲,我纔意識到他矍鑠的精神背後事實上的衰老,不免總是有些擔憂。

自 1993 年以後,直到 2004 年 12 月,《法藏敦煌西域文獻》總共 34 冊已經出版。我在《出版後記》中寫道:"本書的編纂工作,主要參考了法國漢學中心敦煌研究小組謝和耐、吳其昱等編寫,和以後由蘇遠鳴主持編纂的《敦煌漢文文獻目錄》的一、三、四、五卷。這部經典目錄對我們的幫助是無與倫比的。……我們從中感受到了法國專家極其嚴謹的學風和深厚的功力。……本書出版首先應當感謝潘重規、吳其昱先生的鼎力撮合,幫助聯絡了法國國家圖書館東方部商談合作意向。"此處我無法更多地例舉吳先生對我們的幫助,甚至沒有説這些幫助絕不僅僅是對於"我們",而是整個敦煌學界、整個中國人民。但是,在中國學者可以不必像王重民、姜亮夫、向達等奔走於歐洲圖書館之間查閱敦煌文獻的時候,在每個文獻的字裏行間,都會看到海外學者的努力和貢獻。

我欽佩吳先生對於敦煌各種語言文本的把握能力。但是以後纔知道遠非僅此而已。有一次我偶爾説起,俄語的複雜是否會阻礙思維的速度,言下之意是是否會影響思辨能力。對於這個無知的疑問,吳先生正色説:"斯拉夫語言是最古老最精彩的語言,和拉丁語有着直接密切關係,許多詞彙直接來自拉丁語。"然後,讓我雲裏霧裏地聽着他講了很多我根本不能聽懂的例證。他送給我一本關於《景教三威蒙度讚》的論文抽印本,他説,他拜巴黎的紅衣主教爲師,學習了一年希伯來文;僅僅爲了寫這樣十幾頁的文章,買了至少這樣一摞的書——他比附着自己的肩頭。這都是讓我匪夷所思的:在 90 年代的中國,即使是在現在,真是有人這樣做學問的嗎? 吳先生説,他的西文藏書,有臺灣朋友給出版了一本書,叫做《吳其昱藏西文學術著作目錄》。"你們在中國很難了解某個學問西方的研究情況,我在巴黎比較方便,就儘量搜集起來。做一個目錄,也便於中國學者知道歐洲的學者在研究什麼,是怎樣研究的,應該找哪些書。"説到國內對於西方研究動態的不熟悉,吳先生還感慨地説起他的一位老朋友。吳先生真誠地對他説:"某公啊,你對於西文資料了解得還是太少了點。"我愕然震驚——此公可是當今最爲著名的學術大家啊!

經常和吳先生一起去巴黎拉丁區的書店。我尤其關心的是,我們和法國國家圖書館簽訂的合作項目包括了"全部漢文和非漢文文獻",作爲今後的儲備,我必須找到一些最好的梵文、藏文的字典。吳先生一一給我介紹,推薦給我,就此買下了威廉姆斯的《梵英大辭典》和達斯的《藏英大辭典》;吳先生還説:"這本《巴利文大辭典》也很重要啊!"他还说到了敦煌遺書中的漢藏對照的《翻譯名義大集》，日本整理出版了，是古藏文和漢語翻譯得最好的資料；説到日本荻原雲來的《梵和大詞典》是編纂得最好的，但是佛教詞彙不夠多；而這兩本詞典，我後來分別複印和購買到了。

吳先生曾經撰寫了日本大東出版社編的《講座敦煌》其中的《敦煌漢文文獻概論》，對於剛剛起步十年的中國敦煌學界這無疑是路標性的著作。而在圖書館，我又看到吳先生編纂的《太玄真一本際經》、《甘棠集》等等。作爲一個出版人，我迅速地判斷，吳先生的敦煌學和西域語言學的研究，比起國内的現有水準高出一大段。我也徵求了張廣達先生的意見，張先生説，吳先生的水準不僅和國内相比很高，即使在法蘭西學院也是很高的。祇是國内的人對他不了解。如果能在中國出版吳其昱文集，非常有意義。我在咖啡桌上和吳先生談了，吳先生非常高興地應允了。但是，第二天他告訴我，想來想去不行，"我的著作權都被日本人買斷了，看來要取得日本出版社的同意是很困難的。"我自然深感遺憾。直到現在，我都爲吳先生的天下第一等文章不能在中國出版痛惜。

我們多次談到的話題是關於《六祖壇經》。1991 年 10 月，我隨魏同賢社長到旅順博物館調查敦煌吐魯番文獻，順便了解一下館藏古籍和檔案。當時劉廣堂館長、蘇小幸副館長都全力支持。19 日，我在館藏普通古籍目錄中發現有一本"六祖壇經，五代抄本"，就要求提出來翻看。當時本子上記錄了館藏編號 519 和登記號 15519，館藏登錄爲"後周綫裝本寫經"，"顯德五年法海集惠能韶州大梵寺施法壇經"。我還特意詢問了蘇小幸副館長，她告訴我説："博物館的王宇關於大谷藏品和《壇經》寫過一篇文章，在最近一期《文物天地》（約 7、8 期）。"這樣，我就想也許他們已經都搞清了。由於需要查看的材料很多，尤其是新疆的寫本，所以就放下了。因爲這本書的裝幀形式比較特殊，和一般蝴蝶裝不同，紙張也不是明清常用的，所以總是心存狐疑。尤其是《壇經》流行以刻本居多，有這麼一個寫本，無論如何是十分珍貴的。在俄羅斯，我和孟列夫談論了很多關於《壇經》的話題。還向魯多娃的姐妹、伊爾庫兹克藝術博物館館長伊琳娜詢問旅博本《壇經》是否會保存在那裏。伊琳娜説完全有可能在伊爾庫兹克歷史博物館，但是，該館多少年前一場大火，藏品完全找不到了。真是讓我絕望！後來，我從孟列夫藏書中看到了潘重規的《壇經新書》，後面附錄了三張大谷探險隊拍攝的旅順博物館藏《壇經》的照片。我忽然意識到，所謂"遺失"的旅順博物館藏本應該沒有被蘇軍帶到伊爾庫兹克，會不會就是我曾經在旅順博物館庫房親手摩挲的那一本呢？當見到吳其昱先生之後，我説出了我的狐疑。吳先生當時十分敏鋭，讓我詳細描述了這個抄本的情況。他説："如果就是大家所講的已經佚失的那一本，那太重要了。那就是存世《壇經》的第五本！我可以申請基金會資金，一起來做這個第五本的整理！"我知道吳先生是臺灣基金會的評委，但是，一方面考慮此事首先應當讓旅順博物館的人員爲主，另一方面大陸尚未有引進臺灣學術基金的先例，恐怕未必行得通。我説，最關鍵的是首先確定搞清楚這本到底是不是。我回國後爭取再去一次。誰知，等到回國以後，出版社的情況發生了重大變化，《敦煌吐魯番文獻集成》甚至被提上職代會討論是否應當下馬，敦煌編輯室是否應當解散。雖然不少有識之士力主繼續，但是我的活動空間已經被大大壓縮，一直沒有机会再去旅順。我還和敦煌學界的一些老朋友説起此事，並且提供了館藏號，希望他們有機會查實一下。有一次，聽説社裏同事要去大連，我趕緊複印了大谷探險隊的三張《壇經》照片、抄录了当时查到的藏書編號交給他們，希望無論如何到旅順博物館核對一下。我懷着可以一錘定局的期待等候了一個星期，但是，由於事務繁忙，他們改變了行程，最終沒有去旅順博物館。此時我几乎心灰意懶，也許，這本根本就不是大谷探險隊的那一本，也許，這祇是我疑神疑鬼的猜測？我的領導先後退休了或者調走了，我孤獨地帶領着"敦煌編輯室"繼續艱难地完成着險些被取締的敦煌項目。還好春天總是不遠，巨大的社會影響力和真知灼見的領導終於佔據了主流，敦煌項目得到了重新肯定。直到2010年的夏天，我的徒弟吕瑞鋒在網絡搜索到旅順博物館藏《六祖壇經》發佈的消息，我二十年的狐疑終於一掃而光。更沒幾天，我聽到了旅順博物館王振芬副館長打來的電話，詢問我們對出版館藏《六祖壇經》是否有兴趣。我幾乎沒有聽完王館長的話，就迫不及待地搶着把1991年曾親眼看到這個抄本直到和吳其昱先生的談話等都説了。王館長也十分振奮，沒有想到居然會有這麽長期的關注，居然會有這樣深的了解，居然此中有那麽多的曲折。王興康社長竭力支持，同意接受這個項目，並要求我和小吕馬上去旅順。而當我告訴他已經買好機票的時候，他説："我也要去的，你怎麽沒有買？"接下來可謂水到渠成，郭富純、王振芬已經做好了整理工作，編輯工作也就馬上開始了。

回想起九三年和吳先生的討論，我第一時間就是想告訴他這個好消息，並且希望他能夠爲這個他同樣關心的"第五本"《旅順博物館藏六祖壇經》題寫書名。10月我就給他寫了信。但是，再也沒有收到他的回信。我深深了解吳先生，他是非常平易近人、有問必答、有信必回的。以往即使是我過年時給他一張賀卡，他也總是用很長的問候、祝福和對我們工作的關心寫在賀卡上回應我。這次沒有收到回信，已讓我隱隱覺得他是否健康狀況不好了。我寧願是我寫錯地址或者別的原因，而不願意是他的身體原因。但是，羅伯斯庇爾大街的地址不會錯啊！

　　當聽到吳其昱先生去世的消息,我悲痛無語。我從此失去了一個最好的老師。無論他距離我多麼遙遠,雖然二十年中我們祇短短相會不到三個月;我自認爲在他面前我祇是一個懵懵懂懂的最差的學生,而吳先生則是我很多最尊敬的老師的"太老師"。這樣强烈的反差,説明了吳先生的學術責任心和高尚人格,也説明我祇有努力學習、努力工作,纔有可能縮小這種差距於萬一,纔能不辜負他的期望而勝任當前的工作。

　　我在給吳先生的信裏説,到出版的時候,我一定會最快地把《旅順博物館藏六祖壇經》寄給他。而今茫然,哲人已逝,書出來了,我寄到哪裏?我祇能把遥念寄往天國。

　　"吟罷低眉無寫處,月光如水照緇衣。"我祇有深深地悲哀,不能自已!

吳其昱先生論著目録

鄭阿財、朱鳳玉編　李燕暉增補

榮新江、劉波校訂

甲、專　　書

Catalogue des manuscrits chinois de Touen-houang, vol. 1（與 J. Gernet 合編），
vol. 3（與法國敦煌研究小組合編）（法藏敦煌寫本目録）Paris, Bibliothèque
nationale de Paris, 1970, 1980.

Pen-tsi King 本際經, Introduction（本際經引論）, CNRS, Paris, 1960.

《〈本際經〉：七世紀的未刊道書》（Pen-tsi King（Livre du terms originel）：
ouvrage taoiste inédit du VIE siecle）, CNRS, Paris, 1960.

L'Expression du nombre en chinois（漢語複數研究）（待刊）.

乙、論　　文

1. "A Study of Han-shan（寒山）"（寒山研究）, *T'oung Pao*, Leiden, 1957,
   pp. 392 – 450.

2. "Un manuscrit de Touen-houang concernant Wang Fan-tche 王梵志"（有關
   王梵志的一卷敦煌寫本）, *T'oung Pao*, Leiden, 1959, pp. 397 – 401.

3. "Trois poèmes inédits de Kouan-hieou"（貫休佚詩三首）, *Journal Asiatique*,
   Paris, 1959, édition rouge, Paris, 1960, pp. 349 – 379.

4. "Le Séjour de Kouan-hieou 貫休 au Houa-chan 華山 et le titre du recueil de
   ses poèmes "Si-yo tsi" 西嶽集（貫休卓錫華山與其集名西嶽集之關係）
   Mélanges publiés par l'Institut des hautes Etudes chinoises, tome second,
   Paris, 1960, pp. 159 – 178.

5. 《李翔及其涉道詩》,《道教研究》第一册, 東京: 昭森社, 1965 年, 第 271—
   299 頁。

6. 《敦煌本故陳子昂集殘卷研究》,《香港大學五十週年紀念論文集》第二
   册, 香港, 1966 年 6 月, 第 241—303 頁。

7. "Sur la version tangoute d'un commentaire du Louen-yu 論語 conservée à
   Leningrad"（列寧格勒藏陳祥道論語全解西夏文譯本考）, *T'oung Pao*,
   Leiden, 1969, pp. 298 – 315.

7bis《列寧格勒所藏〈論語全解〉西夏文譯本考》,許真章譯,《敦煌學》第七輯,臺北,1984 年 1 月,第 19—25 頁;又見許真章《西域與佛教文史論集》,臺北,1989 年,第 71—96 頁。

8.《〈禪月集〉補遺》,《福井博士頌壽紀念・東洋文化論集》,東京,1969 年 12 月,第 1173—1187 頁。

9. "Quatre manuscrits bouddhiques tibétains de Touen-houang consersés à la Bibliothèque centrale de Taipei"("臺北中央圖書館"藏敦煌吐蕃文佛經四卷考) *Études tibétaines dédiées à la mémoire de Marcel Lalou*, Paris, 1971, pp. 567‑571.(漢譯本見《敦煌學》第二輯,臺北,1975 年 12 月,第 56—69 頁)

9bis《"臺北中央圖書館"藏敦煌藏文寫卷考察》,耿昇譯,《國外藏學研究選譯》,蘭州,1983 年,第 49—58 頁。

10. "Deux fragments du Tchou-ying tsi 珠英集, une anthologie de poèmes des T'ang(ca. 702)retrouvée à Touen-houang"(敦煌唐詩選珠英集殘卷考), *Mélanges de sinologie offerts à M. Paul Demiéville*, tome 2, Paris, 1975, pp. 362‑398.(耿昇譯《法國學者敦煌學論文選萃》,北京,1993 年,第 476—498 頁)

11. "A propos de l'expression lan-tcho 蘭闍 de la langue hou 胡 citée dans le Che-chouo sin-yu 世說新語"(世說新語所引胡語"蘭闍"考)Etudes d'histoire et de littérature chinoises, Paris, 1976, pp. 303‑317.(許章真漢譯《書目季刊》,臺北,1986 年,第 192—203 頁;又見許氏《西域與佛教文史論集》,臺北,1989 年,第 137—146 頁)

12.《甘棠集與劉鄴傳研究》,《敦煌學》第二輯,香港,1976 年 12 月,第 1—50 頁。

13.《"中央圖書館"敦煌卷子影印本序》,《"中央圖書館"館刊》9:2,臺北,1976 年 12 月,第 82—83 頁。

14. "A propos du nom géographigue Li-kien 犂軒 sous les Han 漢"(漢代地名犂軒新考), *Actes du XXIXᵉ Congrès international des Orientalistes*, Section: Asie centrale, Paris, 1976, pp. 72‑76.

15. "A propos du nom géoqraphigue T'iao-tche 條支 sous les Han"(漢代地名條支新考), *Actes du XXIXᵉ Congrès international des Orientalistes*, Section: Chine ancienne, Paris, 1977, pp. 347‑352.

16.《最近敦煌文書研究》,吳其昱著,池田溫譯注,《東方學》第五十三輯,東京,1977 年 1 月 31 日,第 115—127 頁。

17. "Les Manuscrits de Touen-houang concernant l'esclavage sous les T'ang et au Xᵉsiècle"（敦煌奴婢文書）, *Contributions aux études sur Touen-houang*, Genève-Paris, 1979, pp. 161－167.

17bis《有關唐代和十世紀奴婢的敦煌卷子》,耿昇譯,《敦煌學輯刊》6 期,蘭州,1984 年 11 月,第 140—144 頁。

18.《臥輪和尚逸語敦煌吐蕃文(伯希和一一六號)譯本考釋——兼論臥輪與摩訶衍入蕃所授禪法之關係》,《敦煌學》第四輯,香港,1979 年 7 月,第 33—46 頁。

19.《臥輪禪師出家安心十功德蕃本試釋》,《珠海學報》11 期,香港,1980 年 10 月(增訂本);《敦煌學》第五輯,臺北,1981 年,第 41—52 頁。

20.《寒山與臺灣》,《中研院國際漢學會議論文集·文學組》,臺北,1981 年,第 311—324 頁。

21. "Quatorze poètes du Tchou-ying tsi 珠英集"（珠英集詩人小傳）, *Nouvelle contributions aux Etudes de Touen-houang*, Genève, 1981, pp. 273－294.（耿昇譯《法國學者敦煌學論文選萃》,北京,1993 年 12 月,第 499—521 頁）

22.《大蕃國大德三藏法師法成傳考》,《講座敦煌》第七卷《敦煌と中國佛教》,東京,1984 年,第 383—414 頁。

23.《珠英集沈宋近體詩與日本奈良及平安初期之漢詩》,《古典 變容 新生》東京,1984 年。

24. "Quatre manuscrits sanskrits de Touen-houang consersvés à la Bibliothèque nationale de Paris"（法藏敦煌梵典考釋）, *Contibutions aux Etudes de Touen-houang*, vol. Ⅲ, Paris, 1984, pp. 55－75.

25. "Les manuscrits sanskrits de Touen-houang consersvés à la Bibliothèque nationale de Paris"（法藏敦煌梵典考釋）, *Les peintures murales et les manuscripts de Touen-houang*, Paris, 1984, pp. 99－101.

26. "A Study of *Ching-chiao san-wei meng-tu san*", *Proceedings of the XXXIth International Congress on Human Sciences in Asia and North-Africa*, Tun-huang and Turfan Studies, Tokyo, 1984, pp. 976－978.

27.《西域古語文獻研究導論》(上編),《國際中國邊疆學術會議論文集》,臺北,1985 年 4 月, 第 873—913 頁。

28.《列寧格勒所藏敦煌寫本概況》,敦煌學國際研討會專稿,《漢學研究》4 卷 2 期,臺北,1986 年 8 月, 第 73—82 頁。

29.《論伯希和粟特文寫本二號之年月》,《敦煌學》12,臺北,1986 年 2 月,第

1—4 頁。

30. 《〈景教三威蒙度讚〉研究》,《中研院歷史語言研究所集刊》第五十七本第三分,臺北,1986 年 9 月,第 411—438 頁。

31. 《八十年來之敦煌學》,《漢學研究通訊》第 5 卷第 4 期,臺北,1986 年 12 月,第 161—162 頁。

32. 《〈菏澤神會傳〉研究》,《中研院歷史語言所集刊》五十九本四分,1988 年 12 月,第 899—912 頁。

33. 《近三十年來之敦煌學(文獻舉隅)》,蘇瑩輝《敦煌學概要》附録六,臺北,1988 年 12 月,第 423—427 頁。

34. 《許真章譯〈西域與佛教文史論集〉序》,許章真,臺北:學生書局,1989 年 2 月,第Ⅰ—Ⅱ頁。

35. 《摩尼傳記中之年代問題》,《第二屆敦煌學國際研討會論文集》,臺北,1991 年,第 171—180 頁。

36. 《敦煌漢文寫本概論》,《講座敦煌》第五卷《敦煌漢文文獻》,東京,1992 年 3 月,第 1—142 頁。

37. 《六祖壇經 Catherine Toulsaly 女士法譯本序》, Préface à la traduction franXaise du su#tra de La plateoforme, Paris, 1992, pp. 19‑25.

38. "Le manuscrit hébreu de Touen-houang", *De Dunhuang au Japon*, Genève, 1996, pp. 259‑291.(敦煌希伯萊文寫本考釋)

39. 《薛廷珪朔方節度使韓遜生祠堂碑敦煌殘卷考》,《潘石禪先生九秩華誕敦煌學特刊》,臺北文津出版社,1996 年 9 月,第 63—73 頁。

40. 《唐代景教之法王與尊經考》,《敦煌吐魯番研究》第 5 卷,北京:北京大學出版社,2001 年 5 月,第 13—58 頁。

41. 《敦煌北窟敍利亞文課經(Lectionary)詩篇殘葉考釋》,《新世紀敦煌學論集——潘重規教授九五華秩並研究敦煌學一甲子紀念》,成都:巴蜀書社,2003 年 3 月,第 191—233 頁。

42. 《巴利文〈生經〉爭兒故事泰字本異文初探》,《敦煌學》第二十五輯,2004 年 9 月,第 159—176 頁。

43. "A Study of a Jātaka Story in Pāli, Putto 'The Son'(no. 546)"(巴利文《生經》爭兒故事(第五四六號)考釋),《冉雲華先生八秩華誕壽慶論文集》,臺北,2003 年 7 月,第 135—169 頁。

44. "Les Manuscrits de Touen-houang", *B. Diff*, 1959, LXIII, 2. pp. 220‑223.

45. "Les Manuscrits non chinois de Dunhuang", Extr. de: Courr. Cnrs. 48s, 1982, pp. 73‑74.

丙、書　　評

46. Burton Watson, *Cold Mountain*, New York, 1962. *Toung Pao*,（Vol. L, live, 1－3, pp. 290－294）, Leiden 1963.（Waston 寒山詩英譯書評（德文））

47. 《評〈敦煌曲〉》,《論饒宗頤》,香港,1995 年,第 24—25 頁。

丁、翻　　譯

48. 《吐蕃佛教會議》（附大乘頓悟正理訣照片）,Paul Demiéville 戴密微著（吳其昱譯）,《敦煌學》第一輯,香港,1975 年 7 月,第 5—32 頁。

49. 《戴密微先生年譜》,Donald Holzman 編（吳其昱譯）,《敦煌學》第一輯,香港,1975 年 7 月,第 1—4 頁。

50. 《戴密微先生年譜著作目録續編》,Donald Holzman 編（吳其昱譯）,《敦煌學》第一輯,香港,1975 年 7 月,第 3—4 頁。

51. 《沙州古突厥文占卜書 irq bitig 後記》,James Hamilton 著（吳其昱譯）,《敦煌學》第一輯,香港,1957 年 7 月,第 96—106 頁。

52. 《戴密微先生 Paul Demiéville（1894－1979）》,Jean-Pierre Diény 撰（吳其昱譯）,《敦煌學》第五輯,臺北,1981 年,第 1—11 頁。

53. 《戴密微先生著作目録（續）》,Yves Hervouet 編（吳其昱譯）,《敦煌學》第五輯,臺北,1981 年,第 13—18 頁。

54. 《戴密微先生與法寶義林》,Durt, Hubert 著（吳其昱譯）,《敦煌學》第五輯,臺北,1982 年 9 月,第 19—27 頁。

55. 《般若波羅蜜多心經》（法文译本）,1984 年譯。

戊、詩　　詞

56. 《題古籍詩二首》,《文獻》1989 年第 3 期,1989 年 7 月,第 54 頁。

己、講　　演

57. 《寒山的平生和作品》報告,巴黎青年漢學家會議,1956 年。

58. 《敦煌小引》專題報告,沙田中國文化研究所,1980 年。

59. 《近三十年來之敦煌學》講演,香港大學,1980 年。

植根巴蜀,抉微三學——龍晦先生學術成就述評

王　斌(四川大學)

今年初,在我國敦煌學界、宗教學界和地方史學界深孚重望的一代學者龍晦先生不幸辭世。現草成此文,借以紀念先生,並冀有所激勵來者。

一、生 平 概 略

龍晦,原名龍顯明,1924 年 7 月生於四川省嶽池縣。1948 年,畢業於四川大學;1950 年,又入西南人民革命大學學習。1951 年,進入四川音樂學院附屬中學任教。在中學任教期間,龍先生一邊教書育人,勤勤懇懇做好本職工作,一邊篤志力行,踏踏實實在學術道路上挺進。1981 年,晉昇爲四川音樂學院副教授,1987 年成爲四川教育學院教授。

在四川教育學院任教期間,龍先生還擔任揚州師範學院客座教授。退休之後,曾先後任教於峨眉佛學院和峨眉尼衆學院,並數次評審博士學位論文和參加博士學位論文答辯。2002 年,他以耄耋高齡受聘爲四川峨眉佛學院客座教授。可以説,終其一生,龍先生都在爲中國的教育和學術貢獻自己的力量。2011 年 4 月 3 日淩晨兩點,龍晦先生因病辭世,享年 87 歲。

由於具有紮實的學術功底、廣泛的研究領域以及卓著的研究成果,龍晦先生兼任了中國敦煌吐魯番文學語言研究會理事、四川省中華文化學會副會長、四川省語言學會學術委員、巴蜀史學會常務理事、四川大足石刻研究會理事等。其事跡被收入《中國教育專家名典》、《中國百科學者傳略(一)》、《中華人民共和國人物辭典》與中國國際交流出版社編《世界名人録》第 5 版。

二、以蜀學爲根基的"三學"研究

龍晦先生在學術道路上承續了蜀學之崇實風格。劉鹹炘有言:"蜀學崇實,雖玄而不虛。"拜讀龍先生之大作,每每爲他深厚的文字、音韻、訓詁功底所折服。他的很多單篇論文雖然都是長篇大論,但娓娓道來,細細考證,一步一個腳印,給我們的感覺就像龍先生站在身邊,一邊講述一邊比劃,真實而生動地將每一個問題條分縷析地展現在我們面前。大致而言,龍先生的學術成就可歸納爲如下三個領域:

第一,宗教學研究。中國宗教儒、釋、道三家鼎立又相互融合,大多數學者都祇能專攻一門,而龍先生則學問該洽,博通文史,對三教都有精深的研

究。他善於從小問題出發,以紮實的樸學造詣將視野一點點拓寬,再從宏觀角度回到實學,將問題的解決昇華到新問題的提出,體現了强烈的開拓精神和學術高度。如《説偈子》一文,就從“偈”字的訓詁和梵語 Ga 的翻譯出發,涉及偈子的體裁、運用,以及臨終偈、詩偈與禪宗的關係,更引出重祖師禪不重如來禪之風的形成、以艷詩爲禪的真諦、偈的句式與禪悦境界、宋偈的興盛與明偈的蜕變等大問題,可以説是一部佛偈文學史。而對偈子研究的開創和期待,也促進了禪宗詩偈研究的興盛。又如《釋藞苴兼論四川禪學的特色》一文,通過精密考證,斷定“藞苴”爲江西口語,是對巴蜀禪僧特色的生動概括,從而揭示出巴蜀禪學尚順緣、尚自由的特點,爲四川禪宗重棒喝的風氣找到了歷史源頭。這類文章都是典型的小問題大收穫的成果。在綜合研究方面,龍先生對三教合一的研究達到了極高的境界。如對全真教三教合一内涵的挖掘(《全真教三論》),對晉代以來以維摩詰爲主的居士禪和唐代以來以儒爲主的居士禪,通過鞭辟入裏的分析,探明了三教合一的發展路徑(《唐代居士禪與詩歌》)。

第二,巴蜀文化研究。龍先生生在四川,長在四川,對本土文化十分熱愛,因而一直致力於巴蜀文化方面的研究。他研究巴蜀文化,重視考據,以對事物的客觀考察來還原巴蜀獨特的文化現象,論證有説服力,觀點新穎獨特,一直受到學者的讚賞。如關於三星堆銅像的研究,他從出土文物的獨特造型出發,通過詳細的文字學、訓詁學的分析,結合古巴蜀的神話和傳説,考訂出銅像塑造的是古代少數民族氏族人的形象。他通過對大足石刻《牧牛圖頌》的來源和演變的考證,對整個大足石刻的佈局進行了準確概括——“佛祖當中臥,禪淨兩邊排”,而柳本尊的密教信仰居末位——這對於了解宋代巴蜀佛教文化發展的形式、規律和特徵都有獨特意義。他的其他諸如關於四川大佛文化和峨眉山普賢崇拜等的研究,都具有濃厚的巴蜀色彩,爲弘揚巴蜀文化、促進巴蜀文化研究作出了巨大貢獻。

第三,敦煌學研究。敦煌學研究在很大程度上建立在對敦煌文獻的校釋基礎之上。龍先生紮實的文字、音韻、訓詁功底,令他在這方面取得了巨大的成績。《唐五代西北方音與敦煌文獻研究》一文,通過對唐五代時期西北方音的考察,用鮮明豐富的例證,提出了研究西北方音對研究敦煌文獻的重要性,尤其是在敦煌歌辭和敦煌變文這類押韻的作品中,可以借助語音的研究比較準確地判斷作品的形成時間、形成地點和作者,並可以通過這種研究反過來促進音韻學的研究。這些論斷都極具前瞻性和指導意義,而後來的相關研究也的確是循着先生的開拓之路在前進。由於敦煌文學以俗文學爲主,又間雜着濃厚的宗教氣息,龍先生的研究也將文學與宗教聯繫了起來。這其中,既有抽絲剝繭地對一些故事的本源進行的考證（《敦煌變文〈雙恩記〉本事考索》），又有在具體分析基礎上對敦煌道教文學作品稀少的原因的探索（《論敦煌道教文學》），還通過敦煌詞曲作品的數量和内容以及思想色彩的分析，闡述了禪宗與淨土宗在敦煌地區的情況（《論敦煌詞曲所見之禪宗與淨土宗》）。

三、鮮明的學術特色

龍先生學識淵博，文學、宗教、考古、小學無不精通，綜觀其治學生涯，主要有這樣幾個特點：

重實證，重考據。面對新出土和新發現的文獻材料，任何對它們的研究都要立足並建立在文獻本身的考證之上，有幾分證據說幾分話，這一點在龍先生的研究中體現得非常明顯。姑以其《考釋兩則》之"釋良妻解夢"爲例，郭沫若先生、任二北先生對此典故之出處均不知曉，且二位先生一直呼籲識者解此疑難。龍先生在郭先生提出此問題的二十年後，方解決了此問題。他爲此感慨地說："認真做點學問，解決一個小問題，也並非易事，它花了兩個著名學者精力，至於我也是中年得題，衰朽答之。二十年時間也是夠長了。"而關於馮唐推薦給楚王的忠臣到底是魏尚還是張尚，龍先生在提出自己的看法後，復加注釋曰："推薦張尚，於文獻無證，僅係推測，此 1987 年已發現材料，遲至 1992 年始成文之故，推測仍不能視爲圓滿，以後有新文物出現，如有錯誤，即當取消，另作合理解釋。"這種誠實的治學精神，是學術界最寶貴的遺産，亟需大力宣揚。

以小見大，融會貫通。龍先生的小學功底非常深厚，其文章中隨時可見精準的考證和校勘，如《釋〈中原雅音〉》、《釋婁羅》、《變文中的兩個地名考釋》等。然而先生的文章又不僅僅停留在考據之上，而是從瑣細的考據中發現新的問題，並借助豐富的材料，用宏觀的視野、周密的思路來探索分析這些問題，經常將考據、文學、宗教、歷史等融合在一起，從而極大地提昇了其研究成果的價值，使得這些文章波瀾壯闊氣象宏大。如前面提到的《說偈子》一文，就是一個典型。而先生的《鬼方考》亦屬此類，該文從"瞿"字考證出發，通過音韻學與民俗學研究，將唐顏師古、李善、宋黃東發、明袁宏道、清惠棟、宋翔鳳、近人王國維、吕思勉等都一直未能參透、一直未能統一的鬼方究竟位於何處的問題條分縷析地闡述出來，得出了比較準確的結論。這種綜合運用多種知識和思路得出的結論，較之前人僅從文字通假與語音轉變而進行的揣測，當然更科學更準確。

不師故轍，獨出己見。學術的發展不僅有賴於新材料的發現，更有賴於新思路和新方法的使用。龍先生繼承了蜀學先輩蘇軾、楊慎、郭沫若等人的創新傳統,不固步自封,勇於探索,取得了豐碩的成果。如從爲《太平經》作注出發,不循研究道教思想之故道,而以研究其儒家思想及其在衆多學術領域的影響爲思路,獨闢蹊徑;以楚言、楚音、楚諺論證《老子》乙本卷前古佚書爲黄帝四經,別具新意;從對蘇軾的名篇《前赤壁賦》進行解讀來探究蘇軾的宗教思想,跳脫了對該賦的文學性和藝術性研究的圈子,別開生面。龍先生的這種創新性和批判精神,使得他與饒宗頤、任二北和郭沫若等學術大師皆結下了深厚的友誼。尤其是郭先生爲龍先生更名,易"顯明"爲"晦",在學術史上留下了一段佳話。

當然,以上幾點乃概言之。先生之學術與造詣,自非此三言兩語可言明矣。

附:

龍晦先生主要學術成果簡表

一、專　　著

1. 《龍晦文集》,成都:巴蜀書社,2009 年。
2. 《梵音花雨》,北京:宗教文化出版社,2007 年。
3. 《太平經全譯》,貴陽:貴州人民出版社,1999 年。
4. 《中華佛學文化系列》,與萬本根合編,成都:四川人民出版社,1995 年。
5. 《靈塵化境:佛教文學》,成都:四川人民出版社,1995 年。

二、論　　文

1. 《説偈子》,《普門學報》2005 年第 25 期。
2. 《唐代居士禪與詩歌》,《唐代文學與宗教》,2004 年。
3. 《馬王堆出土〈老子〉乙本卷前古佚書探原》,《考古學報》1975 年第 2 期。
4. 《論〈太平經〉中的儒家思想》,《道家文化研究第九集》,1996 年 6 月。
5. 《全真三教論》,《世界宗教研究》1982 年第 1 期。
6. 《讀〈中國科學技術史〉第五卷第二、三分册——兼評其有關煉金術和道家部分》,《世界宗教研究》1980 年第 2 期。
7. 《釋薝葍兼論四川禪學的特色》,《四川宗教》,1992 年。
8. 《唐五代西北方音與敦煌文獻研究》,《西南師範大學學報》1983 年第 3 期。
9. 《敦煌歌辭〈十恩德〉與大足佛教石刻〈父母恩重經變像〉》,《世界宗教研究》1983 年第 3 期。

10. 《敦煌變文〈雙恩記〉本事考索》,《世界宗教研究》1984 年第 3 期。

11. 《論敦煌道教文學》,《世界宗教研究》1985 年第 3 期。

12. 《論敦煌詞曲所見之禪宗與淨土宗》,《世界宗教研究》1986 年第 3 期。

13. 《敦煌佛曲〈五更轉兼十二時・維摩托疾〉跋》,《世界宗教研究》1988 年第 4 期。

14. 《敦煌與五代兩蜀文化》,《敦煌研究》1990 年第 2 期。

15. 《敦煌文獻所見唐玄宗的宗教活動》,《揚州大學學報》1997 年第 1 期。

16. 《敦煌文學讀書記四則》,《敦煌文學論集》,1997 年 12 月。

17. 《卜天壽〈論語〉抄本後的詩詞雜錄研究和校釋》,《考古》1972 年第 3 期。

18. 《〈敦煌歌辭總編〉校音》,《敦煌研究》1989 年第 2 期。

19. 《〈韻學集成〉與中原雅音》,《中國語文》1997 年第 2 期。

書 訊 五 則

陳大爲

《敦煌學概論》出版

郝春文主編《敦煌學概論》已於 2010 年 12 月由高等教育出版社出版發行。

本書分四個部分對敦煌學及其主要内容作了概要介紹。"緒論"部分介紹敦煌學的性質及其由來、敦煌學的興起和發展歷程,以及學習和研究敦煌學的意義;"上篇 敦煌的歷史"敍述自遠古至清代敦煌興起、興盛、衰落和再度復興的歷史,以展示先民創造敦煌古代文化的背景;"中篇 敦煌石窟藝術"介紹敦煌石窟藝術的起源及其發展、繁榮、衰落的歷程;"下篇 敦煌遺書"擇要介紹敦煌遺書的内容及其價值。有關敦煌學、敦煌的歷史和敦煌遺書的部分撰寫力求全面搜集現階段已有的原始材料和最新的研究信息,從中提煉出結論明確、知識點清晰的成果;敦煌石窟藝術部分也儘量全面吸收已得到學術界公認的成果。總之,本書比較全面地吸收了國内外有關敦煌學的各個學科、各個領域、各個方面的最新成果,力圖將古代敦煌文化遺產的精華及其產生的背景展現給讀者。

本書主要面向高等學校的大學本科生、研究生,以及對敦煌學感興趣的其他讀者。

《辨僞與存真——敦煌學論集》出版

榮新江著《辨僞與存真——敦煌學論集》已於 2010 年 3 月由上海古籍出版社出版發行。

本書原以《鳴沙集》名在臺灣刊行,今經調整補充,舊文新篇彙集在一起,約有三十餘萬字。作者以《辨僞與存真——敦煌學論集》定名,是因爲本書的主要一組論文係有關敦煌文書的真僞辨別,所以突出這一點;而書中其他論文和書評,也都在敦煌學的範圍,故以"敦煌學論集"爲副題。作者采取深思慎取、辨僞存真的嚴謹態度,探討了藏經洞的性質及其封閉原因、敦煌寫本的真僞辨別、敦煌禪宗文獻的抄寫與流行情況、藏經洞混入的黑城文書的剔除等問題,論述了有關王國維、狩野直喜、向達、常書鴻等人的敦煌學史。在論文和書評中展開了學術批評,借此希望有回饋的聲音。作者還精選了四十八幅圖版更給人以清晰明了的觀感。總之,這是一本全面回顧總結作者探討敦煌學的學術史和方法論的成果匯總。

《中古敦煌佛教社會化論略》出版

馬德、王祥偉著《中古敦煌佛教社會化論略》已於 2010 年 3 月由中國社會科學出版社出版發行。

本書共分八章及後論,利用敦煌石窟和敦煌文獻資料,以敦煌石窟、敦煌文獻和敦煌僧團、敦煌民眾爲主要研究對象,從它們的社會性質、社會活動、社會內容、社會功能、社會作用、社會意義等各個方面,深入探討古代敦煌石窟佛教的社會化性質及其發展,敦煌佛教界(僧團)的佛教活動與社會活動的性質及其演變,敦煌歷代統治者、達官顯宦、豪門貴族及平民大眾的各類佛教對敦煌社會的進步和發展的正反兩方面的作用及意義。該書較爲完整地揭示了佛教在中古時期敦煌的社會化與佛教化的雙向互動進程,據此指出佛教傳入中國並與中國傳統文化的結合,反映了中國傳統文化兼容並蓄,博大精深的特點。

《當代敦煌學者自選集》出版

鄭炳林主編《當代敦煌學者自選集》已於 2010 年 12 月由上海古籍出版社出版發行。

本套叢書由蘭州大學敦煌學研究所利用"985 工程"平臺經費資助,邀請中國敦煌學界 30 餘位專家,選取他們具有代表性的學術論文,以"當代敦煌學者自選集"的名義結集出版,爲中國敦煌學界研究之參考。

該叢書已出書目爲《鄧文寬敦煌天文曆法考索》、《方廣錩敦煌遺書散論》、《郝春文敦煌學論集》、《趙和平敦煌書儀研究》、《項楚敦煌語言文學論集》。

《論吐魯番學》出版

陳國燦著《論吐魯番學》已於 2010 年 4 月由上海古籍出版社出版發行。

本書共收錄《火焰山下的古代文明與吐魯番學研究》、《對新世紀吐魯番學發展的展望》、《吐魯番歷史上的四個千年》、《吐魯番文書在解放前的出土及其研究概況》、《吐魯番出土文書的整理、分類與定名》、《吐魯番出土文獻研究的新進展》,以及《吐魯番出土磚誌集注》評介等 27 篇論文和書評。

該書作者自 20 世紀 70 年代以來,追隨唐長孺先生從事吐魯番出土文書的整理與研究,對吐魯番地區的歷史發展及其出土文獻作過長期的鑽研,對吐魯番地區的東、西、南、北的歷史遺跡、地形地貌、山澤泉渠及其生態,也不止一次地作過考察，故而一直關注着吐魯番學的發展及其學科的建設，對吐魯番學的研究对象、内容、性質、價值、意義及其學術史等，也發表了一些見解或議論；對吐魯番學所涉及的歷史及文化，吐魯番文書學的研究方法及内容的擴展等方面，也作過一些歸納和自我總結。現他將上述這些成果呈現出來，以就教於學術界和愛好者，同時也是作爲進入到新世紀以後，對吐魯番學建設的一份獻禮。

韋孝謇墓誌考補

鄭炳林　吳炯炯（蘭州大學）

　　新見《大唐故集州刺史韋公（孝謇）墓誌銘》（下文簡稱《韋誌》），李合羣、陳文斐二先生《河南開封縣出土唐代集州刺史韋孝謇墓誌及墓券》（下文簡稱李陳）一文首次刊佈①。據李陳介紹，墓誌 2006 年發現於河南開封，蓋佚，青石材質，高 66 釐米、寬 69 釐米、厚 19 釐米，誌文楷書，共 28 行，滿行 28 字，有界格。李陳首刊《韋誌》爲隋末唐初歷史研究提供了新材料，筆者拜讀之後，受益匪淺。然用隨文所附之拓片圖版校讀，發現李陳録文存在多處的文字衍奪、句讀舛誤，致使多處誌文文句不通，文意不解。此外，李陳對《韋誌》的考證上僅對内容作簡單之梳理、介紹，且多有可商榷之處，故筆者不揣簡陋，考補如下，以就教於李、陳二先生及諸位方家。

一、墓誌文字考補

　　謹按《韋誌》之原格式，以行爲單位，補正文字衍奪、句讀舛誤如下：

　　1. 據拓片圖版，"大唐故集州刺史韋公墓誌銘"爲誌文之題，按照墓誌行款，誌題應單獨成段，正文換行另起，不可與正文相連。（第 1 行）

　　2. 李陳録文"□月會踵是稱"，據拓片圖版，"月"前一字乃"日"、"踵"當作"躔"。按，"躔"通"躔"，指日月星辰在黄道上的運行。《方言》第十二："躔，逡，循也。躔歷，行也。（躔猶踐也）日運爲躔，月運爲逡。（運猶行也）"②；《廣韻·仙韻》："躔，日月行也。《説文》曰踐也。"③《漢書·律曆志上》："日月初（纏）〔躔〕，星之紀也。"④日月會躔，意爲日月交輝。（第 2 行，第 14、17 字）

　　3. 李陳録文"□位之次王侯封建□"，據拓片圖版，"位"前一字殘泐嚴重，據上下文意度之當是"豕"，"位"當作"韋"。按，"豕韋"，韋氏遠祖元哲在夏少康時的封國，《新唐書·宰相世系表》四上（以下簡稱《新表》）云："韋氏出自風姓。顓頊孫大彭爲夏諸侯，少康之世，封其別孫元哲於豕韋，其地滑州韋城是也。"⑤《唐代墓誌彙編》天寶 023《大唐故安化郡馬嶺□□韋公墓》中就

---

①　李合羣、陳文斐《河南開封縣出土唐代集州刺史韋孝謇墓誌及墓券》，《書法叢刊》2009 年 3 期，42—47 頁。

②　周祖謨校箋《方言校箋》，北京：中華書局，1993 年，72 頁。

③　周祖謨著《廣韻校本》，北京：中華書局，1988 年，140 頁。

④　《漢書》卷二一上《律曆志》上，顏師古注曰："躔，踐也，音直連反"，北京：中華書局，1965 年，965—966 頁。

⑤　《新唐書》卷七四上《宰相世系表》四上，北京：中華書局，1975 年，3045 頁。

有"自豕韋命族,鐘鼎承家"之句①;"封建"後一字僅存上半部,下部殘泐,據文意當是"爰",作"爰自"。(第 2 行,第 21、28 字)

4. 李陳録文"自□韋之邦或養性以登仙",據拓片圖版,"韋"前一字乃"豨"。按,"豨韋",傳説中三皇以前遠古帝王號。《集韻·紙韻》:"豨,豨韋氏,古帝王號。"②又,《莊子·外物》:"且以豨韋氏之流觀今之世,夫孰能不波!"成玄英疏曰:"豨韋,三皇已前帝號也。"③(第 3 行,第 2 字)

5. 第 2 行"日"字至第 3 行"邦"字,李陳録文讀作"□月會踵是稱。□位之次王侯封建□,自□韋之邦或養性以登仙",不解其意,對照拓片圖版,糾正部分錯誤釋讀,當作"日月會踵,是稱豕韋之次;王侯封建,爰自豨韋之邦。"爲典型的四六駢文句式,追敍了韋氏遠祖的光輝事跡。

6. 李陳録文"或居彭啓霸",據拓片圖版,"彭"後還有一"而"字,李陳漏録,應作"或居彭而啓霸"。按,《元和姓纂》卷二"韋"云:"顓頊氏之後。大彭爲夏諸侯,彭子受封豕韋,周赧王滅之,以國爲氏,因家彭城。"④追述了韋氏一族得姓之緣起。(第 3 行,第 15 字)

7. 李陳録文"家承禮儀之鄉",據拓片圖版,"儀"當作"義"。按,"禮義",禮法道義之謂也。(第 4 行,第 10 字)

8. 李陳録文"無待揚榷",據拓片圖版,"榷"當作"摧"。按,"揚摧"亦作"揚榷",意爲約略,舉其大概。《廣雅·釋訓》:"揚摧……都凡也"⑤;《廣韻·覺韻》:"摧,揚摧,大舉"⑥;《莊子·徐無鬼》:"頡滑有實,古今不代,而不可以虧,則可不謂有大揚摧乎?"郭象注曰:"摧而揚之,有大限也。"陸德明釋文曰:"許慎云:揚摧,粗略法度。王云:摧略而揚顯之。"⑦(第 5 行,第 6 字)

9. 李陳録文"匪躬固節不充。詘於寶貴",據拓片圖版,"寶"當作"富",據文意應在"固節"後用逗號斷開,作"匪躬固節,不充詘於富貴"。按,"充詘",歡喜失節之貌,"不充詘於富貴"意爲雖然富貴但不歡喜失節。《禮記·儒行》"儒有不隕穫於貧賤,不充詘於富貴。"⑧(第 5 行,第 25 字)

10. 李陳録文"才□生知",據拓片圖版,"才"後一字乃"亞"。按,"才亞生知",爲隋唐墓誌中常見的諛美之詞,即盛讚誌主的才學、道德等僅次於那

---

① 周紹良主編,趙超副主編《唐代墓誌彙編》,上海古籍出版社,1992 年,1546 頁。

② (宋)丁度等編《宋刻集韻》,北京:中華書局,2005 年,89 頁。

③ (清)郭慶藩撰,王孝魚點校《莊子集釋》,北京:中華書局,1961 年,938 頁。

④ (唐)林寶撰,岑仲勉校記,郁賢皓、陶敏整理,孫望審訂《元和姓纂(附四校記)》,北京:中華書局,1994 年,126 頁。又《新唐書》卷七四上《宰相世系表》四上記載略同,云:"豕韋、大彭迭爲商伯,周赧王時,始失國,徙居彭城,以國爲氏",3045 頁。

⑤ (清)王念孫撰《廣雅疏證》卷六上《釋訓》,南京:江蘇古籍出版社,2000 年,197 頁。

⑥ 周祖謨著《廣韻校本》,466 頁。

⑦ (清)郭慶藩撰,王孝魚點校《莊子集釋》,873、875 頁。

⑧ (清)阮元校刻《十三經注疏·禮記正義》,北京:中華書局,1980 年,1671 頁。

些生而知之的人。如《唐代墓誌彙編續集》龍朔 015《大唐故朝散大夫趙府君墓誌之銘》有"道亞生知，學標儒範"一句①，用法與此相似。（第 6 行，第15 字）

11. 李陳錄文"七尸八命"，據拓片圖版，"七"後一字似作"釐"。按，"釐"通"理"，《廣韻・之韻》："釐，理也"②，有治理之意，"七釐"與"八命"互為對文，意思相似，《周禮・春官・大宗伯》就有"八命作牧"的說法，鄭玄注曰："謂侯伯有功德者，加命得專征伐於諸侯③"，後世泛指朝廷重臣，此處聯繫前文"自西徂東，七釐八命"在此意為韋孝謇父在東、西魏兩朝均擔任過要職。（第 6 行，第 25 字）

12. 李陳錄文"行先潔珪璋，履懷貞粹，窮通開塞。蓋潔如也"，據拓片圖版，"先"字李陳衍錄；"潔"字殘泐過甚，不易辨識，據文意及字形輪廓推斷，當是"澹"字④；據文意，"塞"後句號當改作逗號，此句應作"行潔珪璋，履懷貞粹，窮通開塞，蓋澹如也"。按，"澹如"，恬淡貌，意為恬淡寡欲。《晉書・王導傳》："及劉隗用事，導漸見疏遠，任真推分，澹如也。"⑤又，《南史・到漑傳》："漑少有美名，遂不為僕射，人為之恨，漑澹如也。"⑥此處指其父無論顯達或困頓，都能泰然處之。（第 7 行，第 26 字）

13. 李陳錄文"心將道合隨。開皇十九年，俯就洪州總管府記室人"，據拓片圖版，"隨"字當斷入下一句，作隋朝講。按，"隨"、"隋"作隋朝國號用字時，在墓誌中時有混用⑦；"人"字李陳衍錄。按，隋代總管府僚佐無"記室人"一職，有"記室"，掌表、啓、書、疏等文書工作。此句當作"心將道合。隨開皇十九年，俯就洪州總管府記室"。（第 8 行，第 12、27 字）

14. 李陳錄文"有隨之季犬羊飆起"，據文意當在"季"後斷開，作"有隨之季，犬羊飆起"，意為隋末大亂，羣雄並起。（第 10 行）

15. 李陳錄文"公率歷義勇，終免艱危。既而首領獲令言，歸有道"，據拓片圖版，"歷"當是"屬"，為操練、整飭之意。"率屬義勇"，指率領、訓練忠義勇敢之士。按，《墨子・襍守篇》第七十一："選屬銳卒，慎無使顧"⑧，《北齊書・莫多婁貸文傳》："周文帝軍出函谷，景與高昂議整旅屬卒，以待其至"⑨；

① 周紹良、趙超主編《唐代墓誌彙編續集》，上海古籍出版社，2001 年，128 頁。
② 周祖謨著《廣韻校本》，63 頁。
③ （清）阮元校刻《十三經注疏・周禮注疏》，761 頁。
④ 此處錄文承北京大學歷史系羅新教授教示，謹致謝忱！
⑤ 《晉書》卷六五《王導傳》，北京：中華書局，1974 年，1749 頁。
⑥ 《南史》卷二五《到漑傳》，北京：中華書局，1975 年，679 頁。
⑦ 有關隋國號用字的問題，請參見葉煒《隋國號小考》，載北京大學歷史學系編《北大史學》第 11 輯，北京大學出版社，2005 年，210—218 頁。
⑧ 吳毓江撰，孫啓治點校《墨子校注》，北京：中華書局，2006 年，952 頁。
⑨ 《北齊書》卷一九《莫多婁貸文傳》，北京：中華書局，1972 年，253 頁。

"令"當作"全",據文意應在此字處斷開,作"公率屬義勇,終免艱危。既而首領獲全,言歸有道"。(第 11 行,第 4、16 字)

16. 李陳録文"乃遷鳳林太守",據拓片圖版,"乃"當是"仍",作"仍遷鳳林太守"。(第 12 行,第 7 字)

17. 李陳録文"山通二陵之險地。邇三川之俗",此句點讀有誤,據文體、文意,當在"險"字後用逗號斷開,作"山通二陵之險,地邇三川之俗"。按,此句爲典型的對偶句,山對地,通對邇,邇爲近之意,描寫了當時鼎州的地理環境、風俗情況等。(第 13 行)

18. 李陳録文"大唐武德初",據拓片圖版,"武德"後漏録"之"字,當補入,作"大唐武德之初"。(第 14 行,第 18 字)

19. 李陳録文"七年授晉州都督府長吏",據拓片圖版,"吏"當作"史"。按,"長史",隋唐都督府上佐之一,爲都督府高級僚佐;"七年"後應用逗號斷開。(第 15 行,第 18 字)

20. 李陳録文"東撫汾、晉,南臨漢、沔,跨千裏而勝聲頌六條",據拓片圖版,"臨"當作"鄰",毗鄰之意;"裏"當作"里",此處用作表示距離的長度單位量詞,不能轉爲繁體"裏";"勝"當作"騰"。按,"騰聲",意爲傳揚名聲,《宋書·謝靈運傳論》:"爰逮宋氏,顏謝騰聲。"[1]又,《海峯文集》卷三《金復堂先生八十壽序》:"季子與諸孫□,皆騰聲庠序之中。"[2]此句應作"東撫汾、晉,南臨漢、沔,跨千里而騰聲","頌六條"三字當斷入下句。(第 16 行,第 16、21、23 字)

21. 李陳録文"而布政民夷慶。賴朝野稱嗟"。按,此句如此點讀文意不通,上接第 16 行最後 9 字,當作"跨千里而騰聲,頌六條而布政。民夷慶賴,朝野稱嗟",指韋孝謇任集州刺史時,爲政清明,受到百姓愛戴,朝野讚賞,爲唐代墓誌中典型的諛墓之辭。(第 16—17 行)

22. 李陳録文"□榆遽晚",據拓片圖版,"榆"前一字上半部殘泐,僅能辨識下半部之"木",據上下文意及字形判斷應是"桑"字。按,"桑榆",意爲日落時分光照桑榆樹端,因以指日暮,比喻晚年,垂老之年。《文選·曹植〈贈白馬王彪〉》"年在桑榆間,影響不能追。"李善注曰:"日在桑榆,以喻人之將老"[3];《隋書·王韶傳》"加以今年六十有六,桑榆云晚,比於疇昔,昏忘又多。"[4]在唐代墓誌中以桑榆指代老年的例子很多,如《唐代墓誌彙編續集》聖

① 《宋書》卷六七《謝靈運傳》,北京:中華書局,1974 年,1778 頁。
② (清)劉大櫆著《海峯文集》,收入《續修四庫全書》,上海古籍出版社,1995 年,1427 册,361 頁。
③ (梁)蕭統編,(唐)李善注《文選》,上海古籍出版社,1986 年,1124 頁。
④ 《隋書》卷六二《王韶傳》,北京:中華書局,1973 年,1474 頁。

曆 002《大周洛州登封縣故上護軍孫君墓誌銘》有"松柏方茂,桑榆遽侵"之句[1]。（第 17 行,第 6 字）

23. 李陳録文"方佚鸜□奄淪霄漢",據拓片圖版,"鸜"後一字爲"鵬"之碑别字,且應從此處斷開,作"方佚鸜鵬,奄淪霄漢"。（第 18 行,第 3 字）

24. 李陳録文"貞觀三年歲次已丑寅十一月丁酉□王日辛丑薨於晉州",此句卒不可讀,對照拓片圖版可知:"已"當作"己",唐代墓誌中"巳"、"已"、"己"時常不分,需據上下文意仔細辨識、推敲。此處爲古代常用干支紀年法,天干中有"己"無"已",作"己丑"講。查《二十史朔閏表》[2]可知貞觀三年確爲己丑年;"寅"當作"閏",據《新唐書·太宗紀》[3]及《二十史朔閏表》貞觀三年確實閏十二月;"一"當作"二";"丁酉"後一字當是"朔",爲習見之碑别俗字,每月初一爲朔日,據干支推斷,初一日爲丁酉,初五日即辛丑,故可推斷第 23 字爲"五",録文誤作"王"。此句爲韋孝謇卒年卒日之干支紀年表示,當作"貞觀三年歲次己丑閏十二月丁酉朔五日辛丑薨於晉州"。（第 18 行,第 14、16、18、22、23 字）

25. 李陳録文"粵以四年歲次庚寅十一月壬戌□廿四日乙酉葬於汴州開封縣之西原",據拓片圖版,"壬戌"後一字是"朔",依上條之解釋推算,干支紀年相合無誤。（第 19 行,第 22 字）

26. 李陳録文"嗟呼! 年代往來,倏忽今古,河移海落,谷徙陵丘",據拓片圖版,"呼"當作"乎";"丘"當作"虚"。（第 20 行,第 11、27 字）

27. 李陳録文"攀幾□而假息",據拓片圖版,"幾"當作"几",几案之意,徑轉爲繁體字"幾"後意思全變;"而"前一字是"筵"。按,"几筵",亦作"几梴",猶"几席"。《周禮·春官》云:"司几筵掌五几五席,辨其用,與其位"[4],几筵、几席爲祭祀的席位,後亦因以稱靈座。《墨子·節葬下第二十五》:"存乎諸侯死者……又必多爲屋幕、鼎鼓、几梴、壺濫、戈劍、羽旄、齒革,寢而埋之。"[5]《五總志》:"唐孟詵家祭儀,士人家四仲祭,當用平面罈絛屏風而已。其用桌椅,即是几筵,乃凶祭也。"[6]在唐代墓誌中也常有與本誌相似的用法,如《唐代墓誌彙編續集》開元 067《唐故朝議大夫守武州别駕上柱國李公墓誌》:"若將遊而更旋,攀几筵而永遠。"[7]（第 21 行,第 22、23 字）

---

① 周紹良、趙超主編《唐代墓誌彙編續集》,361 頁。
② 陳垣著《二十史朔閏表》,北京:中華書局,1962 年新 1 版,84 頁。
③ 《新唐書》卷二《太宗紀》云:"十二月癸未,杜如晦罷。閏月癸丑,爲死兵者立浮屠祠",31 頁。
④ （清）阮元校刻《十三經注疏·周禮注疏》,774 頁。
⑤ 吳毓江撰,孫啓治點校《墨子校注》,258—259 頁。
⑥ （宋）吳坰著《五總志》,影印《文淵閣四庫全書》,上海古籍出版社,1987 年,863 册,812 頁。
⑦ 周紹良、趙超主編《唐代墓誌彙編續集》,500 頁。

28. 李陳録文僅至第 23 行第 1 字,據拓片圖版,其下尚有 5 行,兹録文、斷句如下:冥。敬鐫勒於玄壤,終永播於高名,銘曰:水德攸歸,神仙洞微,上應列次,下建邦畿;英賢磊硌,蘭菊芳菲;一經傳相,雙珠挺輝。其一。興平諤諤,操履貞固;豫州矗矗,恢弘雅度;篤生令德,清風遐布;放曠衿神,優遊墳素。其二。頻流□□,屢贊千城;利策風靡,襄帷俗清;光周物議,譽滿簪纓;方窮袞服,遽落人英。其三。玄甲啓路,青鳥戒日;寒野蒼茫,悲風蕭瑟;攸攸世代,窈窈泉室;萬古千年,終焉永異。其四。

二、墓誌内容考補

李陳對《韋誌》内容的研究,主要集中於考證韋孝寳在隋末唐初的行年任官、家族世系中父、祖姓名等情況,且僅限於簡單的排比、羅列相關基本史料。因墓誌歷經千載,誌文殘泐,字體俗別交雜,李陳在誌文的釋讀、斷句等方面存在多處訛誤,致使難以對墓誌内容進行整體、正確的把握,故對墓誌銘中透露出來的一些重要信息也未能深入考察。下面將從三個方面對《韋誌》内容重新進行考補。

1. 韋孝寳行年考證

韋孝寳,兩唐書無傳,僅《新表》、《元和姓纂》載其任集州刺史[1]。《韋誌》敍及其仕官隋唐兩朝,卒於貞觀三年(629),享年 76 歲,可推知其生於北齊天寶五年(554)。

隋開皇十九年(599),韋孝寳 46 歲,始仕隋"俯就洪州總管府記室"。據《隋書·地理志》下所載"豫章郡平陳,置洪州總管府。大業初府廢。"[2]可知開皇九年(589)平陳後始置洪州總管府,至大業三年(607)"罷州置郡"[3]時改洪州爲豫章郡,總管府廢,故洪州總管府僅存於開皇九年至大業三年間。

大業三年(607)起,因洪州總管府廢,韋孝寳"頻宰義清、長河二縣",歷任二縣縣令。

大業九年(613),韋孝寳"遷弘農郡丞",由縣令昇任郡丞。隋煬帝於大業三年改州置郡之後,"罷(郡)長史、司馬,置贊務[4]一人以貳之……又改郡贊務爲丞,位在通守下。"[5]可知,隋末郡丞,相當於隋初州之長史、司馬,爲州郡之

---

① 《新唐書》卷七四上《宰相世系表》四上,3052 頁;《元和姓纂(附四校記)》卷二"韋",153 頁。

② 《隋書》卷三一《地理志下》,880 頁。

③ 《隋書》卷二八《百官志下》,802 頁。

④ 《唐六典》卷三〇《三府督護州縣官吏》作"贊治",記載略同:"煬帝三年,罷州置郡,置太守,罷長史、司馬,置贊治以貳之。後又置通守,改贊治爲丞。",北京:中華書局,1992 年,745 頁;《通典》卷三三《職官》十五《州郡》下亦作"贊治",云:"至隋煬帝又罷長史、司馬,置贊治一人,後又改郡贊治爲丞,位在通守之下。"北京:中華書局,1988 年,911 頁。《隋書》中贊治、贊務間有出現,孰是待考。

⑤ 《隋書》卷二八《百官志》下,802 頁。

上佐。結合《韋誌》之記載,其職位當設置於隋煬帝大業三年之後至九年間。

在隋末的動亂中,韋孝謇"率屬義勇,終免艱危。既而首領獲全,言歸有道",歸順了唐,所以在義寧元年(617)由弘農郡丞,被新統治者"授金紫光禄、弘農郡通守",金紫光禄,即金紫光禄大夫之簡稱。通守,隋末特有之地方官。大業三年改州爲郡之後"諸郡各加置通守一人,位次太守"①,知其位在郡丞之上。史籍就隋代設置通守的具體年代並無明確記載,僅言大業三年之後,然據《隋書·百官志下》所載隋末地方官制改革中的先後順序,先有通守之置,之後纔是改郡贊務爲郡丞②。既然《韋誌》明載大業九年韋孝謇已經任弘農郡丞,可知,郡丞之設在大業九年之前,那麼通守一職更當早於此年代,應在隋煬帝大業三年至九年間,遲至義寧元年仍置而不廢。

入唐後,韋孝謇於武德初年"頻歷蒲、絳、晉三州總管府司馬"。隋前期實行總管府制度,大業三年煬帝改州爲郡後廢除③。唐武德元年(618)復郡爲州,仍行總管府制度,直至武德四年(621)起又改總管府爲都督府。《元和郡縣圖志》卷一二《河東道一》河中府:"武德元年罷郡,置蒲州……二年(619),置蒲州總管……九年(626),廢總管置都督府,復爲州";絳州:"武德元年罷郡,置絳州總管,三年(620)復爲絳州";晉州:"武德元年罷郡,置晉州,三年爲總管府,四年(621)爲都督府"④,可知唐初,韋孝謇一直在河東晉、絳一帶做官,據《韋誌》所載歷官順序,至武德四年晉州總管府廢,纔改授大將軍。

武德七年(624),韋孝謇又回到原來任職的晉州,"授晉州都督府長史",品階有所上昇,如前文所説唐武德四年晉州總管府改爲都督府。正因爲韋孝謇曾兩度在晉州爲官,而且擔任的是晉州總管府(都督府)中僅次於都督的司馬、長史一類上佐,所以他可能已經定居於此,最後亦死於晉州私第。

貞觀元年(627),韋孝謇"加中散大夫,持節集州諸軍事、集州刺史"。《新表》、《元和姓纂》等均記載韋孝謇官集州刺史,但無具體繫年。郁賢皓先生《唐刺史考全編》推測其任集州刺史約在武德、貞觀間⑤。今《韋誌》明載其貞觀元年出任集州刺史,可補《全編》繫年之闕,但未記載其何時離任,僅知其卒

---

① 《隋書》卷二八《百官志》下,第802頁。除此之外,有關通守設置的情況《通典》亦載:"通守:隋煬帝置,每郡各一人,位次太守,而京兆、河南謂之内史。大唐無。"有關隋代通守的研究主要有:[日]谷川道雄《隋代の通守について》,載《周一良先生八十生日紀念論文集》,北京:中國社會科學出版社,1993年,459—471頁;[日]内田昌功《隋煬帝期の地方行政改革と通守制度》,載[日]《北大史學》第36號,1996年;王蘭平、馮培紅《隋代通守考論》,《蘭州大學學報》2002年5期,42—48頁。

② 關於通守和郡丞設置年代的先後,《隋書》卷二八《百官志》下有較爲明確的記載:"罷州置郡,郡置太守……罷長史、司馬,置贊務一人以貳之……其後諸郡各加置通守一人,位次太守……又改郡贊務爲丞,位在通守下",802頁。《唐六典》、《通典》等記載大致相同,均言先設通守,再設郡丞。

③ 《唐六典》卷三十《三府督護州縣官吏》:"至隋,改(大都督府)爲總管府",742頁,有關隋代總管府的研究,參見艾沖《隋代總管府制的發展與廢止》等相關研究,《唐都學刊》1998年4期,1—3頁。

④ 《元和郡縣圖志》卷一二《河東道一》,北京:中華書局,1983年,323—324、329、337頁。

⑤ 郁賢皓《唐刺史考全編》卷二一三《集州(符陽郡)》,合肥:安徽大學出版社,2000年,2862頁。

於貞觀三年(630),未知是否卒於任上。又,《全編》誤以韋孝謇爲北齊豫州刺史韋子粲之孫,實乃子粲之子,詳考見下。

2. 韋孝謇任官地考辨

誌載韋孝謇開皇十九年"俯就洪州總管府記室",洪州,即今江西南昌。後,韋孝謇轉任襄陽郡義清、平原郡長河二縣令,即今湖北南漳、山東德州①。以上三地李、陳二先生所論不差,但考"(大業)九年遷弘農郡丞"時,云:"大業九年遷爲弘農郡(今河南靈寶)郡丞……後又遷鳳林(今甘肅臨夏縣)太守,鼎州(今湖南常德)刺史",不妥。《元和郡縣圖志》卷三九《隴右道》上《河州·鳳林縣》記載西魏大統十二年(546)於白石縣鳳林川置鳳林縣②。王仲犖先生考證至北周時尚有鳳林縣,爲河州枹罕郡下轄四縣之一③,但據《隋書·地理志上》所載,隋代枹罕郡所統四縣中已無鳳林縣④,蓋至隋代其縣已廢,是知隋末在今甘肅臨夏地區並無鳳林縣,更無鳳林郡⑤。

《隋書·地理志中》所載弘農郡在今河南靈寶市,但對隋末弘農郡的沿革沒有過多記載,僅云:

> 弘農郡,大業三年置。……弘農舊置西恒農郡,後周廢。大業初置弘農郡。又有石城郡、玉城縣,西魏並廢。有石隄山。盧氏後魏置漢安郡,西魏置義川郡。開皇初郡廢,州改爲虢州。大業初州廢。有關官。有石扇山。長泉後魏曰南陝,西魏改焉。有松楊山、檀山。朱陽舊置朱陽郡,後周郡廢。有邑陽縣,開皇末改爲邑川,大業初並入。有肺山,有湖水。⑥

我們無從了解其在隋末更多的沿革狀況,而在《元和郡縣圖志》卷六《河內道》二《虢州》卻追記有隋末唐初弘農郡建置變遷情況:

> (大業)三年,又於弘農縣置弘農郡,義寧元年改爲鳳林郡。其年,於盧氏縣置虢郡,武德元年改爲虢州。其年,改鳳林郡爲鼎州,因鼎湖以爲名。⑦

---

① 《隋書·地理志》記載襄陽郡義清縣"(南朝)梁置,曰穰縣。西魏改爲義清,屬歸義郡。後周廢郡及左安、開南、歸仁三縣入焉",891頁;平原郡長河縣"舊曰廣川。後齊省,開皇六年復置,仁壽初改名焉",845頁。

② 《元和郡縣圖志》卷三九《隴右道上·河州》:"鳳林縣,中下。東南至州八十里。本漢白石縣地,後魏大統十二年,刺史韋寬於河南鳳林川置鳳林縣,因以爲名。"990頁。

③ 王仲犖《北周地理志》考得河州枹罕郡縣下轄四縣爲枹罕、大夏、鳳林、龍支,北京:中華書局,1980年,196—198頁。

④ 《隋書》卷二九《地理志上》:"枹罕郡舊置河州。統縣四……枹罕舊置枹罕郡,開皇初郡廢。大業初置郡。有關官。有鳳林山。龍支……大夏……水池。"814頁。

⑤ 李陳將誌文之鳳林郡考證爲兩唐書《地理志》所載之河州鳳林縣,顯誤。有關唐鳳林縣、關、渡等相關記載,可參見劉滿《黃河古渡考(二)·鳳林關渡》,載氏著《河隴歷史地理研究》,蘭州:甘肅文化出版社,2009年,58—75頁。

⑥ 《隋書》卷三〇《地理志中》,840—841頁。

⑦ 《元和郡縣圖志》卷六《河內道二》,162頁。

可見,自大業三年以弘農縣始置弘農郡後,在隨後的年代裏,弘農郡的建置和沿革發生了諸多的變化:義寧元年改弘農郡爲鳳林郡,武德元年改郡爲州,即改鳳林郡爲鼎州。通過《韋誌》之記載更可佐證《元和郡縣圖志》所載弘農郡在隋末唐初的沿革變化,可補《隋書·地理志中》弘農郡條記載之闕。故自隋末大業九年起,韋孝騫一直在河內弘農一帶爲官。祇是因爲地方建置變化,相應的地名官名也有所改變而已,其實地點大致相當,均在今河南靈寶一帶。誠非李陳所考在今甘肅臨夏和湖南常德爲官。

3. 韋孝騫家世考證

韋孝騫出身於關中高門京兆韋氏,屬東眷韋氏閬公房①。《韋誌》稱其"祖洛州興平男","父豫州使君",名諱均無聞。根據《新表》所載東眷韋氏閬公房世系可知:韋孝騫曾祖韋範,後魏高平男;祖韋法僑,都水使者、高平貞男;父韋子粲,北齊豫州刺史、西嶷忠男②。但《魏書·韋閬傳》卻稱韋範"子僑,字穎超,早有學識。"③故清人沈炳震在《新唐書宰相世系表訂譌》中據以考訂:"法僑都水使者、高平貞男,《魏書·韋閬傳》單名僑。"④

此外,《新表》載韋範、韋僑父子爵位爲高平貞男,而《韋誌》卻稱其祖"洛州興平男",考諸《魏書》,可知韋閬子韋範"高宗時,賜爵興平男"。韋範子韋僑"少孤,事祖母以孝聞。性溫和廉讓,爲州里所稱。太和中襲爵",後官至都水使者,因與左僕射郭祚爲姻家,爲領軍于忠所惡,與郭祚、尚書裴植同時遇害,至"熙平元年,追贈中壘將軍、洛州刺史,諡曰貞"。韋僑"長子榮緒,字子光,頗涉文史。太和中,襲爵,除關外散騎侍郎"⑤。在韋僑、韋榮緒傳中沒有其另外受爵的記載,可知韋僑、韋榮緒承襲的當是韋範"興平男"的爵位,與《韋誌》所載"祖洛州興平男"相符,亦可正《新表》在記載韋範、韋僑父子爵位時有誤,其中之"高平"當爲"興平"之誤,"貞"爲韋僑諡號。《新表》載其爲都水使者,乃就其生前任官而言,而《韋誌》稱其爲洛州則以其身後贈官爲指。

韋孝騫之父韋子粲,韋僑第三子,據《北齊書》、《北史》⑥本傳記載,起先

---

① 《新唐書》卷七四上《宰相世系表》四上云:"東眷韋氏:穆曾孫楷,晉長樂、清河二郡守。生逮,慕容垂大長秋卿。生閬,字友觀,避地薊城,後魏太武召爲咸陽太守。時關中大亂,所部獨安。明元帝嘗曰:'我欲有臣皆如閬。'當時以爲美談。子孫因自別爲閬公房。二子:範、道珍。"3051—3052頁。

② 《新唐書》卷七四上《宰相世系表》四上,3052頁;《元和姓纂》所記韋孝騫一支世系略同:"穆五代孫關(閬),後魏殿中尚書,生範。範生法僑、顯、祖歡。法僑生子粲、榮亮、道詣。子粲生孝騫,集州刺史",153頁。另可參趙超《新唐書宰相世系表集校》,北京:中華書局,1998年,604—605頁。

③ 《魏書》卷四五《韋閬傳》,北京:中華書局,1974年,1009—1010頁。

④ 詳見(清)沈炳震《唐書宰相世系表訂譌》,收入《二十五史補編》第6冊,北京:中華書局,1955年,6587頁。

⑤ 《魏書》卷四五《韋閬傳附韋範韋僑傳》,1009—1010頁,《北史》卷二六《韋閬傳附韋範韋僑傳》所載略同,北京:中華書局,1974年,955—956頁。

⑥ 《北齊書》卷二七《韋子粲傳》,北京:中華書局,1972年,379—380頁;《北史》卷二六《韋子粲傳》,956頁。兩史本傳所載大致相同,又《魏書》卷四五《韋閬傳》所附韋子粲傳過於簡略,並未敍及其投入東魏一事,1010頁。又,《北齊書》記載其父爲韋雋,誤,李陳文中引用《北史·韋子粲傳》,但在注中出現的卻是《北齊書》的版本,誤。

一直在北魏、西魏做官,官至西魏南汾州刺史,至東魏元象(538)中,"(北齊)神武命將出討,城陷,子弟俱破獲,送晉陽,蒙放免。"①以後,東眷韋氏閬公房韋子粲一支便仕宦東魏、北齊爲官,韋子粲"天保初,封西䣛縣男。後卒於豫州刺史,諡曰忠。"②《韋誌》所謂"自西徂東,七璽八命",即指韋子粲被俘而自西魏入仕東魏的故事。雖然韋孝謇自稱京兆北山人,卻葬於汴州開封縣,可能因爲韋子粲一支没入東魏之後,便落籍開封,韋子粲死後葬於汴州開封,其子韋孝謇雖然死於晉州,但還是歸葬開封祖塋。故《韋誌》中所謂的京兆北山已經不是其真正的家鄉,祇是韋氏家族的郡望而已。

附録:《韋誌》録文

1. 大唐故集州刺史韋公墓誌銘

2. 公諱孝謇,字天際,京兆山北人也。日月會躔,是稱豕韋之次;王侯封建,爰

3. 自狶韋之邦。或養性以登仙,或居彭而啓霸,胤緒蟬聯,其來自遠。至如

4. 世篤鄒魯之訓,家承禮義之鄉。即二相傳經,且雙珠交映,代有

5. 人焉,無待揚搉。祖洛州興平男,體德居貞,匪躬固節。不充詘於富貴,故道

6. 長而運短。父豫州使君,孝惟神感,才亞生知。自西徂東,七璽八命。公

7. 繼祖考之鴻烈,稱積善之慶餘。行潔珪璋,履懷貞粹,窮通開塞,蓋澹如

8. 也。故得名與實俱,心將道合。隨開皇十九年,俯就洪州總管府記室。人惟

9. 學府,職乃文房。喜怒無違,獻替攸在。大業之始,頻宰義清、長河二縣。九年

10. 遷弘農郡丞。屢靜三欺,頻流五美。刑清務簡,化洽民邕。有隨之季,犬羊飆

11. 起。公率屬義勇,終免艱危。既而首領獲全,言歸有道。義寧元年,授金紫光

12. 禄、弘農郡通守。仍遷鳳林太守,又改郡爲州,即授鼎州刺史。山通二陵之

---

① 《北齊書》卷二七《韋子粲傳》,379—380 頁。
② 《北史》卷二六《韋子粲傳》,956 頁。

13. 險,地邇三川之俗,五方輻湊之途,二南分化之所。公正身率下,不令而行。

14. 小大各盡其歡,賓旅不勝其慶。大唐武德之初,頻歷蒲、絳、晉三州總管府

15. 司馬,改授大將軍。七年授晉州都督府長史。貞觀元年,加中散大夫、持

16. 節集州諸軍事、集州刺史。東撫汾、晉,南鄰漢、沔,跨千里而騰聲,頒六條而

17. 布政,民夷慶賴,朝野稱嗟。而東注潺湲,西光晻曖,桑榆遽晚,申酉生悲,方

18. 佚鷗鵬,奄淪霄漢。貞觀三年歲次己丑閏十二月丁酉朔五日辛丑薨於

19. 晉州,春秋七十有六。粵以四年歲次庚寅十一月壬戌朔廿四日乙酉葬

20. 於汴州開封縣之西原。嗟乎! 年代往來,倏忽今古,河移海落,谷徙陵虛。有

21. 懷朝市之遷,誰辨功名之地。嗣子等踐霜露以增哀,攀几筵而假息。緬惟

22. 平昔,畢世長號。既反也,其若疑亦,終憂而永慕。嗚呼哀哉! 平原超忽,泉路

23. 窈冥。敬鐫勒於玄壤,終永播於高名,銘曰:水德攸歸,神仙洞微,上應列次,

24. 下建邦畿;英賢磊硌,蘭菊芳菲;一經傳相,雙珠挺輝。其一。興平謂謂,操履

25. 貞固;豫州疊疊,恢弘雅度;篤生令德,清風遐布;放曠衿神,優遊墳素。其二。

26. 頻流□□,屢贊千城;利策風靡,襄帷俗清;光周物議,譽滿簪纓;方窮袞

27. 服,遽落人英。其三。玄甲啓路,青鳥戒日;寒野蒼茫,悲風蕭瑟;攸攸世代,窈窈

28. 泉室;萬古千年,終焉永異。其四。

1995 年敦煌學研究論著目録

宋雪春（首都師範大學）

本年度,中國大陸地區共出版敦煌學專著 50 餘部,公開發表相關論文近 300 篇。現將研究論著目録編製如下,其編排次序爲:一、專著部分;二、論文部分。論文部分又細分爲概説、歷史地理、社會、宗教、語言文字、文學、藝術、考古與文物保護、少數民族歷史語言、古籍、科技、學術動態與紀念文、書評與書序等十三個專題。

一、專　著

《北京大學藏敦煌文獻》(1—2 册),上海古籍出版社,1995 年 10 月。

《法藏敦煌西域文獻》(4 册),上海古籍出版社,1995 年 10 月。

《英藏敦煌文獻(漢文佛經以外部分)》第十二、十三、十四卷,成都:四川人民出版社,1995 年 5 月。

《俄藏敦煌文獻》(5 册),上海古籍出版社,1995 年。

敦煌研究院編《敦煌石窟藝術叢書》,南京:江蘇美術出版社,1995 年 10 月。

新疆文物考古研究所編《新疆文物考古新收穫》(1979—1989),烏魯木齊:新疆人民出版社,1995 年 12 月。

段文傑主編《敦煌書法庫》,蘭州:甘肅人民美術出版社,1995 年 3—6 月。

段文傑主編《敦煌石窟鑒賞叢書》,蘭州:甘肅人民美術出版社,1995 年 10 月。

鄭炳林主編《敦煌吐魯番文獻研究》,蘭州:蘭州大學出版社,1995 年 8 月。

敦煌研究院編《敦煌壁畫故事(第四輯)》,南京:江蘇古籍出版社,1995 年 2 月。

謝生保主編《敦煌壁畫白描精粹》,蘭州:甘肅人民美術出版社,1995 年 9 月。

張伯元《安西榆林窟》,成都:四川教育出版社,1995 年 10 月。

馮其庸《瀚海劫塵》,北京:文化藝術出版社,1995 年 1 月。

周丕顯《敦煌文獻研究》,蘭州:甘肅文化出版社,1995 年 6 月。

董錫玖、金秋《絲綢之路》,蘭州:新華出版社,1995 年 1 月。

吳景山《絲綢之路考察散記》,北京:民族出版社,1995 年 11 月。

楊鐮《荒漠獨行——西域探險考察熱點尋跡》,北京:中共中央黨校出版社,1995 年 11 月。

李并成《河西走廊歷史地理》,蘭州:甘肅人民出版社,1995 年 9 月。

余太山《兩漢魏晉南北朝中原與西域關係史研究》,北京:中國社會科學出版社,1995 年 6 月。

政協甘肅省敦煌委員會編《敦煌文史資料選輯》(第三輯),1995 年 9 月。

齊濤《魏晉隋唐鄉村社會研究》,濟南:山東人民出版社,1995 年 1 月。

謝弗著,吳玉貴譯《唐代的外來文明》,北京:中國社會科學出版社,1995 年 8 月。

謝生保主編《敦煌民俗研究》,蘭州:甘肅人民出版社,1995 年 10 月。

吳庚舜、董乃斌《唐代文學史》,北京:人民文學出版社,1995 年 12 月。

張澤咸《唐代工商業》,北京:中國社會科學出版社,1995 年 12 月。

張傳璽主編《中國歷代契約會編考釋》(上、下),北京大學出版社,1995 年 8 月。

楊富學、牛汝極《沙州回鶻及其文獻》,蘭州:甘肅文化出版社,1995 年 6 月。

張涌泉《漢語俗字研究》,長沙:嶽麓書社,1995 年 4 月。

黃征、吳偉《敦煌願文集》,長沙:嶽麓書社,1995 年 11 月。

王昆吾《唐代酒令藝術》,上海:東方出版中心,1995 年 1 月。

周一良、趙和平《唐五代書儀研究》,北京:中國社會科學出版社,1995 年 12 月。

王書慶《敦煌佛學・佛事編》,蘭州:甘肅民族出版社,1995 年 3 月。

杜斗城《北涼譯經論》,蘭州:甘肅文化出版社,1995 年 6 月。

朱越利《道經總論》,瀋陽:遼寧教育出版社,1995 年 6 月。

方廣錩《藏外佛教文獻》(第一輯),北京:宗教文化出版社,1995 年 12 月。

歐陽琳、史葦湘、史敦宇《敦煌圖案集》,上海書店出版社,1995 年 12 月。

沃興華《敦煌書法》,上海書店出版社,1995 年 8 月。

馬建華、趙吳成《敦煌漢簡書法精選》,蘭州:甘肅人民美術出版社,1995 年 10 月。

鄭汝中、趙聲良《敦煌寫卷書法精選》,合肥:安徽美術出版社,1995 年 8 月。

楊雄、周維平《敦煌魂曲》,蘭州:甘肅民族出版社,1995 年 3 月。

鄭炳林、羊萍《敦煌本夢書》,蘭州:甘肅文化出版社,1995 年 8 月。

張儂《敦煌石窟秘方與灸經圖》,蘭州:甘肅文化出版社,1995 年 6 月。

王尚壽、季成家《絲綢之路文化大辭典》,北京:紅旗出版社,1995 年 8 月。

范興儒《敦煌飛天》,蘭州:甘肅文藝出版社,1995 年 2 月。

林梅村《西域文明——考古、民族、語言和宗教新論》,北京:東方出版社,1995 年 12 月。

胡戟、傅玫《敦煌史話》,北京:中華書局,1995 年 2 月。

劉堅、蔣紹愚《近代漢語語法資料彙編——唐五代卷》,北京:商務印書館,
　　1995 年 8 月。

李肖冰《中國西域民族服飾研究》,烏魯木齊:新疆人民出版社,1995 年 8 月。

二、論　文

(一) 概説

朱政惠《敦煌學發展的三大態勢——當代中國史學趨勢研究之三》,《學術月
　　刊》1995 年 9 期。

殷晴《充分利用出土文書資料把西域史的研究推向新水準》,《新疆文物》1995
　　年 2 期。

郝春文《八十年代以來北京地區敦煌學研究發展狀況》,《敦煌研究》(特刊),
　　1995 年。

張金泉《浙江敦煌學研究》,《古文獻研究》第二輯,杭州:浙江古籍出版社,
　　1995 年。

[印] 查維・哈斯奈爾著,楊富學譯《敦煌佛教藝術的多樣性——新德里國立
　　博物館的中亞收藏品》,《敦煌研究》1995 年 2 期。

周而複《敦煌感懷》,《昆侖》1995 年 1 期。

武承明《敦煌情思》,《甘肅日報》1995 年 3 月 23 日。

秦增果《敦煌石室書軒的探索之路》,《中國敦煌吐魯番學會研究通訊》1995
　　年 1 期。

鄭雲雲《敦煌的魅力》,《山東文學》1995 年 2 期。

汪泛舟《論敦煌文明的多民族貢獻》,《敦煌研究》1995 年 2 期。

王進玉《敦煌古跡玉門關》,《甘肅科技報》1995 年 10 月 31 日。

唐棟《絲路:欲哭無淚》,《絲綢之路》1995 年 4 月。

曹洪勇《探察大海道——吐魯番至敦煌古道行》,《西域研究》1995 年 1 期。

崔富辛、周明初《姜亮夫先生談治學("我與敦煌學")》,《古文獻研究》第二
　　輯,杭州:浙江古籍出版社,1995 年。

胡曉明《饒宗頤的治學態度與方法》,《中國文化》1995 年 12 期。

張先堂《施萍婷研究員與敦煌學研究》,《社科縱橫》1995 年 5 期。

劉詩平《不負國寶,襄進學術——榮新江教授的敦煌學與唐史研究》,《北京大
　　學學報》1995 年 5 期。

唐棟《華爾納的偵查旅行——〈西域的憤怒〉之五》,《絲綢之路》1995 年 1 期。

趙和平《學貫東西,博約兼長——周一良教授的中古史與世界史研究》,《北京

大學學報》1995 年 5 期。

榮新江《日本天理圖書館藏敦煌文獻考察紀略》,《敦煌研究》1995 年 4 期。

榮新江《俄藏敦煌西域文獻紀略》,《學術集林》卷四,上海遠東出版社,
　　1995 年。

榮新江《英倫印度事務部圖書館藏敦煌西域文獻——附印度事務部圖書館藏
　　敦煌漢文寫本目錄》,《敦煌學輯刊》1995 年 2 期。

盛賢發《莫高窟四月八廟會》,《甘肅日報》1995 年 5 月 12 日。

張國剛、榮新江《德國巴伐利亞州立圖書館藏敦煌經卷小記》,《祝賀胡如雷教
　　授七十壽辰中國古史論叢》,石家莊:河北教育出版社,1995 年 12 月。

顧希佳編譯《敦煌石窟裏的故事》,《民間文學》1995 年 6 期。

王新《北京圖書館藏伯希和敦煌筆記》,《文獻》1995 年 1 期。

李永平《努力攀登敦煌學研究的高峯——記〈敦煌研究〉編輯楊富學》,《中國
　　文物報》1995 年 9 月 16 日。

施萍婷《日本公私收藏敦煌遺書敍錄(三)》,《敦煌研究》1995 年 4 期。

李際寧《味青齋敦煌秘笈佚卷存目點勘及其價值》,《敦煌學輯刊》1995 年
　　1 期。

楊銘《楊增新等所藏兩件吐魯番敦煌寫經》,《西域研究》1995 年 2 期。

(二) 歷史地理

榮新江《〈唐開元廿九年西州天山縣南平鄉籍〉殘卷研究》,《西域研究》1995
　　年 1 期。

王炳華《今年新疆考古所見唐代重要史跡》,《唐研究》第 1 卷,北京大學出版
　　社,1995 年。

汪受寬《五涼史家劉昞與實錄史體》,《敦煌學輯刊》1995 年 2 期。

余太山《前涼與西域關係述考》,《中國史研究》1995 年 2 期。

李并成《漢敦煌郡宜禾、中部都尉有關問題考》,《西北師大學報》1995 年
　　2 期。

楊銘《吐蕃時期河隴軍政機構設置考》,《中亞學刊》1995 年 4 輯。

鄭炳林、馮培紅《唐五代歸義軍政權對外關係中的使頭一職》,《敦煌學輯刊》
　　1995 年 1 期。

李正宇《敦煌郡的邊塞長城及烽警系統》,《敦煌研究》1995 年 2 期。

李正宇《〈沙州都督府圖經〉卷第三劄記》,《敦煌吐魯番研究》第 1 卷,北京大
　　學出版社,1995 年。

李正宇《〈沙州都督府圖經卷第三〉劄記(二)》,《敦煌研究》1995 年 4 期。

鄭炳林《唐五代敦煌金鞍山異名考》,《敦煌研究》1995 年 2 期。

張令瑄《稀見"河西方志"校讀記》,《敦煌學輯刊》1995 年 1 期。

哈理・斯德本、瑪麗琳・賴著,李崇峯、李裕羣譯《天龍山雕刻的復原與年代》,《敦煌研究》1995 年 1 期。

劉長久《雲南劍川石鐘山石窟内容總錄》,《敦煌研究》1995 年 1 期。

馬雅倫《關於〈苦峪城斷碑〉的年代》,《敦煌學輯刊》1995 年 2 期。

張俊民《"縣泉置元康四年正月盡十二月丁卯雞出入簿"辨析》,《敦煌研究》2 期。

董念清《魏律略論》,《敦煌學輯刊》1995 年 2 期。

盧向前《部田及其授受額之我見——唐代西州田制研究之四》,《敦煌吐魯番研究》第 1 卷,北京: 北京大學出版社,1995 年。

吳震《吐魯番出土券契文書的表層考察》,《敦煌吐魯番研究》第 1 卷,北京大學出版社,1995 年。

李方《唐西州長官編年考證——西州官吏考證(一)》,《敦煌吐魯番研究》第 1 卷,北京: 北京大學出版社,1995 年。

馮培紅《有關敦煌文書的兩則讀書劄記》,《敦煌學輯刊》1995 年 2 期。

盧向前《唐代西州土地的管理方式——唐代西州田制研究之三》,《唐研究》第 1 卷,北京: 北京大學出版社,1995 年。

孟憲實、宣紅《試論麴氏高昌中央諸曹職掌》,《西域研究》1995 年 2 期。

華林甫《〈姓氏錄〉寫作年代考》,《敦煌研究》1995 年 4 期。

孟彥弘《唐前的兵制與邊防》,《唐研究》第 1 卷,北京大學出版社,1995 年。

楊銘、何甯生《曹(Tshar)吐蕃統治敦煌及西域的一級基層兵制》,《西域研究》1995 年 4 期。

孫繼民《從渾小弟一組文書看唐代早期健兒制度的幾個問題》,《敦煌學輯刊》1995 年 1 期。

陸慶夫《關於王玄策史跡研究的幾點商榷》,《敦煌研究》1995 年 4 期。

殷光明《北涼緣禾、太緣年號及相關問題之辨析》,《敦煌研究》1995 年 4 期。

向羣《敦煌吐魯番文書中所見唐官文書"行判"的幾個問題》,《敦煌研究》1995 年 3 期。

李并成《北朝時期瓜州建置及其所屬郡縣考》,《敦煌學輯刊》1995 年 2 期。

王素《麴氏高昌"義和政變"補説》,《敦煌吐魯番研究》第 1 卷,北京大學出版社,1995 年。

樓勁《漢唐的外事體制與絲路古道上的基本外交模式》,《敦煌學輯刊》1995 年 1 期。

吳震《敦煌吐魯番寫經題記中"甘露"年號考辨》,《西域研究》1995 年 1 期。

程喜霖《唐代過所與胡漢商人貿易》,《西域研究》1995 年 1 期。

楊俊《敦煌清代糧倉》,《絲綢之路》1995 年 5 期。

張寶璽《從"六國共修"看麥積山石窟的歷史》,《敦煌研究》1995 年 4 期。

鄭炳林《唐代敦煌種植業研究》,《中國史研究》1995 年 3 期。

王進玉《敦煌古代酒帳與西北少數民族渾脱酒》,《陽關》1995 年 5 期。

劉惠琴《從敦煌文書看沙州紡織業》,《敦煌學輯刊》1995 年 2 期。

(三) 社會

P. 貝納爾吉著,楊富學譯《阿旃陀、巴米揚、吐魯番與敦煌間的文化聯繫》,《敦煌研究》1995 年 2 期。

張尚謙、張萍《敦煌古代户籍殘卷研究》,《中國古代史(一)》(先秦到隋唐)1995 年 3 期。

寧可、郝春文《敦煌社邑的喪葬互助》,《首都師範大學學報》1995 年 6 期。

李金梅、劉傳緒、李重申《敦煌傳統文化與武術》,《敦煌研究》1995 年 2 期。

吳震《吐魯番出土文獻》,《中國珍稀法律典籍集成甲編》第四册,北京:科學出版社,1995 年 5 月。

雷聞《從 S. 11287 看唐代論事敕書的成立過程》,《唐研究》第 1 卷,北京大學出版社,1995 年。

陳國燦《唐開元西州諸曹孔帖目中的西域"警固"事》,《西域研究》1995 年 1 期。

樊志民《秦霸西戎的農史學觀察》,《敦煌學輯刊》1995 年 1 期。

李冬梅《唐五代敦煌學校部分教學檔案簡介》,《敦煌學輯刊》1995 年 2 期。

馬德《敦煌壁畫交通工具史述論》,《敦煌研究》1995 年 1 期。

馬德《敦煌壁畫交通工具史料述論(下)》,《敦煌研究》1995 年 3 期。

周谷平《敦煌出土文書與唐代教育的研究》,《華東師範大學學報》1995 年 3 期。

程喜霖《唐代過所與胡漢商人貿易》,《西域研究》1995 年 1 期。

(四) 宗教

李玉昆《敦煌遺書〈泉州千佛新諸祖師頌〉研究》,《敦煌學輯刊》1995 年 1 期。

金申《關於神王的探討》,《敦煌學輯刊》1995 年 1 期。

趙秀榮《北朝石窟中的神王像》,《敦煌學輯刊》1995 年 1 期。

王惠民《古代印度賓頭盧信仰的産生及其東傳》,《敦煌學輯刊》1995 年 1 期。

王惠民《獨煞神與獨煞神堂考》,《敦煌研究》1995 年 1 期。

Georges — Jean Pinault, The Rendering of Buddhist Terminology in Tocharian,《敦煌吐魯番研究》第 1 卷,北京:北京大學出版社,1995 年。

馬德《莫高窟與敦煌佛教教團》,《敦煌吐魯番研究》第 1 卷,北京大學出版社, 1995 年。

馬德《敦煌的世族與莫高窟》,《敦煌學輯刊》1995 年 2 期。

虞萬里《敦煌摩尼教〈下部讚〉寫本年代新探》,《敦煌吐魯番研究》第 1 卷,北京:北京大學出版社,1995 年。

克里希納·里保德著,楊富學譯《敦煌石窟所見宗教儀禮與還願織物的重要意義》,《敦煌研究》1995 年 2 期。

王素《吐魯番出土〈功德疏〉所見西州庶民的淨土信仰》,《唐研究》第 1 卷,北京:北京大學出版社,1995 年。

方廣錩《敦煌文獻中的〈金剛經〉及其注疏》,《新疆文物》1995 年 1 期;《世界宗教研究》1995 年 1 期。

楊富學《從出土文獻看〈法華經〉在新疆、敦煌的傳釋》,《顯密》(試刊號) 1995 年。

方廣錩、許培玲《敦煌遺書中的〈維摩詰所說經〉及其注疏》,《宗教》1995 年 1 期。

方廣錩、許培玲《敦煌經帙》,《敦煌學輯刊》1995 年 1 期。

蒙默《〈壇經〉中"獦獠"一詞讀法——與潘重規先生商榷》,《中國文化》1995 年 11 期。

A. 詹姆柯德卡爾著,楊富學譯《須大拏本生研究》,《敦煌研究》1995 年 2 期。

杜斗城《北涼沮渠京聲譯經述論》,《敦煌學輯刊》1995 年 1 期。

張德芳《佛教的傳播與甘肅石窟藝術》,《絲綢之路》1995 年 5 期。

陳國光《釋"和尚"——兼談中印文化交流初期西域佛教的作用》,《西域研究》1995 年 2 期。

田中良昭著,楊富學譯《敦煌漢文禪籍研究略史》,《敦煌學輯刊》1995 年 1 期。

萬毅《敦煌本〈昇玄内教經〉試探》,《唐研究》第 1 卷,北京大學出版社, 1995 年。

顏廷亮《關於〈白雀歌〉見在寫卷兼及敦煌佛道關係》,《蘭州教育學院學報》 1995 年 2 期。

高永久《西域祆教考述》,《西域研究》1995 年 4 期。

榮新江《祆教初傳中國年代考》,《國學研究》第三卷,北京大學出版社, 1995 年。

李德龍《敦煌遺書所反映的寺院僧尼財產世俗化》,《經濟史》1995 年 4 期。

王惠民《敦煌"雙履傳說"與"隻屐圖"本源考》,《社科縱橫》1995 年 4 期。

（五）語言文字

王新華《敦煌變文中——m 尾音演變一例》,《語文研究》1995 年 2 期。

張涌泉《俗字探源録——〈漢語大字典〉一、二卷校讀剳記》,《古文獻研究》第二輯,杭州：浙江古籍出版社,1995 年。

張涌泉《陳祚龍校録敦煌卷子失誤例釋》,《學術集林》卷六,上海遠東出版社,1995 年。

張涌泉《敦煌文書類化字研究》,《敦煌研究》1995 年 4 期。

吳福祥《敦煌變文的疑問代詞"那"（"那個"、"那裏"）》,《古漢語研究》1995 年 2 期。

劉子瑜《敦煌變文中的選擇疑問句式》,《語言文字學》1995 年 3 期。

施謝捷《敦煌變文語詞校釋剳記》,《敦煌吐魯番研究》第 1 卷,北京大學出版社,1995 年。

吳福祥《敦煌變文語法研究》,《中國社會科學院博士畢業論文》,1995 年 6 月。

吳福祥《敦煌變文遠指代詞初探》,《敦煌吐魯番研究》第 1 卷,北京大學出版社,1995 年。

黃征《敦煌俗語法研究之一——句法篇》,《敦煌吐魯番研究》第 1 卷,北京大學出版社,1995 年。

王平《敦煌歌辭"得"字研究》,《山東師大學報》1995 年 1 期。

（六）文學

張先堂《〈敦煌唐人詩集殘卷（P. 2555）〉新校》,《敦煌研究》1995 年 3 期。

邵文實《敦煌邊塞文學之"征婦怨"作品述論》,《敦煌學輯刊》1995 年 2 期。

李明偉《敦煌文學中"敦煌文"的研究和分類評價》,《敦煌研究》1995 年 4 期。

劉尊明《敦煌歌辭、敦煌詞、民間詞與文人詞之考辨》,《湖北大學學報》1995 年 2 期。

顏廷亮《敦煌西漢金山國文學的評價問題》,《甘肅社會科學》1995 年 3 期。

顏廷亮《敦煌西漢金山國文學文獻三題新校並序》,《社科縱橫》1995 年 1 期。

高國藩《敦煌本高適佚詩〈因事即事〉析論》,《南京大學學報》1995 年 1 期。

江藍生《〈燕子賦〉（乙）校釋拾零》,《敦煌吐魯番研究》第 1 卷,北京大學出版社,1995 年。

項楚《王梵志詩中的他人作品》,《敦煌吐魯番研究》第 1 卷,北京大學出版社,1995 年。

柴劍虹《俄藏敦煌詩詞寫卷經眼録（一）》,《敦煌吐魯番研究》第 1 卷,北京大學出版社,1995 年。

徐俊《敦煌寫本唐人詩歌存佚互見綜考》,《敦煌吐魯番研究》第 1 卷,北京大學出版社,1995 年。

王宗祥《〈景教創世頌〉(擬題)非宋人詩》,《敦煌研究》1995 年 3 期。

徐俊《敦煌伯 3597 唐詩寫卷輯考——兼説"白侍郎"作品的托名問題》,《文獻》1995 年 3 期。

徐俊《敦煌寫本〈山僧歌〉綴合與斯 5692 蝴蝶裝册的還原》,《中國典籍與文化論叢》(第二輯),北京:中華書局,1995 年。

張錫厚《敦煌本〈高適詩集〉考述》,《文獻》1995 年 4 期。

王進玉《敦煌寶窟藏的古代醫藥學詩詞》,《甘肅科技報》1995 年 8 月 29 日。

徐俊《〈廬山遠公話〉的篇尾結詩》,《文學遺産》1995 年 5 期。

劉尊明《唐五代敦煌民間詞的文化蘊含》,《湖北大學學報》1995 年 5 期。

張涌泉《以父母十恩德爲主題的佛教文學藝術作品探源——介紹一部珍貴的〈父母恩重經〉寫本》,《原學》(第二輯),北京:中國廣播電視出版社,1995 年。

伏俊璉《論敦煌賦的表現手法》,趙逵夫主編《詩賦論集》,蘭州:甘肅人民出版社,1995 年 2 月。

[俄] 孟列夫著,楊富學譯《敦煌文獻所見變文與變相之關係》,《敦煌研究》1995 年 2 期。

張弓《唐代的釋門散文》,《唐研究》第 1 卷,北京:北京大學出版社,1995 年。

周延良《敦煌情愛曲詞》,《河北大學博士論文》,1995 年 6 月。

劉尊明、王大鵬《本世紀敦煌曲子詞研究的文化觀照》,《東方叢刊》1995 年 3、4 輯。

徐湘霖《論敦煌佛曲》,《青海民族學院學報》1995 年 2 期。

劉尊明《千載不傳之秘笈:〈雲謡集〉》,《古典文學知識》1995 年 1 期。

馬雅倫《關於南山文體的討論》,《敦煌學輯刊》1995 年 2 期。

蔣宗許《敦煌變文劄記》,《文獻》1995 年 1 期。

　　(七) 藝術

胡同慶《燦爛的敦煌飛天藝術》,《東方藝術》1995 年 4 期。

[日] 宮治昭著,顧虹譯《敦煌美術與犍陀羅·印度美術》,《敦煌研究》1995 年 3 期。

張德芳《佛教的傳播與甘肅石窟藝術》,《絲綢之路》1995 年 5 期。

[印] M. N. 德什班德著,楊富學譯《印度佛教石窟壁畫的主要特徵》,《敦煌研究》1995 年 2 期。

[印] 洛克什·錢德拉、蘇達爾沙娜·大衛·星哈爾著,楊富學譯《敦煌壁畫

中的觀音》,《敦煌研究》1995 年 2 期。

穆紀光《敦煌菩薩塑像的文化意蘊》,《甘肅社會科學》1995 年 4 期。

王進玉《敦煌壁畫:古代民族服飾博物館》,《文化報(香港)——中國文物專版》,1995 年 10 月 18 日。

李江《敦煌畫舟船史料豐富多彩——七十餘幅畫中繪有一百多隻舟船》,《甘肅日報》1995 年 12 月 24 日。

[印]卡皮拉・反載揚著,台建羣譯《印度和中國石窟藝術中的飛天圖像》,《敦煌研究》1995 年 4 期。

牛汝極、楊富學《敦煌回鶻文書法藝術》,《甘肅民族研究》1995 年 1 期。

邱星《敦煌石窟音樂簡說》,《音樂世界》1995 年 12 期。

陳應時《敦煌樂譜〈水鼓手〉》,《中國音樂》1995 年 2 期。

姜伯勤《敦煌"令舞"曲拍譜的再發現——兼論王朝"法度禮樂"與歌酒"樂章舞曲"的消長》,《學術集林》卷五,上海:遠東出版社,1995 年。

韋滿易著,方建軍、湯亞汀譯《敦煌琵琶譜〈西江月〉》,《音樂藝術》1995 年 2 期。

應有勤《論敦煌琵琶譜"掣"爲急反撥》,《音樂藝術》1995 年 3 期。

[印]M.C. 約什著,楊富學譯《印度岩刻佛教建築概觀》,《敦煌研究》1995 年 2 期。

王宏、李映洲《敦煌繪畫藝術與跨世紀的中國畫形態》,《敦煌學輯刊》1995 年 2 期。

台建羣《敦煌壁畫阮的研究》,《敦煌研究》1995 年 1 期。

楊森《敦研 0010(1 號)〈佛説祝毒經〉書法風格——從北朝經生體書法談起》,《敦煌研究》1995 年 1 期。

段文傑《敦煌石窟藝術的特點》,《敦煌研究》1995 年 2 期。

尹德生《酒泉丁家閘壁畫"燕居行樂圖"淺識——兼論河西十六國時期的表演藝術》,《敦煌研究》1995 年 2 期。

姜伯勤《莫高窟説法圖中龍王與象王的圖像學研究——兼論有聯珠紋邊飾的一組説法圖中晚期犍陀羅派及粟特畫派的影響》,《敦煌吐魯番研究》第 1 卷,北京大學出版社,1995 年。

[日]伊藤伸著,趙聲良譯《從中國書法史看敦煌漢文文書(一)》,《敦煌研究》1995 年 3 期。

何佳垣《敦煌莫高窟壁畫中的維摩變》,《美苑》1995 年 6 期。

趙莉《克孜爾石窟降伏六師外道壁畫考析》,《敦煌研究》1995 年 1 期。

趙聲良《隋代敦煌寫本的書法藝術》,《敦煌研究》1995 年 4 期。

譚中、包菁萍譯《中國佛教石窟藝術的歷史透視》,《敦煌研究》1995 年 4 期。

賀世哲《莫高窟北朝五佛造像試釋》,《敦煌研究》1995 年 3 期。

劉永增《莫高窟第 280 窟普賢菩薩來現圖考釋——兼談"乘象入胎"的圖像來源》,《敦煌研究》1995 年 3 期。

段文傑《供養人畫像與石窟》,《敦煌研究》1995 年 3 期。

史葦湘《從敦煌壁畫〈微妙比丘尼變〉看歷史上的中印文化交流》,《敦煌研究》1995 年 2 期。

王元軍《從敦煌佛經寫本看有關唐代寫經生及其書法藝術的幾個問題》,《敦煌研究》1995 年 1 期。

劉永增《敦煌莫高窟隋代涅槃變相與古代印度、中亞地區的涅槃圖像之比較研究》,《敦煌研究》1995 年 1 期。

黃文昆《佛教初傳與早期中國佛教藝術》,《敦煌研究》1995 年 1 期。

梅林《律寺制度視野: 9 至 10 世紀莫高窟寺經變畫佈局初探》,《敦煌研究》1995 年 1 期。

暨遠志《中國早期佛教供養人服飾》,《敦煌研究》1995 年 1 期。

孫修身、孫曉崗《從觀音造型談佛教中國化》,《敦煌研究》1995 年 1 期。

樊錦詩《簡談佛教故事畫的民族化特色》,《敦煌研究》1995 年 1 期。

（八）考古與文物保護

徐蘋芳《考古學上所見中國境內的絲綢之路》,《燕京學報》新一期,1995 年。

王進玉《敦煌研究石窟中光照及紫外綫的監測》,《文物修復與研究》1995 年 4 期。

王進玉《敦煌莫高窟起甲壁畫的修復與保護研究》,《文物修復與研究》1995 年 4 期。

賀養州《砂礫岩石窟岩體裂隙灌漿研究通過專家鑒定》,《中國文物報》1995 年 9 月 24 日。

吳礽驤《絲綢之路上的又一重大考古發現——敦煌懸泉遺址》,《長城國際學術研究討會論文集》,長春: 吉林人民出版社,1995 年 12 月。

李永平《敦煌田野考古的重要收穫——介紹〈敦煌祁家灣〉》,《中國文物報》1995 年 6 月 25 日。

樊娟等《陝西耀縣藥王山一天門廟宇壁畫》,《敦煌研究》1995 年 3 期。

段文傑《敦煌文物的保護和臨摹》,《敦煌研究》1995 年 2 期。

李最雄、張虎元等《古代土建築遺址的加固研究》,《敦煌研究》1995 年 3 期。

李最雄、王旭東《薄頂洞窟窟頂加固實驗》,《敦煌研究》1995 年 3 期。

張明泉、李最雄《莫高窟地仗物質成分與微結構特徵》,《敦煌研究》1995 年

3 期。

李實《敦煌壁畫中膠結構材料的定量分析》,《敦煌研究》1995 年 3 期。

郭宏、段修業《敦煌莫高窟顏料色彩穩定性及其相關問題的研究》,《敦煌研究》1995 年 3 期。

郭宏、段修業《東千佛洞壁畫顏料色彩規律及壁畫病害治理的研究》,《敦煌研究》1995 年 3 期。

王進玉、郭宏、李軍《敦煌壁畫、彩塑青金石顏料的初步研究》,《敦煌研究》1995 年 3 期。

王軍虎、宋大康、李軍《莫高窟十六國時期洞窟顏料使用特徵及顏色分佈》,《敦煌研究》1995 年 3 期。

張贊勳、謝本立等《北山石窟風化產物可溶鹽形成的水文地球化學機理》,《敦煌研究》1995 年 3 期。

王惠民《曹元德功德窟考》,《敦煌研究》1995 年 4 期。

姚桂蘭、格桑美卓《張掖馬蹄寺石窟内容總録》,《敦煌學輯刊》1995 年 2 期。

〔俄〕鄂登堡著,鄭炳林、楊自福譯《千佛洞南區石窟羣》,《敦煌學輯刊》1995 年 1 期。

李并成《北魏瓜州敦煌郡鳴沙、平康、東鄉三縣城址考》,《社科縱横》1995 年 2 期。

李并成《西漢酒泉郡池頭、綏彌、幹齊三縣城址考》,《西北史地》1995 年 3 期。

李并成《論絲路沿綫古城遺址旅遊資源的開發》,《旅遊學刊》1995 年 5 期。

李并成《河西走廊西部漢長城遺跡及其相關問題考》,《敦煌研究》1995 年 2 期。

徐文堪《新疆古屍的新發現與吐火羅人起源研究》,《學術集林》卷五,上海:上海遠東出版社,1995 年。

張寶璽《馬蹄寺名稱的來歷》,《敦煌研究》1995 年 1 期。

(九) 少數民族歷史語言

〔俄〕Е. И. 克恰諾夫著,高士榮譯《西夏的語言文字》,《敦煌研究》1995 年 4 期。

榮新江《龍家考》,《中亞學刊》1995 年 4 輯。

陸慶夫《甘州回鶻可汗世次辨析》,《敦煌學輯刊》1995 年 2 期。

劉波《敦煌所出粟特語古信劄與兩晉之際敦煌姑臧的粟特人》,《敦煌研究》1995 年 3 期。

楊富學《西域、敦煌文獻所見回鶻之佛經翻譯》,《敦煌研究》1995 年 4 期。

錢伯泉《從傳供狀和客館文書看高昌王國與突厥的關係》,《西域研究》1995

年 1 期。

錢伯泉《大石、黑衣大石、喀喇汗王朝考實》,《甘肅民族研究》1995 年 1 期。

鄧浩《從〈突厥語大詞典〉看回鶻的畜牧文化》,《敦煌研究》1995 年 1 期。

鄧浩《〈突厥語詞典〉與回鶻的農業經濟》,《敦煌研究》1995 年 4 期。

鄧浩《從〈突厥語詞典〉看回鶻的醫藥學》,《甘肅民族研究》1995 年 1 期。

季羨林《吐火羅文 A(焉耆文)〈彌勒會見記劇本〉新博本 76YQ1.30 一張兩頁
　　譯釋》,《敦煌吐魯番研究》第 1 卷,北京大學出版社,1995 年。

季羨林《吐火羅文 A(焉耆文)〈彌勒會見記劇本〉新博本 76YQ1·1(兩頁一
　　張)譯釋》,《中亞學刊》1995 年 4 輯。

李經緯《九件回鶻社會經濟文書譯釋》,《喀什師範學院學報》1995 年 1 期。

李經緯《回鶻文買賣契約文書研究》,《中法與比較法研究》1995 年 1 期。

李經緯《回鶻買賣契約的意項分析及其與現代經濟文書的比較》,《喀什師範
　　學院學報》1995 年 4 期。

李經緯《回鶻文借貸文書六種》,《新疆文物》1995 年 2 期。

李經緯《回鶻文借貸文書七種》,《喀什師範學院學報》1995 年 3 期。

李經緯《吐魯番回鶻文買賣文書四種》,《西域研究》1995 年 2 期。

李經緯《回鶻文社會經濟文書選注(五)》,《喀什師範學院學報》1995 年 2 期。

李經緯《敦煌 Or8212(170)號回鶻文文書的譯文質疑》,《新疆大學學報》1995
　　年 3 期。

牛汝極《英和土耳其所藏維吾爾文獻及其研究》,《新疆文物》1995 年 3 期。

楊富學《佉盧文所見鄯善國之貨幣》,《敦煌學輯刊》1995 年 2 期。

[法]哈密爾頓《敦煌回鶻文寫本的年代》,《西域研究》1995 年 3 期。

　　(十) 古籍

饒宗頤《敦煌所出北魏寫本〈國語·周語〉舊注殘頁跋》,《敦煌吐魯番研究》
　　第 1 卷,北京:北京大學出版社,1995 年。

李方《伯希和 3271 號寫本〈論語集解〉的性質和意義》,《敦煌研究》1995 年
　　4 期。

黃維忠、鄭炳林《敦煌本〈修文殿御覽殘卷〉考釋》,《敦煌學輯刊》1995 年
　　1 期。

唐長孺《跋吐魯番所出〈千字文〉》,《唐研究》第 1 卷,北京大學出版社,
　　1995 年。

李丹禾《敦煌殘卷〈新集文詞九經抄〉初探(之一)》,《古文獻研究》第二輯,杭
　　州:浙江古籍出版社,1995 年。

楊自福、顧大勇《敦煌本〈周公解夢書〉殘卷初探》,《敦煌學輯刊》1995 年

2 期。

許建平《唐寫本〈禮記音〉作時代考》,《中國典籍與文化論叢》(第三輯),北京:中華書局,1995 年 12 月。

許建平《〈春秋後語釋文〉校證》,《敦煌研究》1995 年 4 期。

李際寧《〈春秋後語〉拾遺》,《敦煌吐魯番研究》第 1 卷,北京大學出版社,1995 年。

寧可《敦煌遺書散錄二則》,《敦煌吐魯番研究》第 1 卷,北京大學出版社,1995 年。

(十一) 科技

殷光明《從敦煌漢簡曆譜看太初曆的科學性與進步性》,《敦煌學輯刊》1995 年 2 期。

張儂《敦煌〈灸經圖〉殘圖及古穴的研究》,《敦煌研究》1995 年 2 期。

張儂《敦煌遺書中的耳穴與耳孔灸法》,《中國醫史雜誌》1995 年 3 期。

王進玉《敦煌寶窟藏的古代醫藥學詩詞》,《甘肅科技報》1995 年 8 月 29 日。

王淑民、龐莎莎《敦煌吐魯番出土古本五臟論的考察》,《中國醫史雜誌》1995 年 1 期。

(十二) 學術動態與紀念文

孫學雷《1995 年敦煌吐魯番出版物學術研討會紀要》,《中國敦煌吐魯番學會研究通訊》1995 年 1 期。

林世田《敦煌禪宗文獻研究概況》,《北京圖書館館刊》1995 年 1 期。

楊秀清《八十年代以來金國史研究綜述》,《敦煌研究》1995 年 4 期。

白化文《周祖謨先生與敦煌學　附　周祖謨先生論著目錄(周士琦)》,《敦煌吐魯番研究》第 1 卷,北京大學出版社,1995 年。

武漢大學中國三至九世紀研究所《唐長孺先生傳略》,《唐研究》第 1 卷,北京大學出版社,1995 年。

黃征《蔣禮鴻先生傳略　附　蔣禮鴻先生論著編年目錄》,《敦煌吐魯番研究》第 1 卷,北京大學出版社,1995 年。

楊雄《1994 年敦煌學國際學術研討會上的敦煌藝術研究》,《美術》1995 年 3 月。

程越《國內粟特研究綜述》,《中國史研究動態》1995 年 9 期。

鄭炳林《敦煌寫本解夢書概述》,《敦煌學輯刊》1995 年 2 期。

王進玉《中國古代壁畫保護技術論著目錄》,《新疆文物》1995 年 1 期。

王先平《韓國大谷光瑞中亞文物收集品的種類及變遷》,《西北史地》1995 年 1 期。

張弘、伊波《陳寅恪敦煌學論目録初編》(下),《甘肅社會科學》1995 年 1 期。

施萍婷《敦煌遺書編目雜記二則》,《敦煌吐魯番研究》第 1 卷,北京:北京大學出版社,1995 年。

(十三) 書評與書序

霍旭初《〈中國新疆古代藝術〉簡介》,《敦煌研究》1995 年 4 期。

劉方《〈敦煌吐魯番研究〉1 卷簡介》,《敦煌研究》1995 年 4 期。

李崇峯《"第二届中印石窟藝術研討會"簡介》,《敦煌研究》1995 年 3 期。

敦煌研究編輯部《"第一届中印石窟藝術討論會"簡介》,《敦煌研究》1996 年 2 期。

汪玉良《西部歷史文化的百科全書——簡談〈中國絲綢之路辭典〉》,《甘肅日報》1995 年 6 月 18 日。

〔日〕池田温著,李德範譯,孫曉林校《敦煌吐魯番文獻圖録集成》,《敦煌學輯刊》1995 年 2 期。

張涌泉《〈漢語俗字研究〉出版》,《敦煌語言文學研究通訊》1995 年 2 期。

祁渠《〈絲綢之路文化大辭典〉出版》,《絲綢之路》1995 年 6 期。

哲雄《讀〈斯坦因所獲吐魯番文書研究〉》,《敦煌學輯刊》1995 年 1 期。

白化文《〈英國圖書館藏敦煌漢文非佛教文獻殘卷目録(S. 6981—S. 13624)〉評介》,《敦煌學輯刊》1995 年 1 期。

趙聲良、榮新江《饒宗頤〈法藏敦煌書苑精華〉評介》,《敦煌研究》1995 年 1 期。

劉瑞明《〈敦煌賦校注〉評介》,《敦煌研究》1995 年 4 期。

蘇北海《〈沙州回鶻及其文獻〉評介》,《敦煌研究》1995 年 3 期。

郝春文《英國圖書館藏敦煌漢文非佛教殘卷目録》,《敦煌吐魯番研究》第 1 卷,北京大學出版社,1995 年。

榮新江《〈俄藏敦煌文獻〉第 1—5 册》,《敦煌吐魯番研究》第 1 卷,北京大學出版社,1995 年。

榮新江《上海博物館藏敦煌吐魯番文獻》,《敦煌吐魯番研究》第 1 卷,北京大學出版社,1995 年。

劉濤《法藏敦煌書苑精華》,《敦煌吐魯番研究》第 1 卷,北京大學出版社,1995 年。

余太山《〈榎一雄著作集〉第 1—3 卷〈中亞史〉》,《敦煌吐魯番研究》第 1 卷,北京大學出版社,1995 年。

劉波《Dunhuang Art Through the Eyes of Duan Wenjie》,《敦煌吐魯番研究》第 1 卷,北京大學出版社,1995 年。

鄧文寬《敦煌新本六祖壇經》,《敦煌吐魯番研究》第 1 卷,北京大學出版社, 1995 年。

徐文堪《A Chinese Text in Central Asian Brahmi Script. New Evidence for the Pronunciation of Late Middle Chinese and Khotanese》,《敦煌吐魯番研究》第 1 卷,北京大學出版社,1995 年。

王邦煒《〈慧超往五天竺國傳研究〉、〈往五天竺國傳箋釋〉》,《敦煌吐魯番研究》第 1 卷,北京大學出版社,1995 年。

張涌泉《敦煌邈真讚校録並研究》,《敦煌吐魯番研究》第 1 卷,北京大學出版社,1995 年。

張國剛《孫繼民〈唐代行軍制度研究〉》,《唐研究》第 1 卷,北京大學出版社, 1995 年。

張錫厚《敦煌賦校注》,《敦煌吐魯番研究》第 1 卷,北京大學出版社,1995 年。

徐文堪《敦煌吐魯番吐火羅語研究導論》,《學術集林》1995 年 3 期。

段小强《讀〈瓜沙史事概述〉劄記》,《敦煌學輯刊》1995 年 2 期。

曹旅寧《絲綢之路與中亞文明——〈敦煌吐魯番文書與絲綢之路〉讀後》,《中國史研究動態》1995 年 8 期。

褚良才《敦煌學的又一碩果——讀〈蔣冀騁敦煌文書校讀研究〉》,《古漢語研究》1995 年 3 期。

辛夷《絢麗多姿的絲路文化——〈絲綢之路〉讀後》,《文史知識》1995 年 12 期。

蕭宜《讀〈敦煌文學與唐代講唱藝術〉書後》,《敦煌語言文學研究通訊》1995 年 1 期。

周一良《梅維恒〈唐代變文〉中譯本序》,《燕京學報》1995 年 1 期。

周紹良《敦煌本〈六組壇經〉是慧能的原本——〈敦博本禪籍校録〉序》,《敦煌吐魯番研究》第 1 卷,北京大學出版社,1995 年。

蔣禮鴻《〈敦煌願文集〉序》,《杭州大學學報》1995 年 4 期。

饒宗頤《〈敦煌俗字研究〉序》,《中國文化》1995 年 11 期。

2010 年敦煌學研究論著目録

董大學(首都師範大學)

　　2010 年中國大陸地區共出版敦煌學專著 70 餘部,公開發表論文 700 餘篇。現將本年度敦煌學研究論著目録編製如下,其編排順序爲:一、專著部分;二、論文部分。論文分爲概説、歷史地理、社會、宗教、語言文字、文學、藝術、考古與文物保護、少數民族歷史語言、古籍、科技、學術動態與紀念文、其他等十三個專題。

一、專　　著

寧可、郝春文《敦煌的歷史和文化》,北京:中國國際廣播出版社,2010 年
　　9 月。

寧可《寧可談敦煌》,長沙:湖南少年兒童出版社,2010 年 3 月。

榮新江《辨僞與存真——敦煌學論集》,上海:上海古籍出版社,2010 年 3 月。

向達著,榮新江編《向達先生敦煌遺墨》,北京:中華書局,2010 年 3 月。

蕭默《一葉一菩提:我在敦煌十五年》,北京:新星出版社,2010 年 4 月。

[日]荒見泰史《敦煌講唱文學寫本研究》,北京:中華書局,2010 年 3 月。

[日]荒見泰史《敦煌變文寫本的研究》,北京:中華書局,2010 年 11 月。

鄒加勉、唐驍、柳春良《中國傳統敦煌圖案與配色》,大連:大連理工大學出版
　　社,2010 年 5 月。

馬煒、蒙中《西域繪畫敦煌藏經洞流失海外的繪畫珍品》(系列),重慶:重慶
　　出版集團、重慶出版社,2010 年 1 月。

任繼愈主編《國家圖書館藏敦煌遺書》(124—136 冊),北京:北京圖書館出版
　　社,2010 年。

史敦宇、金洵瑨繪《敦煌壁畫復原精品集》,蘭州:甘肅人民出版社,2010 年
　　6 月。

史敦宇等繪,金長明撰《敦煌舞樂集》,蘭州:甘肅文化出版社,2010 年 5 月。

葉文玲《敦煌守護神——常書鴻》(《葉文玲文集》十一卷),北京:作家出版
　　社,2010 年 1 月。

吳肅森《敦煌歌辭通論》,合肥:黄山書社,2010 年 9 月。

張涌泉、竇懷永《敦煌小説合集》,杭州:浙江文藝出版社,2010 年 2 月。

敖特根《敦煌莫高窟北區出土蒙古文文獻研究》,北京:民族出版社,2010 年

3 月。

方健榮選編《大美敦煌》,蘭州：甘肅人民美術出版社,2010 年 7 月。

曾良《敦煌文獻叢劄》,杭州：浙江古籍出版社,2010 年 5 月。

曾良《敦煌佛經字詞與校勘研究》,廈門：廈門大學出版社,2010 年 11 月。

李德龍《敦煌文獻與佛教研究》,北京：中央民族大學出版社,2010 年 5 月。

楊東苗等編繪《敦煌圖案：敦煌歷代精品藻井 100 圖》,杭州：浙江古籍出版社,2010 年 8 月。

楊東苗等編繪《敦煌圖案：敦煌歷代精品邊飾》,杭州：浙江古籍出版社,2010 年 8 月。

楊琪主講《藝術敦煌》(DVD),北京：中國人民大學音像出版社,2010 年。

柴劍虹、劉進寶著,梁曉鵬英文翻譯《敦煌史話》,北京：中國大百科全書出版社,2010 年 1 月。

樊錦詩主編《解讀敦煌》(系列叢書),上海：華東師範大學出版社,2010 年。

樊錦詩主編《敦煌與隋唐城市文明》,上海：上海教育出版社,2010 年 6 月。

歐陽琳等繪畫,金長明撰《敦煌壁畫復原精選》,蘭州：甘肅文化出版社,2010 年 5 月。

王國巍《敦煌及海外文獻中的李白研究》,成都：巴蜀書社,2010 年 7 月。

王晶波《敦煌寫本相書研究》,北京：民族出版社,2010 年 1 月。

王重民《敦煌古籍敍録》,北京：中華書局,2010 年 11 月。

秦川編著《敦煌書法：中國書法的基因庫》,南京：鳳凰出版社,2010 年 7 月。

胡同慶、羅華慶《解密敦煌》,蘭州：甘肅人民美術出版社,2010 年 1 月。

許俊主編《敦煌壁畫分類作品選》,南昌：江西美術出版社,2010 年 11 月。

趙豐主編《敦煌絲綢藝術全集》(法藏卷),上海：東華大學出版社,2010 年 9 月。

敦煌市文化館編《敦煌曲子戲》,蘭州：甘肅人民美術出版社,2010 年 1 月。

郝春文、趙貞編著《英藏敦煌社會歷史文獻釋録》第七卷,北京：社會科學文獻出版社,2010 年 1 月。

郝春文主編《2010 年敦煌學國際聯絡委員會通訊》,上海：上海古籍出版社,2010 年 9 月。

郝春文《郝春文敦煌學論集》,上海：上海古籍出版社,2010 年 12 月。

鄧文寬《鄧文寬敦煌天文曆法考索》,上海：上海古籍出版社,2010 年 12 月。

方廣錩《方廣錩敦煌遺書散論》,上海：上海古籍出版社,2010 年 12 月。

項楚《王梵志詩校注》(增訂本),上海：上海古籍出版社,2010 年 6 月。

楊森《敦煌壁畫家具圖像研究》,北京：民族出版社,2010 年 12 月。

中視傳媒股份有限公司、敦煌研究院編著《敦煌》,北京:中國傳媒大學出版社,2010 年 3 月。

〔日〕陳舜臣著,余曉潮譯《敦煌之旅》,桂林:廣西師範大學出版社,2010 年 5 月。

顏廷亮主編《轉型期的敦煌語言文學:紀念周紹良先生仙逝三週年學術研討會論文集》,蘭州:甘肅人民出版社,2010 年 1 月。

馬德、王祥偉《中古敦煌佛教社會化論略》,北京:中國社會科學出版社,2010 年 3 月。

高用華編著《敦煌莫高窟》,長春:吉林文史出版社,2010 年 4 月。

〔法〕A·麥克唐納著,耿昇譯《敦煌吐蕃歷史文書考釋》,西寧:青海人民出版社,2010 年 3 月。

林世田《敦煌遺書研究論集》,北京:中國藏學出版社,2010 年 4 月。

李萬健、羅瑛輯《敦煌書目題跋輯刊》,北京:國家圖書館出版社,2010 年 7 月。

黑維强《敦煌吐魯番社會經濟文獻詞彙研究》,北京:民族出版社,2010 年 11 月。

二、論　文

(一) 概説

姜洪源《敦煌卷子入藏記》,《發展》2010 年 12 期。

潘德利、王文風《敦煌文獻流散與回歸的艱辛歷程》,《圖書館情報工作》2010 年 7 期。

黃威《敦煌文獻首、尾題初探》,《文獻》2010 年 4 期。

賈娟《〈英藏敦煌社會歷史文獻釋録〉(第一卷)補校續》,《寧夏大學學報》(人文社會科學版)2010 年 6 期。

張涌泉《敦煌文獻的寫本特徵》,《敦煌學輯刊》2010 年 1 期。

馬季《從三四十年代的敦煌熱看向傳統的復歸》,《時代文學》(雙月上半月)2010 年 1 期。

張耀傑《敦煌的國際性與世界化》,《神州》2010 年 12 期。

丹·沃、吳炯炯《敦煌百年》,《敦煌學輯刊》2010 年 1 期。

李正宇《敦煌古代的標點符號》,《尋根》2010 年 3 期。

張涌泉《敦煌寫本重文號研究》,《文史》2010 年第 1 辑。

陳濤《日本杏雨書屋藏〈敦煌秘笈〉目錄與〈李(木齋)氏鑒藏敦煌寫本目錄〉之比較》,《史學史研究》2010 年 2 期。

陳濤《日本杏雨書屋藏〈敦煌秘笈〉中李盛鐸藏書印管見》,《北京師範大學學報》(社會科學版)2010 年 4 期。

付廣慧、施玉偉《敦煌莫高窟》,《音樂生活》2010 年 7 期。

王雪梅、黄征《敦煌學界"預流""預流果"評價術語質疑》,《藝術百家》2010 年 5 期。

朱玉麒《清代西域流人與早期敦煌研究——以徐松與〈西域水道記〉爲中心》,《敦煌研究》2010 年 5 期。

孫玉蓉《關於"敦煌經籍輯存會"的兩則日記》,《文獻》2010 年 1 期。

劉波、林世田《國立北平圖書館拍攝及影印出版敦煌遺書史事鈎沉》,《敦煌研究》2010 年 2 期。

王冀青《胡適與翟理斯關於〈敦煌録〉的討論》,《敦煌學輯刊》2010 年 2 期。

王冀青《胡適與〈敦煌録〉》,《文史知識》2010 年 7 期。

李正宇《莫高窟王道士〈催募經款草丹〉小考》,《檔案》2010 年 2 期。

王冀青《關於敦煌莫高窟"藏經洞壁畫問題"》,《敦煌學輯刊》2010 年 4 期。

方廣錩、朱雷《談敦煌遺書數據庫》,《敦煌研究》2010 年 5 期。

李茹《網絡環境下敦煌學外文文獻資源建設與信息服務——以敦煌研究院信息資料中心爲例》,《絲綢之路》2010 年 20 期。

張涌泉《説"卜煞"》,《文獻》2010 年 4 期。

張涌泉《敦煌寫本斷代研究》,《中國典籍與文化》2010 年 4 期。

張國剛《絲綢之路與中西文化交流》,《西域研究》2010 年 1 期。

趙鑫曄《俄藏敦煌殘卷綴合八則》,《藝術百家》2010 年 6 期。

吕德廷《唐至宋初敦煌地區的簽名和畫押》,《尋根》2010 年 2 期。

陸安《探秘敦煌莫高窟》,《文史春秋》2010 年 1 期。

錢征《敦煌與九華山文化交流的歷史考證》,《池州學院學報》2010 年 5 期。

蘇惠萍《淺談敦煌被列爲中國歷史文化名城的原因》,《絲綢之路》2010 年 4 期。

(二) 歷史地理

張偉《從敦煌漢簡看漢代河西地區的職官體系》,《安康學院學報》2010 年 6 期。

高榮《敦煌懸泉漢簡所見河西的羌人》,《社會科學戰綫》2010 年 10 期。

李岩雲《敦煌漢簡相關問題補遺》,《敦煌研究》2010 年 3 期。

張偉《從敦煌漢簡看漢代戌卒的武器裝備》,《和田師範專科學校學報》2010 年 4 期。

王子雲《敦煌和敦煌莫高窟歷史考證》,《文博》2010 年 5 期。

張延清《吐蕃和平佔領沙州城的宗教因素》,《西南民族大學學報》2010 年 4 期。

王使臻《一份敦煌文獻反映的五代時期甘州、沙州和靈州間的政治關係》,《河西學院》2010 年 6 期。

王使臻《敦煌文獻 P. 3016v〈某乙致令公狀〉相關問題考辨》,《寧夏師範學院學報》2010 年 2 期。

張秀清《敦煌藏文寫卷 P. t. 1081 年代與史實考》,《重慶科技學院學報》(社會科學版)2010 年 23 期。

邰朋飛《唐代城主相關問題考——以敦煌吐魯番出土文獻爲中心》,《敦煌研究》2010 年 2 期。

吳麗娛《從敦煌吐魯番文書看唐代地方機構行用的狀》,《中華文史論叢》2010 年 2 期。

楊寶玉、吳麗娛《梁唐之際敦煌地方政權與中央關係研究——以歸義軍入貢活動爲中心》,《敦煌學輯刊》2010 年 2 期。

李鑫《敦煌歸義軍時期的内宅司初探》,《文教資料》2010 年 32 期。

徐秀玲《晚唐五代宋初敦煌雇傭契約樣文研究》,《中國農史》2010 年 4 期。

徐曉卉《唐五代宋初敦煌地區麻研究——種植規模和畝産量》,《中國經濟史研究》2010 年 1 期。

侯宗輝《從敦煌漢簡所記物價的變動看河西地區經濟的起伏》,《甘肅社會科學》2010 年 4 期。

馬德《敦煌的農民工匠及其"兼業"》,《敦煌研究》2010 年 5 期。

李功國、韓雪梅《敦煌法律文獻略論》,《法學雜誌》2010 年 5 期。

韓偉《唐宋時期買賣契約中的瑕疵擔保——以敦煌契約文書爲中心的考察》,《蘭州學刊》2010 年 2 期。

韓偉《命案其可恕乎——對一則敦煌文獻中的唐代案例的再評議》,《榆林學院學報》2010 年 3 期。

譚淑娟《從敦煌判文殘卷看唐代判文體的發展》,《鄭州大學學報》(哲學社會科學版)2010 年 2 期。

譚淑娟《法制與文學的完美融合——敦煌〈文明判集殘卷〉分析》,《前沿》2010 年 10 期。

張重艷《唐代伊吾軍雜識——以敦煌吐魯番出土文書爲中心》,《河北青年管理幹部學院學報》2010 年 1 期。

李正宇《雙塔堡決非唐玉門關》,《敦煌研究》2010 年 4 期。

李正宇《"莫賀延磧道"考》,《敦煌研究》2010 年 2 期。

李正宇《玄奘瓜州、伊吾經行再考》,《敦煌學輯刊》2010 年 3 期。

鄭炳林、曹紅《唐玄奘西行路綫與瓜州伊吾道有關問題考察》,《敦煌學輯刊》
  2010 年 3 期。

(三) 社會

顔廷亮《關於敦煌地區早期宗教問題》,《敦煌研究》2010 年 1 期。

余欣《符瑞與地方政權的合法性構建: 歸義軍時期敦煌瑞應考》,《中華文史
  論叢》2010 年 4 期。

蕭巍《略談敦煌出土的漢代至唐代鎮墓神物》,《絲綢之路》2010 年 6 期。

蘇惠萍《敦煌胡俑與絲路貿易》,《絲綢之路》2010 年 2 期。

陶冶《從敦煌書儀看中國中古社會》,《絲綢之路》2010 年 2 期。

黄亮文《法、俄藏敦煌書儀相關寫卷敍録》,《敦煌學輯刊》2010 年 2 期。

金傳道、王寧《"書儀"内容辨正》,《内蒙古大學學報》(哲學社會科學版)2010
  年 5 期。

李吉和《吐蕃統治時期敦煌吐蕃、漢族文化互動探討》,《西南民族大學學報》
  (人文社科版)2010 年 3 期。

王莉《敦煌卜法文獻托名孔子考》,《絲綢之路》2010 年 22 期。

張福慧、陳于柱《敦煌古藏文、漢文本〈十二錢卜法〉比較研究》,《天水師範學
  院》2010 年 3 期。

姬慧《〈敦煌碑銘讚輯釋〉補校舉隅》,《重慶科技學院學報》(社會科學版)
  2010 年 7 期。

于李麗《〈敦煌社邑文書輯校〉拾遺》,《語文知識》2010 年 1 期。

李曉明《敦煌歌辭孝道觀析論》,《社會科學戰綫》2010 年 11 期。

惠媛《從敦煌文書看唐人婚嫁問題》,《滄桑》2010 年 4 月。

趙小明《敦煌"婚禮圖"中的少數民族因素》,《新疆藝術學院學報》2010 年
  3 期。

李麗娟《敦煌寫本臨壙文研究》,《首都師範大學學報》(社會科學版)2010 年
  S1 期。

鍾書林《一件奇特的盟書——敦煌寫本 S.2199〈尼靈惠唯書〉之探析》,《唐都
  學刊》2010 年 6 期。

蕭巍《淺説敦煌地區出土的灶》,《絲綢之路》2010 年 8 期。

黄金東《唐五代敦煌地區童蒙教育體制芻議》,《吉林師範大學學報》(人文社
  會科學版)2010 年 5 期。

劉克儉、李重申《敦煌的賽社與希臘的賽會之比較研究》,《敦煌研究》2010 年
  4 期。

李金梅、叢振《敦煌樟技小考》,《敦煌研究》2010 年 4 期。

扈濱《敦煌壁畫中田徑運動項目價值分析》,《青年文學家》2010 年 18 期。

党存財《論敦煌壁畫中射箭運動的形態流變》,《新西部》2010 年 12 期。

張振中、劉召用《結合敦煌壁畫談我國古代的投擲運動》,《魅力中國》2010 年 6 期。

高國藩《敦煌瓜文化考述》,《寧夏師範學院學報》2010 年 2 期。

金强《論敦煌壁畫中的西北武術與中國傳統文化》,《通化師範學院學報》2010 年 4 期。

王洪波《敦煌與茶》,《普洱》2010 年 6 期。

李佳《淺談敦煌舞蹈中的文化因素》,《知識經濟》2010 年 15 期。

韋寶畏、許文芳《漢元間敦煌地區的水資源開發——基於敦煌資料的考察與探討》,《乾旱區資源與環境》2010 年 11 期。

李重申、李金梅《論敦煌古代的遊戲、競技與娛樂》,《南方文物》2010 年 3 期。

謝靜《敦煌石窟中蒙古族服飾研究之二——蒙元時期漢族服飾對蒙古族服飾的影響》,《敦煌研究》2010 年 5 期。

劉全波《敦煌文書 P. 2622v 白畫動物釋讀》,《藝術百家》2010 年 2 期。

（四）宗教

黃穎《唐五代時期敦煌地區民衆的佛教信仰》,《中國宗教》2010 年 11 期。

伏俊璉《唐代敦煌高僧悟真入長安事考略》,《敦煌研究》2010 年 3 期。

張延清《淺議西藏卓卡寺藏經與敦煌〈大般若經〉的關係》,《西藏研究》2010 年 1 期。

王祥偉《晚唐五代宋初敦煌福田司初探》,《法音》2010 年 3 月。

楊發鵬《敦煌寺學與敦煌佛教入門讀物之關係探析》,《宗教學研究》2010 年 1 期。

張固也《敦煌殘卷〈修多羅法門〉作者考》,《古籍整理研究學刊》2010 年 2 期。

吳景山、石勁松《〈重修古剎靈岩寺碑記〉校讀記》,《敦煌學輯刊》2010 年 3 期。

王偉琴《敦煌講經文作時考》,《貴陽學院學報》(社會科學版)2010 年 4 期。

李建隆《從敦煌壁畫看佛教中的供養》,《大衆文藝》2010 年 6 期。

毛秋瑾《從敦煌吐魯番寫本看僧尼與佛教寫經及書法》,《民族藝術》2010 年 1 期。

錢蓉、周蓓《唐代宮廷佛經出版考略——以敦煌寫卷〈妙法蓮華經〉爲例》,《江漢論壇》2010 年 5 期。

張秀清《敦煌寫〈妙法蓮華經〉斷代》,《科技信息》2010 年 30 期。

劉顯《〈大正藏〉本〈大智度論〉校勘劄記(一)——以敦煌寫本爲對校本》,《寧夏大學學報》(人文社會科學版)2010 年 3 期。

胡垚《敦煌本〈法華義記〉考辨》,《敦煌學輯刊》2010 年 1 期。

王菡薇《敦煌陳寫本〈佛説生經〉殘卷新探》,《古籍整理研究學刊》2010 年 4 期。

陳一梅《敦煌草書寫卷〈大乘起信論略述〉研究》,《新美術》2010 年 4 期。

李小榮《〈佛説續命經〉研究》,《敦煌研究》2010 年 5 期。

余欣《〈大唐西域記〉古寫本述略稿》,《文獻》2010 年 4 期。

楊學勇《〈三階佛法〉所屬系統淺議》,《文獻》2010 年第 1 期。

張石川《敦煌音寫本〈心經序〉與玄奘取經故事的演化》,《文史哲》2010 年 4 期。

顧月月《從〈維摩經變〉看佛教對唐朝敦煌人物畫的影響》,《文學教育》(中)2010 年 11 期。

張延清《吐蕃敦煌抄經制度中的懲治舉措》,《敦煌研究》2010 年 3 期。

張秀清《敦煌寫經抄寫年代考察》,《科技信息》2010 年 20 期。

張秀清《敦煌寫經斷代》,《西安社會科學》2010 年 5 期。

張秀清《敦煌寫經紀年研究》,《新西部》2010 年 8 期。

張秀清《〈新菩薩經〉〈勸善經〉〈救諸衆生苦難經〉的紀年分佈考察——以敦煌寫經爲例》,《黑龍江史誌》2010 年 18 期。

孔令梅、杜斗城《十六國北朝時期敦煌令狐氏與佛教關係探究》,《敦煌研究》2010 年 5 期。

呂麗軍《敦煌寫經研究之西涼題記考釋》,《書法賞評》2010 年 5 期。

李軍、趙青山《〈唐五代佛寺輯考〉續補——以敦煌吐魯番文獻爲中心》,《西北大學學報》(哲學社會科學版)2010 年 4 期。

蔡偉堂、盧秀文《敦煌供養僧服考論(一)——僧裝的類型變化》,《敦煌研究》2010 年 5 期。

張先堂《古代佛教法供養與敦煌莫高窟藏經》,《敦煌研究》2010 年 5 期。

楊富學、王書慶《敦煌文獻 P. 2977 所見早期舍利塔考——兼論阿育王塔的原型》,《敦煌學輯刊》2010 年 1 期。

王靜芬、張善慶《佛名與懺儀——以張榮遷碑和陳海龍碑爲中心》,《敦煌研究》2010 年 2 期。

陳大爲《敦煌僧寺與尼寺之間的往來關係》,《敦煌研究》2010 年 3 期。

王祥偉《吐蕃歸義軍時期敦煌尼衆與僧衆經濟收入差距辨析》,《中國社會經濟史研究》2010 年 4 期。

王祥偉《試論吐蕃政權對敦煌寺院經濟的管制——敦煌世俗政權對佛教教團經濟管理研究之一》,《敦煌學輯刊》2010 年 3 期。

王祥偉《歸義軍時期敦煌淨土寺的財產管理——敦煌寺院財產管理的個案研究》,《中國社會經濟史研究》2010 年 1 期。

明成滿《從敦煌文書看唐五代時期寺院的財產管理方式》,《寧夏社會科學》2010 年 6 期。

劉龍《論唐五代敦煌寺院的農業發展環境》,《首都師範大學學報》(社會科學版)2010 年 S1 期。

劉再聰、趙玉平《唐宋敦煌染料與紫服制度的被突破——以 P.3644 爲中心》,《南京師範大學學報》(社會科學版)2010 年 5 期。

劉永明《日本杏雨書屋藏敦煌道教及其相關文獻研讀劄記》,《敦煌學輯刊》2010 年 3 期。

邵明傑、趙玉平《莫高窟第 23 窟"雨中耕作圖"新探——兼論唐宋之際袄教文化形態的蛻變》,《西域研究》2010 年 2 期。

[俄]利夫希茨著,楊富學、趙天英譯《亞洲博物館藏摩尼教文獻》,《敦煌學輯刊》2010 年 3 期。

王媛媛《唐後景教滅絕説質疑》,《文史》2010 年第 1 輯。

(五) 語言文字

黄征《敦煌俗語言學論綱》,《藝術百家》2010 年 2 期。

于淑健《敦煌佛教疑僞經語言研究的價值》,《藝術百家》2010 年 5 期。

于正安《敦煌曆書詞語輯釋》,《許昌學院學報》2010 年 6 期。

于正安《敦煌曆書詞語考釋》,《江漢大學學報》(人文科學版)2010 年 2 期。

于正安《敦煌曆書詞語考釋五則》,《求索》2010 年 1 期。

于正安《論敦煌曆書的辭書學價值》,《寧夏大學學報》(人文社會科學版)2010 年 5 期。

段觀宋、黄燕珊《敦煌詩集殘卷訛別字釋例》,《東莞理工學院學報》2010 年 6 期。

蔣莉、楊小平《〈敦煌文獻語言詞典〉指瑕》,《四川文理學院學報》2010 年 1 期。

羅亮《敦煌〈雲謠集·鳳歸雲〉考釋》,《西昌學院學報》(社會科學版)2010 年 4 期。

王亞麗《論敦煌碑銘簡化字的使用》,《西南交通大學學報》(社會科學版)2010 年 6 期。

王曉平《日本漢籍古寫本俗字研究與敦煌俗字研究的一致性——以日本國寶

〈毛詩鄭箋殘卷〉爲中心》,《藝術百家》2010 年 1 期。

楊小平《敦煌變文疑難俗語考釋》,《宗教學研究》2010 年 1 期。

楊小平《敦煌變文疑難詞語考釋》,《西華師範大學》(哲學社會科學版)2010
年 2 期。

楊小平《敦煌變文疑難詞語考釋商榷——〈《敦煌變文校注》識讀語詞散記〉
讀後》,《西華大學學報》(哲學社會科學版)2010 年 5 期。

吳士田《敦煌〈壇經〉寫本的代用字》,《高等函授學報》(哲學社會科學版)
2010 年 2 期。

李占平、黑維强《敦煌、吐魯番文獻詞語考釋》,《古籍整理研究學刊》2010 年
2 期。

劉傳啓《試析敦煌歌辭中的一類特殊同義詞對用》,《現代語文》(語言研究
版)2010 年 3 期。

平山久雄《敦煌〈毛詩音〉反切中的"開合一致原則"及其在韻母擬音上的應
用》,《中國語文》2010 年 3 期。

曾昭聰《敦煌文獻詞彙研究法四題》,《合肥師範學院學報》2010 年 2 期。

陳聰穎《唐代敦煌寫本的俗字類型》,《資治文摘》(管理版)2010 年 6 期。

趙靜蓮《敦煌寫本解夢書語言文化校讀四則》,《青海民族大學學報》(社會科
學版)2010 年 2 期。

洪藝芳《敦煌變文中的"阿"前綴的親屬稱謂詞——以旁系血親與姻親稱謂詞
爲中心》,《敦煌學輯刊》2010 年 2 期。

劉瑶瑶、楊曉宇《敦煌寫本功德記釋録獻疑》,《蘭州大學學報》(社會科學版)
2010 年 2 期。

楊曉宇《敦煌寫本功德記校讀劄記》,《甘肅社會科學》2010 年 2 期。

趙家棟《敦煌本〈文選注〉字詞考辨》,《寧夏大學學報》(人文社會科學版)
2010 年 3 期。

李索、韓秋波《敦煌寫卷〈春秋經傳集解〉異文對〈漢語大字典〉例證的補充與
訂正》,《大連大學學報》2010 年 3 期。

郜同麟《敦煌文獻釋詞與詞彙溯源》,《敦煌研究》2010 年 2 期。

黑維强《敦煌社會經濟文獻詞語選釋》,《敦煌學輯刊》2010 年 2 期。

敏春芳《敦煌吐魯番出土文書飲食量詞訓釋》,《藝術百家》2010 年 4 期。

趙靜蓮《〈敦煌變文校注〉商榷一則》,《漢字文化》2010 年 3 期。

汪維輝《〈敦煌變文校注〉商補二則》,《合肥師範學院學報》2010 年 4 期。

武曉玲《〈敦煌變文校注〉獻疑》,《現代語文》(語言研究版)2010 年 2 期。

羅亮《〈敦煌變文校注〉商補十則》,《臨滄師範高等專科學校學報》2010 年

3 期。

劉傳啓《敦煌寫本語詞與風俗文化組詞考》,《山東社會科學》2010 年 7 期。

張磊《敦煌通俗字書與〈新撰字鏡〉比較研究》,《敦煌研究》2010 年 3 期。

肖瑜、何紅梅、倪永明《敦煌吐魯番出土〈三國志〉古寫本通假字例釋》,《廣西
　　大學學報》(哲學社會科學版)2010 年 4 期。

馬秋紅《〈敦煌漢簡〉中的助動詞》,《四川職業技術學院學報》2010 年 3 期。

姚美玲《敦煌索姓相關卷子校記》,《華東師範大學學報》(哲學社會科學版)
　　2010 年 4 期。

何青《敦煌寫本〈本際經〉異文舉隅》,《文教資料》2010 年 32 期。

王永祥《漢語使動結構的演變——從移位和語跡理論視角看敦煌俗語語法中
　　"V + C_ + N + C_2"結構》,《藝術百家》2010 年 6 期。

井米蘭《敦煌俗字與宋本〈玉篇〉俗字字形之差異及其原因初探》,《寧夏大學
　　學報》(人文社會科學版)2010 年 5 期。

王亞麗《敦煌古醫籍中的名量詞》,《南京中醫藥大學學報》(社會科學版)
　　2010 年 2 期。

曹芳宇《敦煌文獻中疑似量詞"件"辨析》,《南開語言學刊》2010 年 1 期。

白雪濤、楊軍輝《敦煌遺書所見"素像"考》,《敦煌研究》2010 年 4 期。

徐時儀《敦煌寫卷佛經音義俗字考探》,《藝術百家》2010 年 6 期。

王啓濤《試論敦煌吐魯番所出軍事文書在漢語史研究上的價值》,《西南民族
　　大學學報》(人文社科版)2010 年 11 期。

高軍青《敦煌變文"被"字句主語的語用分析》,《武陵學刊》2010 年 6 期。

井米蘭《〈韓國俗字譜〉人部俗字之類型特徵——基於與敦煌俗字的比較》,
　　《濰坊教育學院學報》2010 年 6 期。

邱震强《敦煌變文"不具來生業報恩"校議》,《長沙理工大學學報》(社會科學
　　版)2010 年 5 期。

曹祝兵《〈字書誤讀〉所反映的語音特點》,《敦煌學輯刊》2010 年 3 期。

錢慧真《"名物"考辨》,《敦煌學輯刊》2010 年 3 期。

（六）文學

崔丹《略談敦煌變文〈漢將王陵變〉》,《現代語文》(文學研究)2010 年 9 期。

伏俊璉、王偉琴《敦煌本〈張淮深變文〉當爲〈張議潮變文〉考》,《新疆師範大
　　學學報》(哲學社會科學版)2010 年 4 期。

嚴宇樂《〈秦將賦〉慘象描寫的歷史文化背景》,《敦煌研究》2010 年 1 期。

王偉琴《敦煌〈伍子胥變文〉寫卷敍錄及其作時作者考述》,《中國産業》2010
　　年 8 期。

高國藩《敦煌本〈漢將王陵變〉人物論析》,《藝術百家》2010 年 1 期。

劉傳啓《敦煌歌辭中的對話藝術》,《大衆文藝》2010 年 1 期。

莫艷、周遠軍、劉吉寧《敦煌本〈搜神記〉補校》,《赤峯學院學報》(漢文哲學社會科學版)2010 年 2 期。

周遠軍、劉吉寧、莫艷《敦煌本〈搜神記〉補校》,《樂山師範學院學報》2010 年 3 期。

王曉平《敦煌願文域外姊妹篇〈東大寺諷誦文稿〉斠議》,《敦煌研究》2010 年 1 期。

賈娟《敦煌變文論著目録整理與問題》,《求索》2010 年 2 期。

張鴻勛《探尋俗賦的流變遺蹤——簡論敦煌俗賦與後世文學》,《南京師範大學學報》(社會科學版)2010 年 2 期。

李揚揚《敦煌變文與〈史記〉、〈漢書〉之間的相異性——以〈漢將王陵變〉爲例》,《安徽文學》(下半月)2010 年 12 期。

趙文明《關於敦煌曲子戲傳承與保護的研究思考》,《資治文摘》(管理版)2010 年 3 期。

段觀宋《〈敦煌詩集殘卷輯考〉校讀劄記》,《中國韻文學刊》2010 年 2 期。

王曉平《日藏漢籍與敦煌文獻互讀的實踐——〈鏡中釋靈實集研究〉瑣論》,《藝術百家》2010 年 4 期。

陳可妍《敦煌曲子詞集〈雲謠集〉文人詞性質探析》,《語文學刊》2010 年 10 期。

高國藩、高原樂《論敦煌話本〈唐太宗入冥記〉與南通童子十三部半民間説唱》,《文化遺産》2010 年 3 期。

劉明《敦煌唐寫本〈玉臺新詠〉考論》,《文學遺産》2010 年 5 期。

鍾書林《敦煌寫本 S.6171 與唐代宮詞發展》,《社會科學輯刊》2010 年 5 期。

劉蕊《試論敦煌變文的文學性》,《科教導刊》(中旬刊)2010 年 5 期。

黃進德《敦煌曲子詞〈浣溪紗〉賞析》,《作文新天地》(高中版)2010 年 5 期。

彭雪華《宗教及心理因素對敦煌變文中女性形象塑造的影響》,《語文學刊》2010 年 19 期。

彭雪華《唐代佛教文化對目連變文的影響》,《前沿》2010 年 18 期。

張新朋《〈孟姜女變文〉、〈破魔變〉殘片考辨二題》,《文獻》2010 年 4 期。

侯沖《俗講新考》,《敦煌研究》2010 年 4 期。

王志鵬、朱瑜章《敦煌變文的名稱及其文體來源的再認識》,《敦煌研究》2010 年 5 期。

高國藩《敦煌民間俗詩張議潮〈無名歌〉賞析》,《古典文學知識》2010 年 5 期。

伏俊璉《文學與儀式的關係——以先秦文學和敦煌文學爲中心》,《中國文化研究》2010 年 4 期。

禹建華《敦煌變文校理商補》,《武陵學刊》2010 年 6 期。

俞曉紅、詹緒左《〈降魔變文〉校注商補》,《安徽師範大學學報》2010 年 1 期。

(七)藝術

黃曉娜《淺談敦煌藝術與文學》,《大衆文藝》2010 年 22 期。

胡召、黃春華《敦煌彩塑美學研究》,《大衆文藝》2010 年 21 期。

石應寬《敦煌石窟壁畫中的古代樂舞藝術》,《烏蒙論壇》2010 年 5 期。

李育紅《敦煌石窟造像與壁畫藝術探討》,《當代藝術》2010 年 4 期。

王瑞芹《品讀敦煌壁畫:來自世俗的人文表達》,《上饒師範學院學報》2010 年 5 期。

梁紅、沙武田《關於羅寄梅拍攝敦煌石窟圖像資料》,《文物世界》2010 年 6 期。

肖建軍《敦煌與龜茲壁畫臨摹及其文化價值考論》,《藝術百家》2010 年 1 期。

姜莉《淺析敦煌新樣文殊造像產生的淵源》,《美與時代》(上半月)2010 年 1 期。

潘璠《從敦煌飛天看中國文化的意境美在服裝中的體現》,《作家》2010 年 2 期。

無名《敦煌風當代藝術館》,《視野》2010 年 2 期。

方爭利《淺析敦煌壁畫色彩的藝術特色》,《絲綢之路》2010 年 2 期。

張文靜《敦煌 158 窟〈舉哀圖〉與喬托作品〈哀悼基督〉的比較》,《赤峯學院學報》(漢文哲學社會科學版)2010 年 1 期。

張麗香《從印度到克孜爾與敦煌——佛傳中降魔的圖像細節研究》,《西域研究》2010 年 1 期。

占躍海《敦煌 254 窟壁畫敍事的向心結構——以〈薩埵太子捨身飼虎〉爲重點》,《南京藝術學院學報》(美術與設計)2010 年 5 期。

張善慶《中晚唐五代時期敦煌降魔變地神圖像研究》,《西域研究》2010 年 1 期。

李曉青、沙武田《勞度叉鬥聖變未出現於敦煌吐蕃時期洞窟原因試析》,《西藏研究》,2010 年 2 期。

王惠民《敦煌莫高窟若干經變畫辨識》,《敦煌研究》2010 年 2 期。

張景峯《敦煌莫高窟第 294 窟須達挐太子本生故事畫研究及其相關問題》,《敦煌研究》2010 年 2 期。

張景峯《莫高窟第 431 窟初唐觀無量壽經變與善導之法門在敦煌的流傳》,

《敦煌研究》2010 年 4 期。

于向東《敦煌維摩詰經變以窟門爲中心的設計意匠——以莫高窟第 103 窟爲例》,《敦煌學輯刊》2010 年 3 期。

龐穎《唐代敦煌莫高窟淨土宗經變畫建築空間的羣體組合研究》,《科技信息》2010 年 36 期。

公維章《敦煌莫高窟第 61 窟〈五臺山圖〉的創作年代》,《敦煌學輯刊》2010 年 1 期。

郭俊葉《敦煌莫高窟第 454 窟天請問經變及相關問題》,《敦煌研究》2010 年 3 期。

公維章《敦煌莫高窟第 61 窟屏風畫〈佛傳·涅槃圖〉榜題研究》,《敦煌研究》2010 年 4 期。

劉波、林世田《國家圖書館藏 BD14546 背壁畫榜題寫本研究》,《文獻》2010 年第 1 期。

劉紅生《敦煌莫高窟唐宋供養人像圖形略考》,《藝術百家》2010 年 S1 期。

王東芳《淺析敦煌 420 窟隋代壁畫的藝術風格》,《科學之友》2010 年 3 期。

無名《敦煌壁畫綫描精品集》,《畫刊》2010 年 3 期。

倪永東《敦煌飛天》,《音樂生活》2010 年 4 期。

符號《敦煌壁畫舞蹈形象摭談》,《吉林藝術學院學報》2010 年 1 期。

李剛《〈開國大典〉中的敦煌元素》,《美術大觀》2010 年 2 期。

韓偉《敦煌藝術及其再生研究》,《文藝研究》2010 年 4 期。

周菁葆《敦煌壁畫中的人體藝術研究》,《藝術百家》2010 年 2 期。

王曉傑《敦煌壁畫——唐代 320 窟飛天》,《安徽文學》2010 年 3 期。

汪娣《敦煌造像本土化探析》,《才智》2010 年 8 期。

王婧怡《敦煌莫高窟壁畫中吐蕃贊普冠帽及辮髮考》,《浙江紡織服裝職業技術學院學報》2010 年 1 期。

王清雷《圖說敦煌石窟壁畫中的鼓類樂器》,《廣播歌選》2010 年 1 期。

李博、林建業、曲樂樂《敦煌石窟壁畫色彩顔料分析》,《藝術教育》2010 年 4 期。

張怡然《敦煌飛天的藝術美》,《文學教育》(下)2010 年 4 期。

買中傲《論敦煌壁畫的設計意匠對現代設計的影響》,《科技信息》2010 年 9 期。

趙曉星《吐蕃統治時期傳入敦煌的中土圖像——以五臺山圖爲例》,《文藝研究》2010 年 5 期。

李婷婷《論敦煌舞蹈中飛天伎樂形象的獨特表現手法》,《西北成人教育學報》

2010 年 2 期。

趙毅衡《敦煌書寫》,《西北成人教育學報》2010 年 2 期。

占躍海《敦煌 257 窟九色鹿本生故事畫的圖像與敍事》,《藝術百家》2010 年 3 期。

郭萍《粟特民族對魏晉至唐初敦煌美術的影響》,《貴州民族研究》2010 年 6 期。

劉婷婷《也談敦煌舞蹈的形成及舞蹈意蘊》,《大衆文藝》2010 年 23 期。

張靜、陳熊俊《敦煌莫高窟唐代藻井圖案的演變》,《美術大觀》2010 年 11 期。

陳熊俊、梁昭華、張靜《淺析敦煌唐代圖案曲綫組織結構形式》,《美術大觀》2010 年 11 期。

謝繼勝、趙媛《莫高窟吐蕃樣式壁畫與絹畫的初步分析》,《西北民族大學學報》2010 年 4 期。

趙名君《淺析敦煌壁畫的藝術特點》,《美術大觀》2010 年 12 期。

包平《淺析敦煌壁畫對油畫創作的啓示》,《大衆文藝》2010 年 7 期。

沈淑萍《試論敦煌早期壁畫的綫描藝術》,《敦煌研究》2010 年 2 期。

馬國俊、馬爭朝《重釋:敦煌書法在書法創作中的現代意義》,《甘肅聯合大學學報》(社會科學版)2010 年 3 期。

無名《敦煌莫高窟藝術欣賞》,《初中生世界》2010 年 13 期。

王靜《敦煌莫高窟　延續千年的佛教藝術寶庫》,《初中生世界》2010 年 13 期。

王亦惠《淺談敦煌飛天的時代特色》,《絲綢之路》2010 年 12 期。

張亞偉《敦煌藝術對美術創作與理論研究的影響》,《藝術評論》2010 年 7 期。

王廷華《敦煌壁畫中的山水畫造型思想研究》,《甘肅高師學報》2010 年 3 期。

黃爾《敦煌壁畫與西方繪畫出現焦點透視的分析》,《梧州學院學報》2010 年 2 期。

張素琴《敦煌飛天"飛昇"形象探因》,《中國書畫》2010 年 6 期。

阮立《絢麗之美——隋代敦煌壁畫中女性造型初探》,《中國書畫》2010 年 6 期。

李茹《絲縷中的裝飾藝術——敦煌藏經洞刺繡藝術品再識》,《絲綢之路》2010 年 10 期。

趙潔《以敦煌莫高窟觀不同時代的藝術風格與精神》,《魅力中國》2010 年 7 期。

胡同慶《論敦煌藝術的繼承與創新》(上),《敦煌研究》2010 年 3 期。

黃夢夢《唐宋時期敦煌莫高窟與泉州開元寺飛天造型的異同》,《美術教育研究》2010 年 2 期。

劉玉敏《氣韻理論視野下的敦煌壁畫探微》,《紅河學院學報》2010 年 3 期。

思靈《在傳統文化中尋創新之源　精美敦煌紋飾亮相家紡展》,《紡織服裝週刊》2010 年 29 期。

陸麗娟《現代裝飾藝術借鑒敦煌藝術元素的教學思考》,《高教論壇》2010 年 9 期。

思靈《從敦煌紋飾中尋找靈感》,《紡織服裝週刊》2010 年 3 期。

郭茜《從敦煌飛天藝術的審美看中國畫的造型觀》,《畫刊》2010 年 9 期。

高陽《敦煌壁畫中反映出的中國古代室內裝飾織物》,《絲綢》2010 年 9 期。

封振國、邊中宇《鑒得與融合——敦煌藝術的多元化文化建構和色彩裝飾性特徵》,《藝術百家》2010 年 S1 期。

黃慶安《繪畫的演進:從印度阿旃陀白衣佛到敦煌白衣佛》,《藝術評論》2010 年 10 期。

高陽《敦煌早期和晚期石窟中幾何圖案建築裝飾的特色》,《裝飾》2010 年 10 期。

張艷方《敦煌莫高窟建築藝術的美學特徵》,《綏化學院學報》2010 年 5 期。

侯英囡《唐代舞蹈服飾對敦煌壁畫中"飛天"形象的影響》,《中國校外教育》2010 年 S1 期。

董雲志《敦煌莫高窟之北涼石窟天井圖樣初探》,《大家》2010 年 19 期。

李倩《淺談敦煌舞蹈的藝術特色與地域特色》,《青年文學家》2010 年 15 期。

解梅、陳紅《唐代的胡旋舞略談》,《蘭臺世界》2010 年 7 期。

吳媛《從敦煌早期山水畫看中國山水畫之初始》,《美術界》2010 年 7 期。

無名《重提敦煌壁畫對當下繪畫的意義——廣州美術學院美術館館長王見教授訪談》,《畫刊》2010 年 11 期。

李娜、汪旻《淺談金塔寺石窟藝術》,《絲綢之路》2010 年 22 期。

鄭雄文《借鑒敦煌彩畫藝術　開創瓷藝多彩時代》,《佛山陶瓷》2010 年 10 期。

黎國韜《敦煌遺書若干戲劇樂舞問題考》,《敦煌研究》2010 年 5 期。

鄒清泉《北魏坐榻維摩畫像源流考釋》,《敦煌研究》2010 年 4 期。

胡同慶《論敦煌藝術的繼承與創新》(下),《敦煌研究》2010 年 4 期。

揚之水《"曾有西風半點香"——對波紋源流考》,《敦煌研究》2010 年 4 期。

王潔、陳世釗《敦煌莫高窟隋朝建築圖像解讀》,《敦煌研究》2010 年 4 期。

[日]田中公明著,劉永增譯《敦煌出土胎藏大日八大菩薩像》,《敦煌研究》2010 年 5 期。

趙曉星《莫高窟第 401 窟初唐菩薩立像與〈大通方廣經〉》,《敦煌研究》2010 年 5 期。

王茹薇《莫高窟壁畫與敦煌文獻研究之融合——以北魏 254 窟壁畫〈捨身飼虎〉與寫本〈金光明經卷第二〉爲例》,《新美術》2010 年 5 期。

吳懷信《敦煌書法藝術的審美本質》,《文藝研究》2010 年 11 期。

鄭雄文《敦煌藝術對德化瓷塑藝術的影響》,《佛山陶瓷》2010 年 10 期。

馮遠《岩彩·敦煌·中國畫》,《美術學報》2010 年 4 期。

無名《敦煌循跡》,《美術學報》2010 年 4 期。

李浪《唐代樂藝美學思想考論》,《敦煌學輯刊》2010 年 3 期。

雷興福《張掖金塔寺石窟藝術研究》,《雕塑》2010 年 5 期。

王文元《金塔寺：被遺忘在祁連山深處的雕塑世界》,《東方收藏》2010 年 4 期。

吳開東《淺析金塔寺石窟藝術》,《絲綢之路》2010 年 4 期。

田俐力、包銘新、曾昭瓏《古代壁畫臨摹與歷史服飾圖像解讀——關於榆林窟第 16 窟回鶻天公主供養像的案例分析》,《東華大學學報》2010 年 1 期。

（八）考古與文物保護

董廣强、魏文斌《甘肅合水安定寺石窟調查簡報》,《敦煌研究》2010 年 4 期。

李之檀《敦煌寫經永興郡佛印考》,《敦煌研究》2010 年 3 期。

楊俊《敦煌一棵樹漢代烽燧遺址出土的簡牘》,《敦煌研究》2010 年 4 期。

李永平《敦煌懸泉置遺址 F13 出土部分簡牘文書性質及反映的東漢早期歷史》,《敦煌研究》2010 年 5 期。

趙月寧《電腦三維再現藝術對敦煌莫高窟彩塑的保護與弘揚》,《藝術與設計》(理論)2010 年 12 期。

黃偉、王書文、楊筱平、賈建芳《基於圖像分解的敦煌壁畫畫像修復方法》,《山東大學學報》(工學版)2010 年 2 期。

林婧怡、李廣龍、趙齊、張雨辰、張昕《敦煌莫高窟 237 窟光環境研究》,《照明工程學報》2010 年 3 期。

楊筱平、王書文、賈建芳、黃偉《基於 GrabCut 分割和自動采樣的敦煌壁畫色彩修復》,《蘭州理工大學學報》2010 年 3 期。

楊筱平、王書文《基於馬爾科夫采樣的敦煌壁畫修復》,《計算機應用》2010 年 7 期。

賀兆、盧選民、王君本《基於 SURF 的敦煌壁畫數字圖像智能拼接系統研究》,《現代電子技術》2010 年 16 期。

王旭東、郭青林、李最雄、小泉圭吾、舛屋直《敦煌莫高窟圍岩滲透特性研究》,

《岩土力學》2010 年 10 期。

馬旭、汪萬福、馬燕天、毛琳、武發思、馬曉軍、安黎哲、馮虎元《敦煌莫高窟第
16 窟空氣微生物動態變化研究》,《敦煌研究》2010 年 5 期。

張欽凱、唐銘《石窟類景觀旅遊環境容量測算與調控的探討——以敦煌莫高
窟爲例》,《蘭州大學學報》(自然科學版)2010 年 S1 期。

車雯婧《淺析清代敦煌莫高窟的修繕特點》,《赤峯學院學報》(漢文哲學社會
科學版)2010 年 11 期。

(九) 少數民族歷史語言

陸離《敦煌寫本 S.1438 背〈書儀〉殘卷與吐蕃佔領沙州的幾個問題》,《中國史
研究》2010 年 1 期。

陸離《吐蕃統治敦煌的監軍、監使》,《中國藏學》2010 年 2 期。

尹雁《唐五代敦煌地區的吐谷渾人和慕容家族》,《蘭州學刊》2010 年 6 期。

沙武田《敦煌莫高窟第 158 窟與粟特人關係試考》(上),《藝術設計研究》2010
年 1 期。

沙武田《敦煌莫高窟第 158 窟與粟特人關係試考》(下),《藝術設計研究》2010
年 2 期。

沙武田《莫高窟吐蕃期第 359 窟供養人畫像研究——兼談粟特九姓胡人對吐
蕃統治敦煌的態度》,《敦煌研究》2010 年 5 期。

董曉榮《敦煌壁畫中蒙古族供養人半臂研究》,《敦煌研究》2010 年 3 期。

尼瑪《敦煌藏文文獻〈十善法廣論〉譯注》,《伊犁師範學院學報》(社會科學
版)2010 年 4 期。

薩仁高娃、楊富學《敦煌本回鶻文〈阿毗達磨俱舍論實義疏〉研究》,《敦煌研
究》2010 年 1 期。

韓鋒《吐蕃佛教文化中的儒家文化——以敦煌文獻爲中心》,《中國藏學》2010
年 1 期。

阿里木·玉蘇甫、帕提古力·麥麥提《敦煌回鶻寫本〈説心性經〉中的夾寫漢
字現象》,《西北民族大學學報》(哲學社會科學版)2010 年 2 期。

才讓《敦煌藏文本〈金光明祈願文〉研究》,《敦煌學輯刊》2010 年 1 期。

張延清《甘藏吐蕃鉢闡布敦煌校經題記》,《敦煌學輯刊》2010 年 1 期。

王志敬《敦煌藏文與標記 vi 相關的句法轉換》,《語言研究》2010 年 2 期。

謝明軒《中古回鶻民族在敦煌地區的活動及壁畫藝術淺析》,《中國新技術新
產品》2010 年 17 期。

侯世新《西域粟特胡人的社會生活與文化風尚》,《西域研究》2010 年 2 期。

梅林《天壽年號·佛現皇帝·宕泉造窟——俄藏敦煌文獻 Dx.6069 +

Dx. 1400 + Dx. 2148 號文書再研究》,《美術學報》2010 年 4 期。

崔世平《“刻氈爲形”試論——兼論突厥的祆神祭祀》,《敦煌學輯刊》2010 年 3 期。

陸離《關於敦煌文書中的“Lho bal”（蠻貊）與“南波”、“南山”》,《敦煌學輯刊》2010 年 3 期。

黃維忠《國內藏敦煌藏文文獻的整理與研究回顧》,《敦煌學輯刊》2010 年 3 期。

陸離《關於榆林窟第 25 窟壁畫藏文題記釋讀的兩個問題》,《西北民族大學學報》2010 年 4 期。

（十）古籍

許建平《敦煌本〈修文殿御覽〉録校補正》,《敦煌研究》2010 年 1 期。

宗岩《王重民〈敦煌古籍敍録〉著録特點——兼談敦煌出土〈王梵志詩〉整理情況》,《哈爾濱職業技術學院學報》2010 年 2 期。

肖瑜《百年來敦煌吐魯番出土〈三國志〉古寫本研究編年》,《藝術百家》2010 年 3 期。

沙梅真《敦煌本〈類林〉的作者及成書年代》,《敦煌研究》2010 年 2 期。

沙梅真《敦煌本〈類林〉的分類特徵和意義》,《敦煌學輯刊》2010 年 2 期。

魏迎春、劉全波《敦煌寫本類書 S.7004〈樓觀宮闕篇〉校注考釋》,《敦煌學輯刊》2010 年 1 期。

張新朋《敦煌寫本〈太公家教〉殘片拾遺》,《社會科學戰綫》2010 年 4 期。

郭殿忱《敦煌殘卷〈王文憲集序〉校考》,《敦煌研究》2010 年 2 期。

李樹亮《敦煌寫卷古籍序初探》,《求索》2010 年 7 期。

蔡淵迪《敦煌本〈筆勢論〉殘卷研究》,《敦煌研究》2010 年 3 期。

李更《也談敦煌遺書中的“宮廷寫書”〈春秋穀梁傳集解〉——從“書吏”、“亭長”説起》,《中國典籍與文化》2010 年 4 期。

陳濤《日本杏雨書屋藏唐代敦煌本〈雜律疏〉殘卷略説——原李盛鐸舊藏敦煌寫本》,《敦煌學輯刊》2010 年 3 期。

（十一）科技

劉瑩《敦煌醫書中眼部外治方法探析》,《中國中醫眼科雜誌》2010 年 6 期。

何天有、王亞軍《敦煌〈灸經圖〉重灸思想探討》,《針灸臨床雜誌》2010 年 12 期。

金濤《敦煌醫藥文獻急救方初探》,《中國中醫急癥》2010 年 5 期。

于靈芝《敦煌針灸文獻之〈灸經圖〉的價值》,《針灸臨床雜誌》2010 年 4 期。

王天生、湯志剛、吕蘭萍《從敦煌〈灸經圖〉看早期膀胱經脈循行》,《中國針灸》2010 年 4 期。

張永文、沈思鈺、蔡輝《敦煌遺書〈輔行訣臟腑用藥法要〉與陶弘景關係考》，《河北中醫》2010 年 3 期。

王天生、張瑞、湯志剛、李暉霞、陳育慧、何秀芬、吕蘭萍、王永強、周文娟、宋小華《論敦煌古〈灸法圖〉之特色》，《中醫雜誌》2010 年 S1 期。

王進玉《再論敦煌石窟西夏壁畫"釀酒圖"》，《廣西民族大學學報》(自然科學版)2010 年 4 期。

王進玉《敦煌石窟壁畫"釀酒圖"新解》，《廣西民族大學學報》(自然科學版)2010 年 3 期。

郝二旭《敦煌曲轅犁新考》，《敦煌研究》2010 年 2 期。

讓-馬克·博奈、弗朗索瓦絲·普熱得瑞、魏泓、黃麗平、鄧文寬《敦煌中國星空：綜合研究迄今發現最古老的星圖》(上)，《敦煌研究》2010 年 2 期。

讓-馬克·博奈、弗朗索瓦絲·普熱得瑞、魏泓、黃麗平、鄧文寬《敦煌中國星空：綜合研究迄今發現最古老的星圖》(下)，《敦煌研究》2010 年 3 期。

傅千吉、肖鵬《敦煌吐魯番文獻中藏漢天文曆算文化關係研究》，《西藏大學學報》(社會科學版)2010 年 4 期。

（十二）學術動態與紀念文

劉全波《百年敦煌類書研究述評》，《中國史研究動態》2010 年 12 期。

于向東《敦煌變相與變文研究評述》，《藝術百家》2010 年 5 期。

張涌泉、竇懷永《敦煌小説整理研究百年：回顧與思考》，《文學遺産》2010 年 1 期。

李并成《百年來敦煌地理文獻及歷史地理的研究》，《敦煌學輯刊》2010 年 2 期。

郭洪丹《20 世紀 90 年代以來敦煌俗字研究綜述》，《西南交通大學學報》(社會科學版)2010 年 2 期。

馮培紅、孔令梅《漢宋間敦煌家族史研究回顧與述評》(下)，《敦煌學輯刊》2010 年 3 期。

金少華、蔡淵迪《"百年敦煌文獻整理研究國際學術討論會"綜述》，《敦煌學輯刊》2010 年 2 期。

竇懷永《百年敦煌文獻整理研究國際學術討論會在浙江杭州召開》，《敦煌研究》2010 年 3 期。

沙武田《2010 敦煌論壇：吐蕃時期敦煌石窟藝術國際研討會綜述》，《藝術設計研究》2010 年 3 期。

沙武田、張偉文《2010 敦煌論壇：吐蕃時期敦煌石窟藝術國際研討會在莫高窟召開》,《敦煌研究》2010 年 5 期。

無名《"東方色彩·中國意象"畫展暨"中國岩彩畫 20 年與中國當代繪畫"研討會開幕》,《敦煌研究》2010 年 5 期。

馬强《〈中國岩彩畫二十年與當代中國繪畫〉學術研討會召開》,《敦煌研究》2010 年 5 期。

沙武田、寇克紅《高臺魏晉墓與河西歷史文化國際學術研討會在高臺召開》,《敦煌研究》2010 年 5 期。

賈一亮《2010"絲綢之路——圖像與歷史"學術論壇暨敦煌吐魯番學會理事會在上海召開》,《敦煌研究》2010 年 4 期。

章巍《"慶賀饒宗頤先生 95 華誕敦煌學國際學術研討會"在敦煌莫高窟舉行》,《敦煌研究》2010 年 4 期。

段小强、尹偉先《2010 絲綢之路與西北歷史文化學術研討會述評》,《敦煌學輯刊》2010 年 3 期。

邢蕾、孫泓《"絲綢之路與龜兹中外文化交流"學術研討會綜述》,《探索與爭鳴》2010 年 10 期。

無名《"走進敦煌"展 9 月 29 日在炎黄藝術館開幕》,《敦煌研究》2010 年 5 期。

崔正森《〈敦煌石窟五臺山圖研究〉内容簡介》,《五臺山研究》2010 年 1 期。

席殿晉《推動五臺山研究的縱深發展——把讀〈敦煌石窟五臺山圖研究〉》,《五臺山研究》2010 年 1 期。

彭焕萍《從變文傳播的興衰管窺民間話語權——讀胡連利〈敦煌變文傳播研究〉》,《新聞愛好者》2010 年 8 期。

王義芝《〈解密敦煌〉出版》,《敦煌研究》2010 年 3 期。

辛夷《〈敦煌與隋唐城市文明〉簡介》,《敦煌研究》2010 年 4 期。

劉淑岷《常書鴻:敦煌藝術的"守護神"》,《黨史文匯》2010 年 1 期。

蕭默《常書鴻守護敦煌五十年》,《傳承》2010 年 22 期。

潘驥《吕斯百、常書鴻與甘肅油畫藝術》,《絲綢之路》2010 年 8 期。

陳濤《平山郁夫:最愛敦煌的日本人》,《世界知識》2010 年 1 期。

袁婷《魏禮與敦煌絹畫研究》,《敦煌學輯刊》2010 年 2 期。

湯子祺《張大千與敦煌》,《海内與海外》2010 年 1 期。

無名《張大千毀壞敦煌壁畫説之謎》,《東方收藏》2010 年 Z1 期。

姚彩玉《張大千與敦煌藝術的世界性》,《文史博覽》(理論)2010 年 11 期。

羅宗貴、石思茂《張大千敦煌壁畫研究的意義簡析》,《大衆文藝》2010 年 17 期。

李青、廖燕《張大千敦煌藝術之行的現實意義》,《藝術研究》2010 年 4 期。

（十三）其他

常沙娜《史敦宇與敦煌藝術》,《西北成人教育學報》2010 年 4 期。

余瑋《樊錦詩"敦煌女兒"的牽腸掛肚》,《中華兒女》2010 年 18 期。

薛穎《〈敦煌〉: 用影像詮釋歷史》,《中國電視》2010 年 8 期。

孫振虎《試論宏大敍事下的影像表述策略——與〈敦煌〉創作團隊的商榷》,
《中國電視》2010 年 8 期。

滕野《解讀歷史小説〈敦煌〉的藝術之美》,《黑龍江科技信息》2010 年 12 期。

李繼勇、賀澤勁《敦煌: 夢幻旅遊之地》,《絲綢之路》2010 年 1 期。

穆繼光《走進敦煌,走進自己——敦煌: 禮贊生命的史詩》,《美與時代》（下）
2010 年 6 期。

尤東風《夢回敦煌》(三篇),《泉州文學》2010 年 6 期。

江山《敦煌石窟聽古樂》,《杭州》(下旬刊)2010 年 7 期。

禾青《夢幻敦煌》,《絲綢之路》2010 年 15 期。

翁裕雄《捐助敦煌莫高窟第 3 窟的感言》,《敦煌研究》2010 年 4 期。

俄藏敦煌文獻研究論著目録(1918—2010 年)

陳麗萍　楊寶玉(中國社會科學院)

　　本目録略依發表時間先後條列我們今已查知的有關俄藏敦煌文獻的各類研究論著。爲便於查閱,大致上以對俄藏敦煌文獻研究産生巨大影響的《亞洲民族研究所藏敦煌漢文寫本注記目録》(第 1 册,莫斯科東方文獻出版社,1963 年;第 2 册,莫斯科科學出版社,1967 年)、《俄羅斯科學院東方研究所聖彼得堡分所藏敦煌文獻》(共 17 册,上海古籍出版社,1992—2001 年)的最初出版時間,及後者的出齊時間爲界,將本目録略分爲 4 部分。本目録所列以中國和俄羅斯(蘇聯)學者主要針對俄藏敦煌文獻的研究論著爲主,兼及日本和歐美等國學者的相關論著,受條件所限,必有不少漏誤,敬請修正增補。

一、《亞洲民族研究所藏敦煌漢文寫本注記目録》
出版之前(1918—1962 年)

羅森堡《敦煌千佛洞粟特文佛教文書二殘卷·故事殘卷》(奧登堡 1914—1915 年所獲),《俄國科學院通報》第 12 卷,彼得格勒,1918 年。

阿列克謝耶夫《蘇聯科學院亞洲博物館漢文和朝鮮文藏卷》,《科學通報》,聖彼得堡,1920 年。

奧登堡《千佛洞》,《東方雜誌》第 2 卷,1922 年。

羅森堡《敦煌千佛洞粟特文佛教文書二殘卷·佛經殘卷》(奧登堡 1914—1915 年所獲),《蘇聯科學院通報》第 6 類,第 21 卷,1927 年。

狩野直喜《論蘇聯科學院亞洲博物館藏品〈文選〉古寫本殘卷》,《東洋學報》1929 年第 5 卷第 1 期。(Ю. K. 舒茨基俄譯文載《蘇聯科學院院報·人文科學版》1930 年第 2 期)

弗魯格《蘇聯科學院東方研究所藏漢文寫本(非佛經之部)簡報》,《東方學圖書目録》1934 年第 7 期。

弗魯格《蘇聯科學院東方研究所藏古代漢文佛經古寫本簡目》,《東方學圖書目録》1935 年第 8—9 期。

伯希和撰,陸翔譯《俄國所藏漢文寫本書志》,《説文月刊》第 2 卷第 8 期,1940 年。

金岡照光《蘇聯敦煌研究文獻三種》,《東洋史學》第 48 卷第 1 號,1956 年。

弗魯格《中國宋代雕版印刷史》,蘇聯科學院出版社,1957 年。

二、《亞洲民族研究所藏敦煌漢文寫本注記目録》第 1 册 出版後至《俄羅斯科學院東方研究所聖彼得堡分所藏 敦煌文獻》出版之前(1963—1991 年)

Л. Н. МЕНВШИКОВ, Описание Китайских Руконисей Дуньхуанского Фонда Института Народов Азии, ВЫПУСК 1, Москва, 1963 年。(此即孟列夫主編《亞洲民族研究所藏敦煌漢文寫本注記目録》第 1 册,莫斯科東方文獻出版社,1963 年)

孟列夫《敦煌漢文寫本——佛教俗文學文獻》(又名《影印敦煌讚文·附宣講》),《東方民族文獻》叢刊大輯,第 15 種,1963 年。

孟列夫《維摩詰變文——亞州民族研究所敦煌特藏未刊變文寫本》(《維摩詰經變文·維摩碎金·十吉祥》),《東方民族文獻》叢刊小輯,第 8 種,1963 年。

戴密微《列寧格勒的敦煌漢文寫本》,《通報》第 51 卷,1964 年。

Л. Н. МЕНВШИКОВ, Описание Китайских Руконисей Дуньхуанского Фонда Института Народов Азии, ВЫПУСК 2, Москва, 1967 年。(此即孟列夫主編《亞洲民族研究所藏敦煌漢文寫本注記目録》第 2 册,莫斯科科學出版社,1967 年。後又被收入黄永武主編《敦煌叢刊初集》第 11、12 册,臺北新文豐出版公司,1985 年。中譯本爲袁席箴、陳華平譯《俄藏敦煌漢文寫卷敍録》(上、下),上海古籍出版社,1999 年)

潘重規《我國在列寧格勒的國寶》,《幼獅月刊》第 38 卷第 6 期,1970 年。

陳鐵凡《蘇俄竊經録要》,《新時代》第 11 卷第 8 期,1971 年。

孟列夫等《報恩變文》(《雙恩記》),《東方文書》叢刊,第 34 種,1972 年。

藤枝晃《敦煌曆日譜》,《東方學報》第 45 册,1973 年。

潘重規《列寧格勒十日記》,學海出版社,1975 年。

孟列夫編,陳鐵凡譯《蘇聯藏敦煌卷子簡目(1—2)》,《"中央圖書館"館刊》新 8 卷第 2 期,1975 年;新 9 卷第 1 期,1976 年。

費德林《敦煌寫本(論文學相互關係問題)》,《遠東問題》第 2 期,1975 年。

戴密微《雙恩記》(書評),《通報》第 61 卷,1975 年。

潘重規《瀛涯敦煌韻輯拾補》,《新亞學報》第 11 卷(上),1976 年。

蘇瑩輝《潘重規著〈列寧格勒十日記〉》,《東方文化》第 15 卷第 2 期,1977 年。

姜伯勤《沙皇俄國對敦煌及新疆文書的劫掠》,《中山大學學報》1980 年第 3 期。

上田正《ソ連にある切韻殘卷について》,《東方學》第 62 輯,1981 年。

丘古耶夫斯基《敦煌附屬於寺院的世俗聯合組織》,《中世紀中央亞細亞和東亞地區的佛教、國家和社會》,1982 年。

白化文《蘇聯所藏押座文及説唱佛經故事五種·押座文》,《敦煌變文論文録》(下),上海古籍出版社,1982 年。

白化文、趙匡華《蘇聯所藏押座文及説唱佛經故事五種·佛報恩經講經文》,《敦煌變文論文録》(下),上海古籍出版社,1982 年。

趙匡華、周紹良《蘇聯所藏押座文及説唱佛經故事五種·維摩碎金》,《敦煌變文論文録》(下),上海古籍出版社,1982 年。

趙匡華、周紹良《蘇聯所藏押座文及説唱佛經故事五種·維摩經講經文》,《敦煌變文論文録》(下),上海古籍出版社,1982 年。

趙匡華、周紹良《蘇聯所藏押座文及説唱佛經故事五種·十吉祥講經文》,《敦煌變文論文録》(下),上海古籍出版社,1982 年。

張錫厚《蘇藏敦煌寫本王梵志詩補正》,《甘肅社會科學》1982 年第 2 期。

Л. И. ЧУГУЕВСКИЙ, Китайские Документы Из Дунъхуана, Москва, 1983 年。(此即丘古耶夫斯基《敦煌漢文文書》,莫斯科科學出版社,1983 年。中譯本爲王克孝譯、王國勇校《敦煌漢文文書》,上海古籍出版社,2000 年)

柴劍虹《列寧格勒藏敦煌〈長安詞〉寫卷分析》,《北京師範大學學報》1983 年第 4 期。

姜伯勤《楚古耶夫斯基〈敦煌漢文文書〉第一册述評》,《中國史研究》1984 年第 10 期。

Л. Н. 緬希科夫撰,陳華平、袁席篋譯《蘇聯科學院〈亞洲民族研究所敦煌文獻館藏中國經卷目録·前言〉》,《敦煌學研究》(西北師院學報增刊),1984 年;《陽關》1985 年第 1 期。

柴劍虹《列寧格勒藏〈文酒清話〉殘本考索》,《北京師範大學學報》1985 年第 4 期。

郭在貽《蘇聯所藏押座文及説唱佛經故事五種校記》,《文獻》第 21 輯,1985 年;《郭在貽語言文學論稿》,浙江古籍出版社,1992 年;《郭在貽敦煌學論集》,江西人民出版社,1993 年;《郭在貽文集》第 3 卷,中華書局,2002 年。

丘古耶夫斯基撰,道奮譯,魏英邦轉譯《八至十世紀敦煌的經濟生活與經濟形態》,《甘肅民族研究》1986 年第 4 期。

吴其昱《列寧格勒所藏敦煌寫本概況》,《漢學研究》第 4 卷第 2 期,1986 年。

徐文堪《鄭振鐸與列寧格勒所藏敦煌文獻——記西諦先生的一通手劄》,《讀書》1986 年第 10 期。

張錫厚《妙法蓮華經講經文二種》,《法音》1986 年第 3 期。

張涌泉《蘇聯所藏押座文及説唱佛經故事五種校勘拾零》,《蘭州大學學報》
　　1987 年第 1 期。

梅邨《奥登堡——俄國中亞考察的組織者和領導者》,《文物天地》1987 年第
　　6 期。

孟列夫著,徐東琴譯《中國文學古文獻〈蓮華經變文〉》,《中國敦煌吐魯番學
　　會研究通訊》1988 年第 1 期。

郭在貽、張涌泉、黄征《蘇聯所藏押座文及説唱佛經故事五種補校(1—2)》,
　　《古籍整理研究學刊》,1988 年第 3、4 期。

H. H. 納季洛娃撰,續建宜譯《謝·菲·奥裏登堡對東土耳其斯坦和中國西部
　　的考察》(檔案材料概述),《西北民族研究》1988 年第 2 期。

郭在貽、張涌泉、黄征《"押座文"八種補校》,《寧波師範學院學報》1989 年第 1 期。

史金波《西夏漢文本〈雜字〉初探》,《中國民族史研究》第 2 輯,中央民族學院
　　出版社,1989 年。

周紹良、白化文、李鼎霞《敦煌變文集補編》,北京大學出版社,1989 年。

李偉國《列寧格勒敦煌文獻將在滬出版》,《文匯報》1990 年 3 月 20 日。

李偉國《敦煌文獻在列寧格勒(1—4)》,《人民日報》(海外版)1990 年 8 月 16
　　日、20 日、21 日、22 日第 8 版。

李偉國《敦煌文獻在列寧格勒(1—2)》,《上海灘》1990 年第 7 期;《古籍整理
　　研究學刊》1991 年第 1、3 期。

劉進寶《鄂登堡與敦煌遺書》,《西北史地》1990 年第 4 期;《敦煌文書與唐史
　　研究》,臺北新文豐出版公司,2000 年。

劉進寶《蘇聯列寧格勒藏敦煌寫本簡况——與緬什列夫(孟列夫)博士一席
　　談》,《敦煌語言文學研究通訊》1990 年第 2、3 期。

丘古耶夫斯基著,鄧文寬譯《(蘇藏)敦煌漢文文書概要》,《敦煌研究》1991 年
　　第 2 期。

馬鼎《鄂登堡、彼得羅夫斯基與蘇俄敦煌學》,《民間史學》1991 年(秋)。

孟列夫撰並口譯,陳勁榛筆録整理《關於俄國新疆考察隊資料的研究情形》,
　　《第二屆敦煌學國際研討會論文集》,漢學研究中心編印,1991 年。

沙虹駿《中國敦煌吐魯番學會代表團應邀訪蘇》,《中國敦煌吐魯番學會研究
　　通訊》1991 年第 4 期。

三、《俄羅斯科學院東方研究所聖彼得堡分所藏敦煌文獻》
第 1 册出版之後至全套圖集出齊之前(1992—2000 年)

《俄羅斯科學院東方研究所聖彼得堡分所藏敦煌文獻》第 1 册,上海古籍出版

社,1992 年。

方廣錩《俄藏〈大乘入藏録卷上〉研究》,《北京圖書館館刊》1992 年第 1 期;
　《敦煌學佛教學論叢》,(香港)中國佛教文化出版公司,1998 年。

榮新江《〈敦煌漢文文獻〉評介》,《中國敦煌吐魯番學會研究通訊》1992 年第
　4 期;《東方文化》第 31 卷第 1 期,1993 年;《鳴沙集——敦煌學學術史和方
　法論的探討》,臺北新文豐出版公司,1999 年。

孟列夫撰,周夢罴譯《俄羅斯科學院東方研究所聖彼得堡分所藏敦煌文獻》,
　《中華文史論叢》第 50 輯,1992 年。

《俄羅斯科學院東方研究所聖彼得堡分所藏敦煌文獻》第 2、3、4 册,上海古籍
　出版社,1993 年。

王克孝《Дх. 2168 號寫本初探——以"藍"的考證爲主》,《敦煌學輯刊》1993
　年第 2 期。

張惠明《1896 至 1915 年俄國人在中國絲路探險與中國佛教藝術品的流
　失——聖彼得堡中國敦煌、新疆、黑城佛教藝術品考察綜述》,《敦煌研究》
　1993 年第 1 期。

賦山《〈俄藏敦煌文獻〉開始出版》,《敦煌研究》1993 年第 2 期。

陳民《俄國敦煌學研究情况》,《敦煌研究》1993 年第 4 期。

府憲展《艾爾米塔什博物館藏中國西域藝術品》,《新疆藝術》1993 年第 2 期。

賦山《世紀和洲際的跨越　〈俄藏敦煌文獻〉出版紀實》,《編輯學刊》1993 年
　第 3 期。

《俄羅斯科學院東方研究所聖彼得堡分所藏敦煌文獻》第 5 册,上海古籍出版
　社,1994 年。

鄂登堡著,楊自福譯《鄂登堡來華考察日記摘譯》,《敦煌學輯刊》1994 年第
　1 期。

奧登堡撰,楊自富譯《千佛洞石窟寺》,《敦煌學輯刊》1994 年第 2 期。

榮新江《俄藏敦煌西域文獻紀略》,《學術集林》第 4 集,上海遠東出版社,
　1995 年。

G. M. 榜迦德-列文、M. L. 沃羅巴耶娃-吉斯雅托夫斯卡雅著,楊富學譯《前蘇
　聯科學院東方學研究所寫本部典藏西域本經籍》,《佛學研究》1995 年第
　4 期。

土肥義和《唐・北宋間の社組織形態に關す爲考察——敦煌場合さ中いに
　一・Дх.1413〈某年七月十九日所立社条〉》,《堀敏一先生古稀紀念,中國古
　代の國家と民衆》,汲古書院,1995 年。

孟列夫著,楊富學譯《敦煌所見變文與變相之關係》,《敦煌研究》1995 年第

2 期。

《俄羅斯科學院東方研究所聖彼得堡分所藏敦煌文獻》第 6、7 册,上海古籍出版社,1996 年。

榮新江《海外敦煌吐魯番文獻知見錄》,江西人民出版社,1996 年。

列·伊·丘古耶夫斯基撰,鄭炳林、王尚達譯《俄羅斯科學院東方研究所聖彼得堡分所館藏敦煌寫本中的轉帖》,《敦煌學輯刊》1996 年第 1 期。

陸慶夫、鄭炳林《俄藏敦煌寫本中九件轉帖初探》,《敦煌學輯刊》1996 年第 1 期。

張鴻勳《俄藏"漢王與張良故事"殘卷懸解》,《敦煌研究》1996 年第 1 期。

府憲展《敦煌文獻辨疑錄》,《敦煌研究》1996 年第 2 期。

藤枝晃撰,徐慶全、李樹清譯,榮新江校《敦煌寫本概述》,《敦煌研究》1996 年第 2 期。

施萍婷《俄藏敦煌文獻經眼錄之一》,《敦煌研究》1996 年第 2 期;《敦煌習學集》(下),甘肅民族出版社,2004 年。

李正宇《俄藏中國西北文物經眼記》,《敦煌研究》1996 年第 3 期。

施萍婷《俄藏敦煌文獻 Дx. 1376、1438、2170 之研究》,《敦煌研究》1996 年第 3 期;《敦煌習學集》(上),甘肅民族出版社,2004 年。

李明權《〈俄藏敦煌文獻〉第七卷介紹》,《敦煌研究》1996 年第 4 期。

王克孝《俄羅斯國立艾爾米塔什博物館敦煌文物收藏品概況》,《敦煌研究》1996 年第 4 期。

柴劍虹《俄藏敦煌詩詞寫卷經眼錄》,《敦煌吐魯番研究》第 1 卷,北京大學出版社,1996 年。

榮新江《〈俄藏敦煌文獻〉第 1—5 册評介》,《敦煌吐魯番研究》第 1 卷,北京大學出版社,1996 年;《辨偽與存真:敦煌學論集》,上海古籍出版社,2010 年。

李正宇《俄藏〈端拱二年八月十九日往西天取菩薩戒僧智堅手記〉決疑》,《敦煌佛教文化研究——敦煌佛教文化研討會論文集》,《社科縱横》增刊,該刊編輯部,1996 年。

榮新江《俄藏〈景德傳燈錄〉非敦煌寫本辨》,《段文傑敦煌研究五十年紀念文集》,世界圖書出版公司,1996 年;《辨偽與存真:敦煌學論集》,上海古籍出版社,2010 年。

《俄羅斯科學院東方研究所聖彼得堡分所藏敦煌文獻》第 8 册,上海古籍出版社,1997 年。

《俄羅斯國立艾爾米塔什博物館藏敦煌藝術品》第 1 册,上海古籍出版社,1997 年。

王繼如《敦煌文獻 Дx. 827 卷考證》,《敦煌研究》1997 年第 1 期。

柴劍虹《俄藏敦煌詩詞寫卷經眼録》(二),《敦煌吐魯番研究》第 2 卷,北京大學出版社,1997 年。

李正宇《吐蕃論董勃藏修伽藍功德記兩殘卷的發現、綴合及考證》,《敦煌吐魯番研究》第 2 卷,北京大學出版社,1997 年。

施萍婷《俄藏敦煌文獻經眼録二》,《敦煌吐魯番研究》第 2 卷,北京大學出版社,1997 年;《敦煌習學集》(下),甘肅民族出版社,2004 年。

張鴻勛《俄藏〈漢王與張良故事〉殘卷考索——兼論"西漢演義"中楚漢相爭故事的形成》,《周紹良先生欣開九秩慶壽文集》,中華書局,1997 年。

府憲展《〈俄藏敦煌藝術品〉(Ⅰ)序言》,《俄羅斯國立艾爾米塔什博物館藏敦煌藝術品》(Ⅰ),上海古籍出版社,1997 年。

孟列夫撰,王克孝譯《〈俄藏敦煌藝術品〉(Ⅰ)序言》,《俄羅斯國立艾爾米塔什博物館藏敦煌藝術品》(Ⅰ),上海古籍出版社,1997 年。

魯多娃撰,王克孝譯《〈俄藏敦煌藝術品〉(Ⅰ)序言》,《俄羅斯國立艾爾米塔什博物館藏敦煌藝術品》(Ⅰ),上海古籍出版社,1997 年。

黃征、張涌泉《敦煌變文校注》,中華書局,1997 年。

《俄羅斯科學院東方研究所聖彼得堡分所藏敦煌文獻》第 9、10 册,上海古籍出版社,1998 年。

《俄羅斯國立艾爾米塔什博物館藏敦煌藝術品》第 2 册,上海古籍出版社,1998 年。

王惠民《關於華爾納、鄂登堡所劫敦煌壁畫》,《敦煌研究》1998 年第 4 期。

宋曉梅《俄羅斯科學院東方學所及所藏中國學文獻》,《中國史研究動態》1998 年第 9 期。

羅國威《俄藏敦煌本 Ф.242〈文選注〉的文獻價值》,《古籍整理研究學刊》1998 年第 2 期。

劉進寶《鄂登堡考察團與敦煌遺書的收藏》,《中國邊疆史地研究》1998 年第 1 期。

倪怡中《敦煌遺書是怎樣流失海外的》,《炎黃春秋》1998 年第 11 期。

饒宗頤《唐代文選學略述——〈敦煌吐魯番本文選〉前言》,《唐研究》第 4 卷,北京大學出版社,1998 年。

傅剛《〈文選〉版本敍録》,《國學研究》第 5 卷,北京大學出版社,1998 年。

尉遲治平《韻書殘卷 Dx. 1372 + Dx. 3707 考釋》,《李新魁教授紀念文集》,中華書局,1998 年。

方廣錩《敦煌遺書〈沙州乞經狀〉研究》,《敦煌學佛教學論叢》,佛教文化出版有限公司,1998 年。

陳尚君《俄藏敦煌遺書中的鄭虔手劄》,《鄭虔傳略》,黃山書社,1998 年。

《俄羅斯科學院東方研究所聖彼得堡分所藏敦煌文獻》第 11 册,上海古籍出版社,1999 年。

榮新江、史睿《俄藏敦煌寫本〈唐令〉殘卷（Дх. 3558）考釋》,《敦煌學輯刊》1999 年第 1 期。

劉景雲《俄藏敦煌文獻概覽》,《敦煌研究》1999 年第 3 期。

郝春文《〈敦煌社邑文書輯校〉補遺（一）》,《首都師範大學學報》1999 年第 4 期。

崔石崗《鄭振鐸與國外敦煌文獻》,《文史雜誌》1999 年第 3 期。

張廣達、榮新江《十世紀于闐國的年號及相關問題》,《歐亞學刊》第 1 輯,中華書局,1999 年。

府憲展、唐耕耦《〈俄藏敦煌文獻〉一至五册述略》,《敦煌文藪》(下),臺北新文豐出版公司,1999 年。

張涌泉《陳祚龍校錄敦煌卷子失誤例釋》,《舊學新知》,浙江大學出版社,1999 年。

《俄羅斯科學院東方研究所聖彼得堡分所藏敦煌文獻》第 12、13、14、15 册,上海古籍出版社,2000 年。

《俄羅斯國立艾爾米塔什博物館藏敦煌藝術品》第 3、4 册,上海古籍出版社,2000 年。

陸離《俄、法所藏敦煌文獻中一件歸義軍時期土地糾紛案卷殘卷淺識——對 Дх. 02264 + Дх. 08786 + P. 4974 文書的綴合研究》,《敦煌學輯刊》2000 年第 2 期。

孟列夫撰、廖霞編譯《被漠視的劫寶人——塞繆爾·馬蒂洛維奇·杜丁》,《敦煌學輯刊》2000 年第 2 期。

鄧文寬《敦煌三篇具注曆日佚文校考》,《敦煌研究》2000 年第 3 期。

萬毅《敦煌本道教〈昇玄內教經〉的文本順序》,《敦煌研究》2000 年第 4 期。

黃正建《關於 17 件俄藏敦煌占卜文書的定名問題》,《敦煌研究》2000 年第 4 期。

郝春文《〈敦煌社邑文書輯校〉補遺（二）》,《首都師範大學學報》2000 年第 2 期。

李并成《〈俄藏敦煌漢文寫卷敍錄〉譯者前言》,《西北師大學報》2000 年第 2 期。

傅剛《俄藏敦煌寫本 Ф. 242 號〈文選注〉發覆》,《文學遺產》2000 年第 4 期。

張如青《俄藏敦煌古醫方兩首考釋》,《上海中醫藥雜誌》2000 年第 11 期。

朱鳳玉《俄藏敦煌寫本〈雜字〉研究》,《新國學》第 2 卷,巴蜀書社,2000 年。

樊錦詩《〈俄藏敦煌藝術品〉(Ⅲ)序言》,《俄藏敦煌藝術品》(Ⅲ),上海古籍出版社,2000 年。

柴劍虹《俄藏黑水城出土釋道詩調寫本簡析》,《敦煌吐魯番學論稿》,浙江教育出版社,2000 年。

四、《俄羅斯科學院東方研究所聖彼得堡分所藏敦煌文獻》全套圖集出齊之後(2001—2010 年)

《俄羅斯科學院東方研究所聖彼得堡分所藏敦煌文獻》第 16、17 册,上海古籍出版社,2001 年。

雷聞《俄藏敦煌 Дх.06521 殘卷考釋》,《敦煌學輯刊》2001 年第 1 期。

魏迎春《讀俄藏敦煌文獻 Дх.00098、Дх.00513 號劄記》,同上。

樊錦詩、蔡偉堂《奧登堡考察隊拍攝的莫高窟歷史照片——〈俄藏敦煌藝術品〉第 3 卷序言》,《敦煌研究》2001 年第 1 期。

蔣維崧《丘古耶夫斯基與敦煌學研究》,《敦煌吐魯番研究》第 5 卷,北京大學出版社,2001 年。

陸離《俄藏敦煌寫本〈春秋後語〉殘卷探實》,《文獻》2001 年第 2 期。

郝春文《〈敦煌社邑文書輯校〉補遺(三)》,《首都師範大學學報》2001 年第 4 期。

府憲展《〈赤須將軍歌〉初探》,《敦煌文獻論集》,遼寧人民出版社,2001 年。

王卡《敦煌道經殘卷綴合與考訂三則》,《敦煌文獻論集》,遼寧人民出版社,2001 年。

萬毅《敦煌本道教〈昇玄内教經〉的文本順序》,《敦煌文獻論集》,遼寧人民出版社,2001 年。

西林昭一《新發現の書〈ロシアへ渡つた敦煌文書〉》,《書聲》535 號,2001 年。

T. Yamamoto et al. ed., Tun-huang and Turfan Documents Concerning Social and Economic History, Supplement, (A) Introduction & Texts, Tokyo: The Toyo Bunko, 2001.

《俄羅斯國立艾爾米塔什博物館藏敦煌藝術品》第 5 册,上海古籍出版社,2002 年。

王卡《敦煌本洞玄靈寶九天生神章經書考釋》,《敦煌學輯刊》2002 年第 2 期。

黄正建《關於〈俄藏敦煌文獻〉第 11 至第 17 册中占卜文書的綴合與定名等問

題》,《敦煌研究》2002 年第 2 期。

陳明《俄藏敦煌文書中的一組吐魯番醫學殘卷》,《敦煌研究》2002 年第 3 期。

徐俊《敦煌寫本詩歌續考》,《敦煌研究》2002 年第 5 期。

徐俊《俄藏 Дх.11414 + Дх.02947 前秦擬古詩殘本研究——兼論背面文書的
　　地域和時代》,《敦煌吐魯番研究》第 6 卷, 北京大學出版社,2002 年。

鄭炳林、徐曉麗《俄藏敦煌文獻〈新集文字九經抄〉寫本綴合與研究》,《蘭州
　　大學學報》2002 年第 3 期。

李錦繡《俄藏 Дх.3558 唐〈格式律令事類・祠部〉殘卷試考》,《文史》2002 年
　　第 3 期。

勝義《〈俄藏敦煌文獻〉第十二冊校讀劄記》(上),《戒幢佛學》第 2 卷,嶽麓書
　　社,2002 年。

鄭炳林、徐曉麗《俄藏義淨〈西方記〉殘卷研究》,《普門學報》第 10 期,
　　2002 年。

張如青《俄藏敦煌鐘乳散方釋讀考證》,《中醫文獻雜誌》2002 年第 4 期。

王蘭平《敦煌寫本 Дх.06062 歸義軍時期〈大般若經〉抄寫紙曆及相關問題考
　　釋》,《敦煌佛教藝術與文化論文集》,蘭州大學出版社,2002 年。

王愛和《英藏 S.681v 與俄藏 Дх.01454、Дх.02418v 的拼接綴合與研究》,《敦
　　煌學輯刊》2003 年第 1 期。

鄭炳林《俄藏敦煌文獻 Дх.10787〈解夢書〉劄記》,《敦煌學輯刊》2003 年第
　　2 期。

高啓安、買小英《上海古籍出版社〈俄藏敦煌文獻〉第 11 冊非佛經文獻輯録》,
　　《敦煌學輯刊》2003 年第 2 期。

陳于柱《關於敦煌寫本宅經分類問題的再討論》,《敦煌學輯刊》2003 年第
　　2 期。

李小榮《〈高王觀世音經〉考析》,《敦煌研究》2003 年第 1 期。

黃征《〈燕子賦〉研究》,《敦煌研究》2003 年第 1 期。

徐朝東《與蔣藏本〈唐韻〉相關的敦煌韻書殘卷考釋》,《敦煌研究》2003 年第
　　2 期。

劉景雲《後漢秦嘉徐淑詩文考》,《敦煌研究》2003 年第 2 期。

鄭炳林、徐曉麗《讀〈俄藏敦煌文獻〉第 12 冊幾件非佛經文獻劄記》,《敦煌研
　　究》2003 年第 4 期。

何劍平《〈維摩詰講經文〉的撰寫年代》,《敦煌研究》2003 年第 4 期。

范志新《俄藏敦煌寫本 Ф.242〈文選注〉與李善五臣陸善經諸家注的關係》,
　　《敦煌研究》2003 年第 4 期;《文選與文選學：第五屆文選學國際學術探討

會論文集》,學苑出版社,2003 年;《文選版本論稿》,江西人民出版社,2003 年。

金瀅坤《俄藏敦煌文獻中的黑城文書考證及相關問題的討論》,《敦煌學》第 24 輯,2003 年。

鄭炳林《張議潮處置涼州進奏表拼接與歸義軍政權對涼州地區的管理》,《敦煌吐魯番研究》第 7 卷,中華書局,2003 年。

金瀅坤《從黑城文書看元代的養濟院制度——兼論元代的亦集乃路》,《中央民族大學學報》2003 年第 2 期。

徐俊《隋魏澹〈鷹賦〉校訂——敦煌文學文獻零劄之一》,《文獻》2003 年第 2 期。

史睿《唐代外官考課的法律程序》,《文津學誌》第 1 輯,北京圖書館出版社,2003 年。

孟列夫撰,魏文捷譯《杜丁(1863—1929)》,《信息與參考》總第 3 期,2003 年。

郝招《敦煌新本〈雜集時要用字〉中"相撲"一詞述略》,《體育文化導刊》2003 年第 11 期。

榮新江著,森部豐譯《唐寫本の〈唐律〉〈唐禮〉及びその他》,《東洋學報》85－2,2003 年。

府憲展《〈俄藏敦煌文獻〉科羅特闊夫收藏品的〈弘法藏〉和高昌刻經活動》,《2000 年敦煌學國際學術討論會文集——紀念敦煌藏經洞發現暨敦煌學百年》(歷史文化卷)(上),甘肅民族出版社,2003 年。

許建平《殘卷定名正補》,《2000 年敦煌學國際學術討論會文集——紀念敦煌藏經洞發現暨敦煌學百年》(歷史文化卷)(上),甘肅民族出版社,2003 年;《敦煌文獻叢考》,中華書局,2005 年。

陳明《"八術"與"三俱":敦煌吐魯番文書中的印度"生命吠陀"醫學理論》,《自然科學史研究》2003 年第 1 期。

郝春文《〈敦煌社邑文書輯校〉補遺(四)》,《姜亮夫、蔣禮鴻、郭在貽先生紀念文集》,上海教育出版社,2003 年。

府憲展《俄藏敦煌文獻的編纂出版》,《姜亮夫、蔣禮鴻、郭在貽先生紀念文集》,上海教育出版社,2003 年。

許建平《〈俄藏敦煌文獻〉儒家經典類寫本的定名與綴合——以第 11—17 冊未定名殘片爲重點》,《姜亮夫、蔣禮鴻、郭在貽先生紀念文集》,上海教育出版社,2003 年;《敦煌文獻叢考》,中華書局,2005 年。

衣川賢次《唐玄宗〈御注金剛般若經〉的復原與研究》,《新世紀敦煌學論集》,巴蜀書社,2003 年。

柴劍虹《關於俄藏敦煌文獻整理與研究的幾個問題——兼談學習潘重規先生在"新亞"演講體會》,《新世紀敦煌學論集》,巴蜀書社,2003 年;《敦煌學與敦煌文化》,上海古籍出版社,2007 年。

王卡《敦煌道教文獻研究——綜述·目録·索引》,中國社會科學出版社,2004 年。

陸離、陸慶夫《俄藏敦煌寫本〈春秋後語〉再探——對 Дx. 11638 號與Дx. 02663、Дx. 02724、Дx. 05341、Дx. 05784 號文書的綴合研究》,《敦煌學輯刊》2004 年第 1 期。

余欣《新刊俄藏敦煌文獻研讀劄記》,《敦煌學輯刊》2004 年第 1 期。

屈直敏《〈敦煌類書·勵忠節抄〉校注商補(續)》,《敦煌學輯刊》2004 年第1 期。

沙武田《俄藏敦煌藝術品與莫高窟北區洞窟關係蠡測》,《敦煌學輯刊》2004 年第2 期。

葉愛國《俄藏 Ф. 242 敦煌寫本〈文選注〉晚於李善注及五臣注之鐵證》,《敦煌研究》2004 年第 2 期。

劉進寶《〈俄藏敦煌文獻〉出版的艱難歷程——重讀潘重規先生的〈列寧格勒十日記〉》,《敦煌學》第 25 輯,2004 年。

陳國燦《俄藏敦煌 Дx. 12012 號〈書儀〉疏證》,《敦煌學》第 25 輯,2004 年。

張勇(子開)《俄藏 Дx. 00201A 號殘卷考——兼評達照〈《金剛經讚》研究〉及其〈序〉》,《敦煌學》第 25 輯,2004 年。

土肥義和《唐代考課令等寫本斷片(Дx. 06521)考釋——兼論與開元二十五年所撰〈格式律令事類〉的關係》,《敦煌學》第 25 輯,2004 年。

柴劍虹《勇敢衝破樊籬的拓荒者——讀潘重規先生〈列寧格勒十日記〉感言》,《敦煌學》第 25 輯;《敦煌學與敦煌文化》,上海古籍出版社,2007 年。

鄭炳林《俄藏敦煌寫本唐義淨和尚〈西方記〉殘卷研究》,《蘭州大學學報》2004 年第 6 期。

黄征《〈燕子賦〉研究》,《浙江與敦煌學(常書鴻先生誕辰一百週年紀念文集)》,浙江古籍出版社,2004 年。

景盛軒《敦煌寫本〈大般涅槃經〉著録商補》,《浙江與敦煌學(常書鴻先生誕辰一百週年紀念文集)》,浙江古籍出版社,2004 年。

葉貴良《〈俄藏敦煌文獻〉道經殘卷考述》,《浙江與敦煌學(常書鴻先生誕辰一百週年紀念文集)》,浙江古籍出版社,2004 年。

伏俊璉《敦煌本〈吳都賦〉校理》,《敦煌文學文獻叢稿》,中華書局,2004 年。

中村威也《Дx. 10698〈尚書·費誓〉與 Дx. 10698v〈史書〉研究——關於P. 3871

隸古定尚書・勵忠節鈔的同卷關係》,《西北出土文獻研究》創刊號,
2004 年。

關尾史郎《トウルフアン將來"五胡"時代契約文書簡介》,《西北出土文獻研究》創刊號,2004 年。

土肥義和《唐考課令等寫本斷片(Дx. 六五二一)考——開元二十五年撰〈格式律令事類〉に関連して》,《國學院雜誌》105 - 3,2004 年。

府憲展《聖彼得堡藏絲綢之路文獻文物》,《中外關係史: 新史料與新問題》,科學出版社,2004 年。

徐孟志《〈法華經講經文〉與〈法華經〉注疏之比較研究》,台灣玄奘大學人文社會學院碩士論文,2004 年。

《俄羅斯國立艾爾米塔什博物館藏敦煌藝術品》第 6 冊,上海古籍出版社,2005 年。

韓鋒《讀俄藏敦煌文書 Дx.02174 號剳記》,《敦煌學輯刊》2005 年第 1 期。

鄭炳林、魏迎春《俄藏敦煌寫本王玄策〈中天竺國行記〉殘卷考釋》,《敦煌學輯刊》2005 年第 2 期。

馬格俠《俄藏黑城出土寫本〈景德傳燈録〉年代考》,《敦煌學輯刊》2005 年第 2 期。

李文潔、林世田《〈佛説如來成道經〉與〈降魔變文〉關係之研究》,《敦煌學輯刊》2005 年第 4 期。

徐時儀《敦煌寫本〈玄應音義〉考補》,《敦煌研究》2005 年第 1 期。

陸離《吐蕃統治時期敦煌僧官的幾個問題》,《敦煌研究》2005 年第 3 期。

陳國燦《〈俄藏敦煌文獻〉中吐魯番出土的唐代文書》,《敦煌吐魯番研究》第 8 卷,中華書局,2005 年。

丸山裕美子《日本古代國家・社會における書儀の受容に関する基礎的研究》,《平成 15 年度—平成 17 年度科學研究費補助金研究成果報告書》。

趙貞《敦煌占卜文書殘卷零拾》,《平成 15 年度—平成 17 年度科學研究費補助金研究成果報告書》。

府憲展《〈俄藏敦煌藝術品〉第六冊介紹》,《敦煌學國際聯絡委員會通訊集刊》,上海古籍出版社,2005 年。

陳明《俄藏敦煌文獻〈聖地遊記述〉研究》,《北京大學中國古文獻研究中心集刊》第 5 輯,北京大學出版社,2005 年。

許文芳、韋寶畏《俄藏黑水城 2822 號文書雜集時要用字研究》,《社科縱橫》,2005 年第 12 期。

勝義《〈俄藏敦煌文獻〉第十二冊校讀剳記》(下),《戒幢佛學》第 3 卷,嶽麓書

社,2005 年。

宗舜《俄藏敦煌寫經部分殘片内容的初步辨識——以〈俄藏敦煌文獻〉第六、七、八册爲中心》,《戒幢佛學》第 3 卷,嶽麓書社,2005 年。

李應存、李金田、史正剛《俄藏敦煌文獻 Дх.00613〈黄帝内經〉、〈難經〉摘録注本録校》,《甘肅中醫學院學報》2005 年第 3 期。

李應存《俄藏敦煌文獻 Дх.17453〈黄帝内經・素問〉"刺虐篇""氣厥論篇"録校》,《甘肅中醫》2005 年第 11 期。

許建平《敦煌經籍敍録》,中華書局,2006 年。

韓鋒《幾件敦煌寫本〈論語〉白文殘卷綴合研究》,《敦煌學輯刊》2006 年第 1 期。

李應存《新發現 Дх.01325v 爲敦煌〈張仲景五臟論〉又一寫本》,《敦煌研究》2006 年第 1 期。

榮新江、史睿《俄藏 Дх.03558 唐代令式殘卷再研究》,《敦煌吐魯番研究》第 9 卷,中華書局,2006 年。

王卡《敦煌本〈昇玄内教經〉殘卷校讀記》,《敦煌吐魯番研究》第 9 卷,中華書局,2006 年。

府憲展《紀念孟列夫》,《2006 年敦煌學國際聯絡委員會通訊》,上海古籍出版社,2006 年。

府憲展《〈俄藏敦煌藝術品〉編輯後記》,《2006 年敦煌學國際聯絡委員會通訊》,上海古籍出版社,2006 年。

馬德《敦煌新本 Дх.02822〈雜集時用要字〉芻議》,《蘭州學刊》2006 年第 1 期。

李文潔《敦煌寫本〈晏子賦〉的同卷書寫情況》,《文獻》2006 年第 1 期。

李應存、李金田、史正剛《俄藏敦煌文獻 Дх.08644〈脈經〉節選本録校》,《甘肅中醫》2006 年第 1 期。

李應存、李金田、史正剛《俄藏敦煌文獻中新發現 Дх.01325v〈張仲景五臟論〉録校》,《甘肅中醫》2006 年第 3 期。

李應存、李金田、史正剛《俄藏敦煌文獻 Дх.00924 録校》,《甘肅中醫》2006 年第 5 期。

李應存、李金田、史正剛《俄羅斯藏敦煌醫藥文獻的學術價值初探》,《中醫藥通報》2006 年第 3 期。

李應存、李金田、史正剛《俄藏敦煌文獻 Дх.02822"蒙學字書"中之醫藥知識》,《甘肅中醫學院學報》2006 年第 4 期。

羅國威《俄藏 Дх.1551〈文選・七命〉殘卷考》,《中國古代文學文獻學國際學術研討會論文集》,鳳凰出版社,2006 年。

張弓主編《敦煌典籍與唐五代歷史文化》（上、下），中國社會科學出版社，2006 年。

王卡《〈敦煌道教文獻研究·目録〉補正》，《敦煌學輯刊》2007 年第 3 期。

馬格俠《敦煌〈付法藏傳〉與禪宗祖師信仰》，《敦煌學輯刊》2007 年第 3 期。

邰惠莉《〈俄藏敦煌文獻〉第 17 册部分寫經殘片的定名與綴合》，《敦煌研究》2007 年第 2 期。

党燕妮《〈俄藏敦煌文獻〉中〈閻羅王授記經〉綴合研究》，《敦煌研究》2007 年第 2 期。

辻正博《〈格式律令事類〉殘卷の發現と唐代法典研究——俄藏敦煌文獻 Дх. 03558およびДх.06521について》，《敦煌寫本研究年報》創刊號，2007 年。

榮新江《盛唐長安與敦煌——從俄藏〈開元廿九年（741）授戒牒〉談起》，《浙江大學學報》2007 年第 3 期。

張涌泉《俄敦 18974 號等字書碎片綴合研究》，《浙江大學學報》2007 年第 3 期。

劉進寶《從敦煌文書看歸義軍政權的賦役徵免——以 Дх.2149 號文書爲主的探討》，《中國經濟史研究》2007 年第 2 期。

董志恒、王玉羣《試論晚唐五代的勞役和地子稅率——兼與劉進寶先生商榷》，《文教資料》2007 年第 18 期。

石小英《西夏平民服飾淺談——以 Дх.02822 雜集時要用字爲中心》，《寧夏社會科學》2007 年第 3 期。

羅國威《敦煌石室〈文選〉李善注本殘卷考》，《西南民族大學學報》2007 年第 1 期。

許雲和《俄藏敦煌寫本 Ф.242 號文選注殘卷考辨》，《學術研究》2007 年第 11 期。

劉惠宏《俄藏脈法文獻〈平脈略例〉殘卷考釋》，《時珍國醫國藥》2007 年第 10 期。

史睿《新發現的敦煌吐魯番唐律·唐格殘片研究》，《出土文獻研究》第 8 輯，上海古籍出版社，2007 年。

蔡偉《俄羅斯敦煌文物的家底》，《三聯生活週刊》2007 年第 11 期。

蔡偉《俄藏敦煌文物的保存經歷》，《三聯生活週刊》2007 年第 11 期。

蔡偉《中國學者和俄藏抄本》，《三聯生活週刊》2007 年第 11 期。

蔡偉《奧登堡在敦煌——1914 年莫高窟歷史的真實細節》，《三聯生活週刊》2007 年第 11 期。

榮新江《〈俄藏敦煌文獻〉中的黑水城文獻》，《黑水城人文與環境研究》，中國

人民大學出版社,2007 年;《辨僞與存真：敦煌學論集》,上海古籍出版社,
　2010 年。

柴劍虹《〈俄藏敦煌漢文寫卷敍録〉中譯本簡評》,《敦煌學與敦煌文化》,上海
　古籍出版社,2007 年。

王璐《〈敦煌契約文書輯校〉補正》,南京師範大學碩士論文,2007 年 6 月。

李應存、李金田、史正剛《俄羅斯藏敦煌醫藥文獻釋要》,甘肅科學技術出版
　社,2008 年。

陸慶夫《貞觀故事有佚篇——對俄藏 Дx. 11656 號文書的研究》,《敦煌學輯
　刊》2008 年第 4 期。

乜小紅《對俄藏敦煌放妻書的研究》,《敦煌研究》2008 年第 3 期。

薩仁高娃《敦煌本〈金剛壇陀羅尼經〉述略》,《敦煌研究》2008 年第 5 期。

屈直敏《敦煌寫本〈孔子家語〉校考》,《敦煌學》第 27 輯,2008 年。

梁麗玲《敦煌寫本〈雜藏經〉及其相關問題研究》,《敦煌學》第 27 輯,2008 年。

趙家棟、付義琴《俄藏敦煌 Дx. 11038 號〈投社狀〉校理》,《敦煌學研究》2008
　年第 2 期,首爾出版社,2008 年。

于李麗《〈俄藏敦煌契約文書研究〉録文商補》,《敦煌學研究》2008 年第 2 期,
　首爾出版社,2008 年。

乜小紅《略論〈俄藏敦煌文獻〉中的兩件十六國買賣券》,《中國經濟史研究》
　2008 年第 2 期。

乜小紅《論唐五代敦煌的民間社邑——對俄藏敦煌 Дx. 11038 號文書研究之
　一》,《武漢大學學報》2008 年第 6 期。

趙鑫曄《俄藏敦煌文獻綴合四則》,《文獻》2008 年第 3 期。

劉明《俄藏敦煌 Ф. 242〈文選注〉寫卷臆考》,《文學遺産》2008 年第 2 期。

徐時儀《俄藏敦煌寫卷〈放光般若經〉音義考斠》,《古籍整理研究學刊》2008
　年第 3 期。

劉明《俄藏敦煌 Ф. 242〈文選注〉寫卷校釋》,《古籍整理研究學刊》2008 年第 6 期。

魏郭輝《俄藏敦煌文獻 Дx. 16714〈提舉司牒〉校釋及相關問題考略》,《寧夏社
　會科學》2008 年第 4 期。

陳國燦《唐代的"神山路"與撥换城》,《龜茲學研究》3,新疆大學出版社,
　2008 年。

王晶《俄藏敦煌文獻 Дx. 02822〈雜集時用要字〉果子部淺析》,《和田師範專科
　學校學報》2008 年第 1 期。

李應存、李金田、史正剛《俄羅斯藏敦煌文獻 Дx. 18165R、Дx. 18165V 佛儒道
　相關醫書録釋》,《甘肅中醫》2008 年第 4 期。

韓鋒《俄國敦煌學概況》,http://www. dha. ac. cn/0089/index. htm,2008 年 6 月 17 日。

乜小紅《俄藏敦煌契約文書研究》,上海古籍出版社,2009 年。

張新朋《敦煌本〈王梵志詩〉殘片考辨五則》,《敦煌學輯刊》2009 年第 4 期。

乜小紅《對俄藏敦煌放僮書的研究》,《敦煌研究》2009 年第 1 期。

劉景雲《西涼劉昞注〈黃石公三略〉的發現》,《敦煌研究》2009 年第 2 期。

李倩《〈敦煌契約文書輯校〉校讀劄記》,《敦煌研究》2009 年第 5 期。

黃亮文《敦煌經籍寫卷補遺——以〈俄藏敦煌文獻〉第 11 至 17 册爲範圍》,《敦煌吐魯番研究》第 11 卷,上海古籍出版社,2009 年。

萬翔《俄藏敦煌遺書 Ф.209 號寫卷考訂》,《敦煌吐魯番研究》第 11 卷,上海古籍出版社,2009 年。

文志勇《從俄藏漢文〈雜字〉看西夏社會發展》,《蘭州學刊》2009 年 2 期。

劉進寶、王睿穎《鄭振鐸與俄藏敦煌文獻》,《南京師範大學學報》2009 年第 3 期。

孫繼民《敦煌學視野下的黑水城文獻研究》,《南京師範大學學報》2009 年第 3 期。

曾良、任西西《敦煌殘卷篇名考五則》,《藝術百家》2009 年第 2 期。

徐朝東《俄藏敦煌韻書考釋》,《藝術百家》2009 年第 5 期。

劉波《〈孟姜女變文〉殘卷的綴合、校録及相關問題研究》,《文獻》2009 年第 2 期。

袁仁智、沈澍農《〈俄羅斯藏敦煌醫藥文獻釋要〉校補》,《中醫文獻雜誌》2009 年第 6 期。

岡野誠《新たに紹介された吐魯番敦煌本〈唐律〉、〈律疏〉斷片》,土肥義和編《敦煌・吐魯番出土漢文文書の新研究》,東洋文庫,2009 年。

周西波《俄藏敦煌失題道經考論》,"敦煌學第二個百年的研究視角與問題"國際學術會議論文,聖彼得堡,2009 年。

鄧文寬《俄藏敦煌和黑城漢文曆日對印刷技術史研究的重要意義》,"敦煌學第二個百年的研究視角與問題"國際學術會議論文,聖彼得堡,2009 年。

馮培紅《俄藏敦煌文獻 Дх.1335〈歸義軍都虞候司奉判令追勘押衙康文達牒〉考釋》,"敦煌學第二個百年的研究視角與問題"國際學術會議論文,聖彼得堡,2009 年。

王冀青《英國牛津大學包德利圖書館藏斯坦因與奧登堡往來通信初探》,"敦煌學第二個百年的研究視角與問題"國際學術會議論文,聖彼得堡,2009 年。

王三慶《俄藏敦煌文獻應用文書的研究》,"敦煌學第二個百年的研究視角與問題"國際學術會議論文,聖彼得堡,2009 年。

王素《關於俄藏"捃王入高昌城事"文書的幾個問題》,"敦煌學第二個百年的研究視角與問題"國際學術會議論文,聖彼得堡,2009 年。

山本孝子《侯侍郎直諫表與書儀——Дх. 01698 簡介》,"絲綢之路文化國際學術研討會"論文,2009 年。

黄亮文《法、俄藏敦煌書儀相關寫卷敍録》,《敦煌學輯刊》2010 年第 2 期。

徐明英、熊紅菊《俄藏 Ф. 242 敦煌寫本〈文選注〉的避諱與年代》,《敦煌學輯刊》2010 年第 4 期。

王杏林《關於俄藏敦煌文獻 Дх. 2683、Дх. 11074 殘片的定名》,《敦煌學輯刊》2010 年第 4 期。

張惠明《1898 至 1909 年俄國考察隊在吐魯番的兩次考察概述》,《敦煌研究》2010 年第 1 期。

董大學《敦煌本〈金剛經〉注疏研究述評》,《2010 年敦煌學國際聯絡委員會通訊》,上海古籍出版社,2010 年。

梅林《天壽年號 · 佛現皇帝 · 宕泉造窟——俄藏敦煌文獻 Dx. 6069 + Dx. 1400 + Dx. 2148 號文書再研究》,《美術學報》2010 年第 4 期。

趙鑫曄《俄藏敦煌殘卷綴合八則》,《藝術百家》2010 年第 6 期。

張新朋《敦煌寫本〈太公家教〉殘片拾遺》,《社會科學戰綫》2010 年第 4 期。

袁仁智、沈澍農《〈俄羅斯藏敦煌醫藥文獻釋要〉補正》,《中華醫史雜誌》2010 年第 2 期。

I. F. 波波娃撰,武瓊芳譯《奥登堡中亞新疆探險》,《信息與參考》總第 13 期,2010 年。

張新朋《敦煌詩賦殘片拾遺》,"百年敦煌文獻整理研究國際學術討論會"論文,杭州,2010 年。

石立善《敦煌寫本失題道經五種定名》,"百年敦煌文獻整理研究國際學術討論會"論文,杭州,2010 年。

關長龍《敦煌本堪輿書四種擬名商略》,"百年敦煌文獻整理研究國際學術討論會"論文,杭州,2010 年。

蔡淵迪《關於敦煌本〈十七帖〉臨本的幾個問題》,"百年敦煌文獻整理研究國際學術討論會"論文,杭州,2010 年。

袁仁智《敦煌吐魯番醫藥卷子校勘及其文獻研究》,南京中醫藥大學博士學位論文,2010 年。

《敦煌學國際聯絡委員會通訊》稿約

一、本刊由"敦煌學國際聯絡委員會"、"中國敦煌吐魯番學會"和"上海師範大學敦煌吐魯番學研究所"共同主辦,策劃:高田時雄、柴劍虹;主編:郝春文。本刊的内容以國際敦煌學學術信息爲主,刊發的文章的文種包括中文(規範繁體字)、日文和英文,每年出版一期。截稿日期爲當年3月底。

二、本刊的主要欄目有:每年的各國敦煌學研究綜述、新書訊、各國召開敦煌學學術會議的有關信息、書評或新書出版信息、項目動態及熱點問題爭鳴、對國際敦煌學發展的建議、重要的學術論文提要等,歡迎就以上内容投稿。來稿請寄:北京西三環北路105號:首都師範大學歷史學院郝春文,郵政編碼:100048,電子郵箱:haochunw@ mail. cnu. edu. cn。

三、來稿請附作者姓名、性别、工作單位和職稱、詳細位址和郵政編碼以及電子郵箱,歡迎通過電子郵件用電子文本投稿。

圖書在版編目(CIP)數據

2011 敦煌學國際聯絡委員會通訊／郝春文主編. —上海:上海古籍出版社,2011.8
ISBN 978 - 7 - 5325 - 5946 - 6

Ⅰ.①2… Ⅱ.①郝… Ⅲ.①敦煌學—叢刊 Ⅳ.
①K870.6 - 55

中國版本圖書館 CIP 數據核字(2011)第 125165 號

上海市重點學科建設項目資助
項目編號:T0404

責任編輯:曾曉紅
封面設計:何 暘

2011 敦煌學國際聯絡委員會通訊

郝春文 主編

上海世紀出版股份有限公司

上 海 古 籍 出 版 社 出版

(上海瑞金二路 272 號 郵政編碼:200020)

(1)網址:www. guji. com. cn

(2)E - mail:gujil@ guji. com. cn

(3)易文網網址:www. ewen. cc

上海世紀出版股份有限公司發行中心發行經銷 啟東人民印刷有限公司印刷

開本 787 × 1092 1/16 印張 12.5 插頁 4 字數 215,000

2011 年 8 月第 1 版 2011 年 8 月第 1 次印刷

印數: 1 — 1,000

ISBN 978 - 7 - 5325 - 5946 - 6

K · 1396 定價: 39.00 元

如有質量問題,請與承印公司聯繫